Lewis B. Smedes
DIE HEILENDE KRAFT DES VERGEBENS

Lewis B. Smedes

Die heilende Kraft des Vergebens

Wie Sie Wunden bewältigen können, die Sie nicht verdient haben

Larmann
Postfach 640
3550 Marburg

Meiner Schwester Jessie
und
meinem Bruder Peter
„Briefe, nicht mit Tinte geschrieben,
sondern mit dem Geist"

Die Deutsche Bibliothek — CIP-Einheitsaufnahme

Smedes, Lewis B.:
Die heilende Kraft des Vergebens: Wie Sie Wunden bewältigen können, die Sie nicht verdient haben / Lewis B. Smedes. [Dt. von Leslie Richford].
Marburg an der Lahn: Francke, 1991
(Larmann-Bücher)
Einheitssacht.: Forgive and forget ‹dt.›
ISBN 3-88224-925-0

Originaltitel: Forgive and Forget

Deutsch von Leslie Richford, B.A.
Umschlaggestaltung: Uno-Design, Baden-Baden
Satz: Druckerei Schröder, 3552 Wetter/Hessen
Druck: Schönbach-Druck GmbH, 6106 Erzhausen

LARMANN-Bücher

INHALT

Ein Wort des Dankes

Meine Erkenntnisse über die heilende Kraft des Vergebens stammen nicht aus Büchern, sondern aus Gesprächen, mit Menschen geführt, die im Vergeben geübt sind. Einige kommen im vorliegenden Band zu Wort, zumeist unter einem Pseudonym. Ich danke ihnen, daß sie mir ihre Kämpfe und ihre Siege anvertraut haben.

Erwähnen muß ich auch Dr. Paul Clement, der es mir gestattete, mit ihm zusammen an der Fuller Graduate School of Psychology ein Seminar über das Vergeben abzuhalten, und Dr. Carol Visser, die mich einlud, einen Workshop zu diesem Thema durchzuführen, der vom Creative Counseling Center in Hollywood gesponsert wurde.

Etwaige Vorzüge dieses Buches, insbesondere sein Stil und seine klare Gedankenführung, sind größtenteils Jan Gathright zu verdanken, die mit Geduld, Geschick und Einfallsreichtum meine dürftig hingekritzelten Konzepte in ein makelloses Manuskript verwandelte. Meine beiden Lektoren, Linda Mead und Roy M. Carlisle, brachten mir mehr über das Schreiben eines Buches bei, als ich meinte, wissen zu müssen; ich kann ihnen dafür nur danken, daß sie mir in so kurzer Zeit zeigten, wie man's macht. Meine Frau Doris hingegen zeigte mir die Liebe, die das Vergeben erst möglich macht, und ich danke ihr von Herzen dafür.

Den größten Teil dieses Buches verfaßte ich im Herbst 1983, als ich eine Gastprofessur am Institute for Ecumenical and Cultural Research in Collegeville, Minnesota, innehatte. Ich hätte nirgendwo eine Umgebung finden können, die so angenehm und zugleich der Erinnerung und dem Schreiben so förderlich gewesen wäre; deshalb möchte ich mich beim Kuratorium und insbesondere bei Robert Billheimer, dem Direktor des Instituts, für ihre Gastfreundschaft bedanken. Um diesen Besuch zu ermöglichen, gewährte mir das Kuratorium des Fuller Seminary einen großzügigen Urlaub, wofür ich mich ebenfalls bedanke.

Ich sollte hinzufügen, daß ich kaum etwas über die menschliche „Fähigkeit zu vergeben" wüßte, wenn ich nicht selbst das Geschenk der vergebenden Liebe Jesu empfangen hätte; darum danke ich Gott, daß er einen Weg ersonnen hat, Wunden zu heilen, die wir nicht verdient haben.

Lewis B. Smedes

Eine Einladung

Jemand hat Sie verletzt, vielleicht gestern, vielleicht vor sehr langer Zeit. Sie können es jedenfalls nicht vergessen. Sie haben diese Verletzung nicht verdient. Die Wunde ist jedoch tief, so tief, um in Ihrem Gedächtnis haften zu bleiben. Und sie schmerzt auch jetzt noch.

Sie stehen nicht allein da. Wir alle kommen mehr schlecht als recht in einer Welt klar, in der auch die wohlmeinendsten Menschen einander verletzen. Wenn wir uns auf tiefe persönliche Beziehungen einlassen, setzen wir unsere Seele den Wunden aus, die wir zwangsläufig erleiden, wenn ein anderer sich illoyal gegen uns verhält oder gar Verrat an uns übt.

Es gibt Verletzungen, die wir ignorieren können. Nicht jede Kränkung bleibt an uns hängen – Gott sei's gedankt! Aber einige lang anhaltende Schmerzen sind nicht so leicht zu bewältigen; wie hartnäckige Flecke lassen sie sich nicht aus dem Gewebe unseres Gedächtnisses entfernen.

Tiefe Wunden, die wir niemals verdient haben, entspringen in einer toten Vergangenheit und durchfließen unsere lebendige Gegenwart. Ein Freund übt an uns Verrat; wir werden von Vater oder Mutter mißbraucht; ein Ehepartner läßt uns im Stich – das sind Wunden, die nicht heilen, wenn die Sonne aufgeht.

Wir alle haben irgendwann einmal den Wunsch gehabt, einen schmerzerfüllten Augenblick aus unserem Leben herauszuschneiden. Einigen Menschen glückt dies auch; sie verfügen, wie es scheint, über grundgütige Drüsen, die den Saft der Vergeßlichkeit absondern. Sie hegen nie einen Groll, an alte Wunden erinnern sie sich nicht. Ihr schmerzerfülltes Gestern stirbt, wenn das Morgen anbricht. Aber die meisten Menschen stellen fest, daß die Schmerzen der Vergangenheit unentwegt durch ihr Gedächtnis strömen und daß sie nichts tun können, um die Flut einzudämmen.

Nichts?

Die große jüdische Philosophin Hannah Arendt gab gegen Ende ihrer epochemachenden Studie über den „Zustand des Menschen“ folgende Erkenntnis weiter: Die einzige Macht, die den unerbittlichen Strom schmerzvoller Erinnerungen aufhalten kann, ist die „Fähigkeit zu vergeben“. So einfach ist es.

Das Vergeben hat Gott „ersonnen“, damit wir in einer Welt zurechtkommen können, in der die Menschen trotz bester Absichten einander ungerecht behandeln und einander tief verletzen. Er machte den Anfang, als er uns vergab. Und er lädt uns alle ein, einander zu vergeben.

Im Januar 1984 berichtete die Presse der westlichen Welt, wie Papst Johannes Paul bei Sonnenaufgang eine kalte, dunkle Zelle des Rebibbia-Gefängnisses in Rom betrat, um Mehmet Ali Agca zu begegnen, dem Mann, der ein Attentat auf ihn verübt hatte. Der Papst ergriff die Hand des Menschen, der eine Kugel auf sein Herz abgefeuert hatte, und vergab ihm.

Der Papst ist allerdings von Amts wegen zum Vergeben verpflichtet. Und vielleicht fällt einer so hochgestellten Persönlichkeit das Vergeben nicht schwer, wenn sie im voraus weiß, daß ihr die ganze Welt dabei zuschauen wird.

Einem ganz normalen Menschen, dem niemand zuschaut, fallen das Vergeben und das Vergessen ungemein schwerer.

Das Vergeben ist die schwerste Aufgabe, die die Liebe zu bewältigen hat, und das größte Risiko, das sie eingehen muß. Wenn Sie es verkehrt anwenden, kann es Sie zum Fußabtreter machen – oder zum unausstehlichen Manipulierer.

Das Vergeben kommt uns fast unnatürlich vor. Unser Gerechtigkeitsempfinden sagt uns, daß Menschen das Unrecht, das sie begehen, büßen sollten. Im Vergeben steckt jedoch die Macht der Liebe, die die natürliche Regel außer Kraft setzt.

Stellen Sie sich die Fragen: Was tue ich, wenn ich einem Menschen vergebe, der mir ein Unrecht zugefügt hat?

Wem kann man vergeben? Sind einige Menschen über die Grenzen dessen hinausgegangen, was vergebbar ist?

Wie vergebe ich?

Warum sollte ich es überhaupt versuchen? Lohnt es sich? Ist es berechtigt?

Ich lade Sie ein, mich zu begleiten und die Antworten aufzuspüren, die ich entlang meiner eigenen Reiseroute entdeckt habe.

Der magische Blick

Eine kleine Fabel

In dem Dorf Faken im tiefsten Friesland lebte einst ein langer, dünner Bäcker namens Fouke, ein frommer Mann mit einem langen, spitzen Kinn und einer langen, spitzen Nase. Fouke war so rechtschaffen, daß er aus seinen schmalen Lippen jeden, der in seine Nähe kam, gleichsam mit Gerechtigkeit besprühte; aus diesem Grunde zogen es die Fakener vor, ihm aus dem Weg zu gehen.

Hilda, Foukes Frau, war kurz und rundlich – ihre Arme waren rund, ihr Busen war rund, ihre Hüften waren rund. Hilda hielt die Leute nicht mit Frömmigkeit fern; ihre molligen Rundungen schienen vielmehr andere einzuladen, ihr näherzukommen und den wärmenden Frohsinn ihres offenen Herzens zu teilen.

Hilda respektierte ihren rechtschaffenen Ehemann und liebte ihn auch, soweit er es ihr erlaubte; aber in ihrem Herzen sehnte sie sich danach, mehr von ihm zu empfangen als seine würdige Gerechtigkeit.

Und dort, im Saatbeet ihrer Not, steckte der Keim der traurigen Folgen.

Nachdem er eines Morgens seit Sonnenaufgang gearbeitet und den Teig für seine Backöfen geknetet hatte, kam Fouke nach Hause und entdeckte in seinem Schlafzimmer einen Fremden.

Bald wurde Hildas Ehebruch zum Dorfgespräch und zum Skandal der Fakener Kirchengemeinde. Jeder nahm an, daß Fouke, da er so rechtschaffen war, Hilda aus seinem Haus hinauswerfen würde. Aber er überraschte sie alle: Er ließ zu, daß Hilda seine Frau blieb, und sagte, er vergebe ihr, so wie es die Bibel verlangt.

Aber Fouke konnte Hilda in seinem tiefsten Herzen nicht dafür vergeben, daß sie diese Schande über seinen Namen gebracht hatte. Immer wenn er an sie dachte, stiegen Gefühle des Zornes und der Bitterkeit in ihm hoch; er verachtete sie, als wäre sie eine gemeine Dirne. Eigentlich haßte er sie, weil sie Verrat an ihm geübt hatte, obwohl er ihr ein so guter und treuer Ehemann gewesen war.

Er gab nur vor, Hilda zu vergeben, damit er sie mit seiner rechtschaffenen Barmherzigkeit bestrafen konnte.

Den Himmel konnte Fouke freilich mit seiner Heuchelei nicht hinters Licht führen. Jedesmal, wenn er seinen heimlichen Haß auf Hilda empfand, kam ein Engel zu ihm und ließ ihm einen kleinen Kiesel, kaum größer als ein Kleiderknopf, ins Herz fallen. Und jedesmal, wenn ein Kiesel in sein Herz fiel, empfand Fouke einen stechenden Schmerz wie den, den er in dem Augenblick empfunden hatte, als er Hilda dabei überraschte, den Hunger ihres Herzens in der Speisekammer eines Fremden zu stillen.

Darum haßte er sie desto mehr; sein Haß verursachte ihm Schmerzen, und seine Schmerzen ließen ihn noch mehr hassen.

Der Kiesel wurden immer mehr. Und Foukes Herz wurde aufgrund ihres Gewichts so schwer, daß er nur noch mit vornübergebeugtem Oberkörper gehen konnte und den Kopf nach oben recken mußte, um geradeaus zu blicken. Müde vor Schmerzen, begann Fouke sich den Tod zu wünschen.

Der Engel, der ihm die Kiesel ins Herz fallen ließ, kam einmal in der Nacht zu Fouke und sagte ihm, wie er von seiner Wunde geheilt werden könne.

Es gebe ein Heilmittel, sagte er, und zwar nur ein einziges gegen den Schmerz eines verwundeten Herzens. Fouke brauche das Wunder des magischen Blickes. Er brauche Augen, die auf die Quelle seiner Schmerzen zurückblicken und seine Hilda sehen könnten – nicht als eine Ehefrau, die ihm die Treue gebrochen habe, sondern als eine schwache Frau, die ihn brauche. Nur eine neue Betrachtungsweise, durch den magischen Blick vermittelt, könne die Schmerzen heilen, die die Wunden von gestern verursachten.

Fouke protestierte. „Nichts kann die Vergangenheit rückgängig machen", sagte er. „Hilda ist schuldig. An dieser Tatsache kann nicht einmal ein Engel rütteln."

„Ja, du armer, verletzter Mensch, du hast recht", sagte der Engel. „Du kannst die Vergangenheit nicht rückgängig machen, du kannst nur die Wunde heilen, die dir aus der Vergangenheit erwächst. Und du kannst sie nur mit dem magischen Blick heilen."

„Und wie kann ich diesen magischen Blick bekommen?" fragte Fouke unwillig.

„Bitte mit aufrichtigem Verlangen darum, und er wird dir gegeben werden. Und jedesmal, wenn du Hilda mit deinem neuen Blick ansiehst, wird dir ein Kieselstein vom Herzen genommen.“

Fouke konnte nicht sofort darum bitten, denn mittlerweile liebte er seinen Haß. Aber der Schmerz in seinem Herzen trieb ihn schließlich dazu, den magischen Blick zu begehren, den der Engel ihm versprochen hatte. Also bat er. Und der Engel gab.

Bald veränderte sich Hilda auf wundervolle, mysteriöse Weise vor Foukes Augen. Er begann sie als eine notleidende Frau zu betrachten, die ihn liebte, und nicht mehr als eine gottlose Frau, die ihm die Treue gebrochen hatte.

Der Engel hielt sein Versprechen: Er nahm Fouke die Kiesel einen nach dem anderen aus dem Herzen, obwohl es lange dauerte, bis sie alle fort waren. Allmählich merkte Fouke, wie ihm leichter ums Herz wurde; er konnte wieder aufrecht gehen, und irgendwie schienen seine Nase und sein Kinn weniger dünn und weniger spitz zu sein als früher. Er lud Hilda ein, noch einmal in sein Herz zu kommen, und sie ging darauf ein. Und gemeinsam unternahmen sie eine Reise in einen zweiten Lebensabschnitt voll stiller Freude.

ERSTER TEIL:

Die vier Phasen des Vergebens

Was tut man, wenn man einem Menschen vergibt, der einen verletzt hat? Was geht da vor sich? Wann ist so etwas notwendig? Was geschieht danach? Was kann man sich davon erhoffen? *Was ist das Vergeben überhaupt?*

Für sich allein betrachtet, ist das Vergeben ein sehr einfacher Akt; er wird jedoch stets von einem Sturm vielschichtiger Emotionen begleitet. Es handelt sich um den schwierigsten Schachzug auf dem ganzen Gebiet der zwischenmenschlichen Beziehungen.

Lassen Sie uns darum offen und ehrlich sein. Lassen Sie uns ohne Umschweife über den „magischen Blick" sprechen, der denen gegeben wird, die bereit sind, aus dem Gefängnis der Schmerzen, die sie nicht verdient haben, befreit zu werden.

Wir vergeben in vier Phasen. Wenn wir alle vier Phasen durchlaufen haben, gelangen wir zum Höhepunkt der Versöhnung.

Die erste Phase ist die des *Verletztwerdens:* Wenn Ihnen jemand Schmerzen zufügt, die so tief gehen und so unberechtigt sind, daß Sie es nicht vergessen können, sind Sie gezwungen, in die erste Phase des Vergebens einzutreten.

Die zweite Phase ist die des *Hasses:* Sie können die Erinnerung an Ihren Schmerz nicht abschütteln und Ihrem Gegner nichts Gutes wünschen. Manchmal möchten Sie, daß die Person, die Sie verletzt hat, ebenso leidet wie Sie selbst.

Die dritte Phase ist die der *Heilung:* Ihnen wird der „magische Blick" verliehen, und Sie können die Person, die Sie verletzt hat, in einem neuen Licht betrachten. Ihre Erinnerungen werden geheilt, Sie dämmen die Flut Ihres Schmerzes ein und werden wieder frei.

Die vierte Phase ist die des *Zusammenkommens:* Sie laden die Person, die Sie verletzt hat, ein, wieder in Ihr Leben einzutreten; wenn diese Person ehrlich ist, kann die Liebe Ihnen eine neue, geheilte Beziehung schenken. Die vierte Phase hängt von der Person, der Sie vergeben, ebensosehr ab wie von Ihnen selbst; manchmal tritt diese Person nicht wieder in Ihr Leben ein, dann müssen Sie allein heil werden.

Kapitel 1

Wir werden verletzt

Viele werden in ihrem Leben aller Wahrscheinlichkeit nach von jemandem verletzt werden, den sie für einen Freund hielten. Dabei kann es vorkommen, daß man diese Wunde so lange eitern und wuchern läßt, bis sie die Freude erstickt. Wenn Ihnen das widerfährt, sind Sie in die erste Phase des Vergebens eingetreten.

Ich spreche von Verletzungen, die schmerzen und an uns nagen und die wir nicht einfach verdauen können, als handelte es sich dabei lediglich um interpersonale Ballaststoffe. Unsere Wunden mögen in den Augen anderer oberflächlich erscheinen, aber wir wissen es besser; schließlich müssen wir selbst den Schmerz ertragen.

Ich möchte Ihnen eine kleine Geschichte darüber erzählen, wie ich einmal selbst verletzt wurde. Daran soll deutlich werden, wie etwas, was nach außen hin unbedeutend erscheint, Sie in eine Krise des Vergebens stürzen kann.

Ich komme aus einer Familie, in der die Männer seit Generationen Hufschmiede sind. Unser Familienname „Smedes" ist in der Tat ein altes niederländisches Wort für „Schmied". Von der Zeit an, als die Menschen anfingen, sich Nachnamen zu geben, hat jeder Junge in unserer Familie, sobald er erwachsen war, dadurch seinen Lebensunterhalt verdient, daß er auf einen Amboß hämmerte, und es war Familienstolz, sich des Namens „Schmied" würdig zu erweisen.

Kommen wir zur Geschichte. Ich wurde an einem Freitagabend im Juni mit einem recht durchschnittlichen Schulabschluß von der Muskegon Senior High School verabschiedet. Am folgenden Tag fuhr ich mit dem Greyhound-Bus nach Detroit, wo ich bei den Smedes-Eisenwerken

Arbeit bekommen hatte. Diese Eisenwerke hatte mein Onkel Klass aus einer Schmiede aufgebaut, die er in der ersten Zeit nach seiner Einwanderung in einer Garage betrieb. Da ich weder Geld hatte noch über die verheißungsvollen Zeugnisse verfügte, die mir eine College-Ausbildung ermöglicht hätten, nahm ich gern das Angebot von Onkel Klass an, der mir einen Einstieg ins Stahlgeschäft versprach.

Man gab mir zunächst Arbeit auf dem Gelände, wo ich Stahlrohre sauber zu stapeln, mit einem Schneidbrenner auf die von den Baufirmen bestellten Längen zuzuschneiden und mit einer Mischung aus Gasolin und Pech anzustreichen hatte, damit sie nicht zu schnell rosteten. Ich durfte die Esse nie benutzen, an der aus rotglühenden Eisenstangen durch Schlagen und Drehen schmiedeeiserne Kunstwerke herausgearbeitet wurden – die einzige echte Schmiedearbeit, die in den Smedes-Eisenwerken verrichtet wurde.

Um ehrlich zu sein, ich taugte weder als Schmied noch als Stahlarbeiter. Ich war zu groß, zu dünn, zu verträumt für jene Arbeiten, für die eine Mischung aus Kraft und Talent erforderlich ist, wie jeder sie braucht, der mit Stahl arbeiten will. Durch meine Arbeit in den Eisenwerken wurde dem Namen Smedes kein zusätzlicher Glanz verliehen.

Mein Cousin Hank war anders; er war der geborene Schmied. Seine Handgelenke waren kräftig, seine Hände gehorchten seinen Gedanken, und vor seinem inneren Auge sah er schon das kunstvoll bearbeitete Werk, ehe er überhaupt den Hammer in die Hand nahm.

Hank nahm mich manchmal mit, wenn er zu Baustellen fuhr, wo wir eine Pforte oder ein reichverziertes Geländer einbauten, das er im Betrieb gefertigt hatte. Er zeigte mir, wie man quadratische Löcher in einen Betonboden meißelt, die Torpfosten einsetzt und flüssiges Blei in die verbliebenen Spalten gießt. Gelegentlich zog er mich ins Vertrauen, indem er mir köstliche Familiengeheimnisse über Onkel Klass verriet und Zoten erzählte, wie ich sie noch nie gehört hatte.

Allmählich vermittelte mir Hank das Gefühl, ich sei wirklich sein Freund. Doch schien er eine gespaltene Persönlichkeit zu sein. Einerseits war er freundlich, und es machte Spaß, mit ihm zusammenzuarbeiten; andererseits war er grausam und hinterhältig.

Wenn wir allein waren, zeigte er sich mir von der freundlichen Seite. Diese Seite seiner Persönlichkeit akzeptierte ich; sie war sicherlich die einzige, die ich gebrauchen konnte.

Aber jedesmal, wenn beim Arbeiten jemand anders – beispielsweise der Bauleiter – hinzukam, zeigte sich Hank mir von der gemeinen Seite.

Er fing an, mich zu beschimpfen, und das in Hörweite des Mannes, der unsere Arbeit beaufsichtigte.

„He! Lew, du spindeldürres Gerippe, komm hierher und mach diese Arbeit endlich richtig."

„Dieser Dummkopf, den man mir als Handlanger zugewiesen hat, kennt nicht einmal den Unterschied zwischen einem Hammer und einer Zange, aber er ist der Neffe vom Chef, deshalb muß ich's mit ihm aushalten."

„Lew, für diese Arbeit taugst du nicht, merk dir das!"

So redete Hank mit mir und über mich vor den Männern, auf die wir beide mit unseren Fähigkeiten unbedingt einen guten Eindruck machen wollten.

Er lockte mich in eine Falle, indem er mich glauben ließ, ich sei sein Freund; dann erniedrigte er mich. Er hatte mit mir leichtes Spiel, denn damals brauchte ich mehr als alles andere einen Freund. Und wenn Hank sich mir auf dem Nachhauseweg von der freundlichen Seite zeigte, obwohl er mich kurz zuvor schlechtgemacht hatte, fiel ich immer wieder darauf herein – aber nur, um am nächsten Tag wieder zur Zielscheibe seines Spottes zu werden.

Vermutlich habe ich Hank gehaßt, und das recht lange. Es tut weh, wenn man erst als Freund angenommen und hinterher wie ein streunender Hund behandelt wird. In meinem Herzen wußte ich: Auch wenn ich es Hank mit meiner Einfältigkeit leichtmachte, mich zu verletzen, hatte ich die Wunden, die er mir zufügte, nicht verdient.

Mit meinem Verletztsein begann für mich die erste, kritische Phase des Vergebens, in der ich eine einfache Entscheidung zu treffen hatte. Wollte ich geheilt werden – oder wollte ich es dieser unberechtigten Verletzung gestatten, sich in meinem Gedächtnis festzusetzen, so daß ich immer wieder daran leiden würde?

Immer wenn wir das Empfinden haben, jemand habe uns tief verletzt, sind wir gezwungen, in diese erste, entscheidende Phase des Vergebens einzutreten. Werden wir zulassen, daß der Schmerz sich unser bemächtigt und uns die Freude raubt? Oder werden wir uns des Wunders der Vergebung bedienen, um die unverdiente Wunde zu heilen?

Selbstverständlich erleiden wir viele oberflächliche Schmerzen, für die wir niemandem zu vergeben brauchen – kleine Demütigungen, die wir wohl oder übel hinnehmen müssen.

Wir haben es nötig, unsere Verletzungen zu sortieren. Wir müssen unterscheiden zwischen Verletzungen, die das Wunder des Vergebens erforderlich machen, und Verletzungen, die mit einer Prise Humor ertragen werden können. Wenn wir alle unsere Wunden in einen Topf werfen und für alles Vergebung vorschreiben, verwandeln wir die Kunst des Vergebens in etwas Billiges, Alltägliches. Wie ein guter Wein muß das Vergeben für die richtige Gelegenheit aufbewahrt werden.

Um eine Krise des Vergebens hervorzurufen, muß eine Verletzung drei Dimensionen haben: Sie muß *persönlich, unberechtigt* und *tief* sein. Wenn Sie diese Art von dreidimensionalem Schmerz empfinden, kann Ihre Wunde nur dadurch geheilt werden, daß Sie dem vergeben, der sie Ihnen zugefügt hat.

Persönlicher Schmerz

Wir können nur Menschen vergeben; der Natur können wir nicht vergeben, obwohl auch sie uns oft verletzt. Manchmal rührt unser Schmerz daher, daß die Natur uns etwas versagt hat – einige Menschen kommen ohne eigenes Verschulden mit einem geringeren Maß an Gesundheit, Schönheit oder Intelligenz auf die Welt, als ihnen lieb ist. Manchmal werden wir einfach aufgrund eines furiosen Angriffs der Natur bis ins Mark erschüttert, wie es neulich zwei guten Freunden von mir erging, als sie ihr Baby, das dem geheimnisvollen „plötzlichen Kindstod" zum Opfer gefallen war, zu Grabe trugen. Jeder von uns kann das Opfer willkürlicher Naturgewalten werden, die uns unserer Würde berauben und uns ohne Rücksicht auf unsere Verdienste oder unsere Bedürfnisse vernichten.

Der Natur können wir aber nicht vergeben. Wir können sie verfluchen, gegen sie wettern, ihr für alles, was an uns nicht in Ordnung ist, die Schuld geben und zuletzt vor ihrer rohen Gewalt die Waffen strecken. Wir können uns der Naturwissenschaft bedienen, um uns vorübergehend vor den grausamen Launen der Natur zu schützen. Oder wir können im Glauben einen Blick über die Natur hinaus wagen und unseren Trost in dem geheimen Ratschluß Gottes suchen, der hinter ihren merkwürdigen Wegen steckt. Aber wir vergeben der Natur nicht. Wir können nur Personen vergeben.

Wir können auch keinen Systemen vergeben. Systeme können Menschen, weiß Gott, verletzen. Wirtschaftssysteme können Arme in ein Gefängnis bitterster Armut sperren. Politische Systeme können freie Menschen zu Sklaven machen. Unternehmen können Menschen wie Marionetten am Gängelband halten, um sie anschließend wie Abfall wegzuwerfen. Aber wir vergeben keinen Systemen. Wir vergeben nur Menschen.

Nur Menschen können für das, was sie tun, zur Rechenschaft gezogen werden. Nur Menschen können unsere Vergebung annehmen und sich entschließen, wieder in unser Leben zu treten.

Das Vergeben ist stets ein zwischenmenschliches Ereignis. Daraus folgt, daß Sie nur den Personen vergeben sollten, die Ihnen Verletzungen zugefügt haben.

Menschen, die mich nicht verletzt haben, muß ich nicht vergeben. Ich habe in der Tat kein Recht, ihnen zu vergeben; nur ihre Opfer haben dieses Recht. Es kann sein, daß ich über ihr Verhalten anderen gegenüber empört bin. Möglicherweise sitze ich über sie zu Gericht, verurteile sie und verlange ihren Kopf. Vielleicht habe ich beispielsweise eine maßlose Wut auf einen politischen Tyrannen. Aber wenn er mich nicht selbst verletzt hat, sollte ich ihm nicht vergeben – nicht etwa, weil er zuviel Böses getan hätte, sondern weil ihm nur die Menschen vergeben können, die er verletzt hat. Ich würde das Wunder der Vergebung herabsetzen, wenn ich behauptete, den großen Menschenverächtern zu vergeben, die mich selbst nie verletzt haben.

Damit will ich nicht sagen, daß der Missetäter Ihnen an die Gurgel gefahren sein muß. Oft verletzt es uns am meisten, wenn wir die Schmerzen von Menschen, die wir liebhaben, mitempfinden. Ein Beispiel: Ich selbst bin beinahe neurotisch in der Art, wie ich den Schmerz meiner Kinder mitempfinde. Wer meine Kinder verletzt, verletzt mich, und zwar schlimmer, als wenn er mich direkt angreifen würde. Auf jeden Fall müssen wir die Wunde selbst empfinden; sonst benötigen wir nicht die Art von Heilung, die zu bewirken das Vergeben von Gott ersonnen wurde.

Wenn das Vergeben die Schmerzen heilt, die *wir* empfinden, ist das ein guter Grund, mit unseren eigenen Verletzungen auf Tuchfühlung zu bleiben.

Einige Menschen bestreiten, daß sie wirklich verletzt sind. Dies zuzugeben, wäre ihnen einfach zu schmerzhaft; manchmal jagt ihnen schon der Gedanke daran einen Schrecken ein. Menschen, die von den eigenen Eltern brutal mißhandelt wurden, haben oft Angst, ihren Schmerz einzugestehen, und zwar aus Furcht, sie könnten die Menschen hassen, die sie am allermeisten lieben möchten. Sie lassen sich deshalb tausend Gründe einfallen, ihren Schmerz zu leugnen.

Manchmal bestreite auch ich, daß mir etwas weh tut, aber nicht aus Furcht, sondern aus purem Stolz. Ich beiße die Zähne zusammen und weigere mich heldenhaft zuzugeben, daß gewisse Menschen genug Macht haben, um mich zu verletzen. Ebenso ergeht es der betrogenen

Ehefrau, wenn sie sagt: „Ich weiß, daß mein Mann sich mit dieser ränkeschmiedenden kleinen Hexe eingelassen hat, die sich seine Sekretärin schimpft, aber ich lasse nicht zu, daß er das Vergnügen bekommt, mich leiden zu sehen." Also sperrt sie ihren Schmerz in die Dunkelkammer ihrer Seele, zu der Gefühle keinen Zutritt haben. Und vielleicht steht sie die Sache gut durch; vielleicht überdauert ihre Ehe die Affäre mit der Sekretärin. Aber sie wird ihrem Mann nie vergeben, solange sie sich weigert, den Schmerz, den sie so tief empfindet, vor sich selbst zuzugeben.

Ich vereinfache natürlich das Szenario. Die Geschichte handelt normalerweise nicht von einem unschuldigen Lamm und einem bösen Wolf. Die meisten unter uns müssen vergeben, während uns selbst vergeben wird. Und manchmal vermengt sich das Vergebenwerden so sehr mit dem Vergeben, daß wir den Unterschied kaum noch wahrnehmen.

Aber im wesentlichen geschieht das Wunder der Heilung dann, wenn eine *Person* Schmerz empfindet und der *Person*, die die Wunde aufriß, vergibt.

Unberechtigter Schmerz

Wir treten immer dann in eine Krise des Vergebens ein, wenn jemand uns zu Unrecht verletzt. Das Vergeben ist das Heilmittel, das die Liebe vorschreibt, wenn eine Person, von der wir annehmen durften, recht behandelt zu werden, uns ein schmerzliches Unrecht zufügt. Es ist eine Sache, Schmerz zu empfinden, eine ganz andere, unter einem schmerzvollen Unrecht zu leiden.

Es schmerzt, wenn wir Geld verlieren; es schmerzt ebenfalls, wenn wir auf der Straße überfallen und bestohlen werden. Es besteht jedoch ein gewaltiger moralischer Unterschied zwischen dem, was wir auf faire Weise verlieren, und dem, was wir aufgrund der Ungerechtigkeit und Gewalt anderer erleiden müssen! Es tùt einem Jungen weh, wenn er von seiner Mutter ausgeschimpft wird, weil er seine Schwester geohrfeigt hat; es tut ebenfalls weh, wenn ein Kind nur deshalb von seinem betrunkenen Vater angeschrien wird, weil es geboren wurde. Aber welch ein Unterschied: einerseits ein berechtigter Schmerz, andererseits ein brutales Unrecht!

Nicht jeder ist darauf aus, uns zu erledigen. Es begegnen uns aber viele Menschen, die unsere Gefühle auf unbedeutende Weise verletzen, aber es nicht wirklich böse mit uns meinen. Einige Schmerzen sind unvermeidbar, weil wir verwundbar sind und in einer Welt leben, in der zerbrechliche Geister manchmal aus Versehen aufeinanderprallen.

Ein Beispiel: Es gab in meinem Leben eine Person, die mich auf unerhörte Weise behandelte. Sie schrie mich beim Mittagessen ständig an; sie ließ sich Tag und Nacht von mir bedienen, ganz gleich, wie sehr ich mit anderen Dingen beschäftigt war; und ab und zu urinierte sie auf meine beste Freizeithose. Was die Sache schlimmer machte: Sie wurde schwer krank und quälte mich, weil sie mir nicht sagte, was sie hatte. Es hat Momente gegeben, in denen ich sie am liebsten verdroschen hätte. Aber ich verspürte nie den Impuls, ihr zu vergeben.

Es handelte sich um meine sechs Monate alte Tochter, und ich verspürte deshalb kein Bedürfnis, ihr ihre unerhörte Verhaltensweise zu vergeben, weil sie mich nicht zu Unrecht verletzte. Ich hatte sie lieb und nahm alles von ihr hin.

Mein Beispiel mag vielleicht an den Haaren herbeigezogen sein, dennoch trifft es die Sachlage; wir müssen nicht bei jeder Verletzung, die uns zugefügt wird, irgend jemandem vergeben.

Viele Menschen werden verletzt, wenn sie entdecken, daß eine wichtige menschliche Beziehung, die sie als dauerhaft betrachtet hatten, in Wirklichkeit nur vorübergehend war. Wir trennen uns, wir gehen auseinander – und das Auseinandergehen ist oftmals eine Quelle bitteren Leids.

Manchmal müssen Freundschaften aufgegeben, Liebesbeziehungen beendet werden. Und meistens wird jemand durch solche Trennungen verletzt. Aber vielleicht ist ein verwundetes Herz nur das Risiko, das die Liebe in einer Welt eingehen muß, in der alles vergänglich ist.

Vielleicht die schlimmste Art, auf unfaire Weise – aber ohne daß ein Unrecht geschieht – verlassen zu werden, erleben wir, wenn jemand erkrankt und stirbt und uns mutterseelenallein zurückläßt. Aber Menschen sterben, weil Gott es so will; sie tun es normalerweise nicht, weil sie uns verletzen wollen. Indessen: Wie soll ein Kind verstehen, daß sein Vater es wirklich nicht allein lassen *wollte,* als er Krebs bekam und starb? Wie feinfühlig sollten wir doch mit Menschen umgehen, die, auch wenn sie es mit dem Kopf besser wissen, das Empfinden haben, ein Verstorbener habe ihnen ein Unrecht zugefügt, als er starb und sie in dem Augenblick allein ließ, als sie ihn am meisten brauchten.

Es ist noch schwieriger, wenn unsere Lieben sich freiwillig für den Tod entscheiden, obwohl wir sie dringend brauchen. Als Robert sich erhängte, erzählte er niemandem, was seine Motive waren. Mußte er seinem Leben ein Ende setzen? Trifft ihn die Schuld an den schrecklichen

Qualen, die er dadurch seiner Familie zufügte? Sollte seine Frau ihm dafür vergeben? Ich kann es nicht beurteilen. Sie allein weiß, ob es richtig wäre.

Manchmal können Sie nicht mit Sicherheit feststellen, ob Sie das Opfer eines vermeidbaren Versehens gewesen sind oder ob Ihnen eine unberechtigte Wunde absichtlich zugefügt wurde. Vielleicht brauchen Sie fremde Hilfe, damit Sie Ihre Verletzungen ordnen und den Unterschied erkennen können zwischen dem Schmerz, der auf unsere menschliche Verwundbarkeit zurückzuführen ist, und dem Schmerz, der entsteht, wenn wir zu Unrecht angegriffen werden.

Damit will ich nicht sagen, daß Schmerzen nur dann unberechtigt sind, wenn jemand uns mit voller Absicht ungerecht behandelt. Ein Schmerz ist unberechtigt, wenn wir ihn nicht verdient haben – oder wenn er nicht *notwendig* war. Darum müssen Sie nicht erst beweisen, daß jemand Sie verletzen wollte, ehe Sie vergeben. Wenn Sie ohne Not schlecht behandelt werden, treten Sie zwangsläufig in eine Krise des Vergebens ein, ganz gleich, welche Absichten die andere Person verfolgte.

Ich habe einen kleinen Katalog der unberechtigten Schmerzen aufgestellt, die jeder dann und wann erleidet. In keinem dieser Fälle nimmt sich jemand vor, einen anderen ungerecht zu behandeln. Aber in jedem Fall erleben wir die Verletzung als unberechtigte Attacke. Vergleichen Sie meine Liste von Verletzungen mit dem, was Sie selbst erlebt haben.

Menschen verletzen uns, weil sie glauben, daß wir es verdient haben

Einige Menschen verfolgen das Ziel, einen anderen zu verletzen, und fügen ihm bewußt Schaden zu; dabei fordern sie jedoch nur „gerechte Vergeltung“. Denken wir an die Entschlossenheit von Shakespeares Macbeth, seinen König umzubringen: “Ich bin fest; gespannt / Zu dieser Schreckenstat ist jeder Nerv“ (I,7; übersetzt von Dorothea Thieck); oder denken wir an Booth, als er im Theater auf Abraham Lincoln zielte; an Lee Harvey Oswald, als er seine Pläne schmiedete, John F. Kennedy auf den Straßen von Dallas zu erschießen; und an Judas Ischariot, als er sich in der Nacht davonschlich, um seinen Meister zu verraten. Jeder tat nur das, was seiner Meinung nach sein Opfer verdient hatte.

Ich bin mir sicher: Jeder, der mich absichtlich verletzt hat, war fest davon überzeugt, daß ich alles, was er mir antat, verdient hatte. Ein Kollege von mir schrieb einen vertraulichen Brief an unseren Vorstand, in dem er mir verschiedene theologische Delikte vorwarf. Sein Brief war mir gegenüber ungerecht, und ich bekam daraufhin eine Menge Ärger. Ich glaube, der Kollege meinte es aufrichtig. Aber seine Absicht und meine Erfahrung klafften weit auseinander. Die Sache war ungerecht, auch wenn er es nicht so meinte. Und diese Ungerechtigkeit stürzte mich in eine Krise: Wollte ich die Wunde in meinem Gedächtnis eitern lassen oder würde ich mich des „magischen Blickes" bedienen und geheilt werden?

Die meisten Menschen glauben, wenn sie andere absichtlich verletzen, daß ihr Handeln gerechtfertigt sei. Zähneknirschend machen sie sich mit eisernem Blick und zusammengepreßten Lippen daran, uns Schaden zuzufügen, und das in der Überzeugung, daß wir es verdient haben. "Es schmerzt mich mehr als dich" – so lautet der fromme Spruch eines Menschen, der vorhat, uns zu verletzen, aber sich dabei gerecht vorkommt. Die Absicht eines solchen Menschen hebt jedoch die Ungerechtigkeit nicht auf, die wir dabei *empfinden.*

Wenn wir auf diese Weise verletzt werden, treten wir in eine Krise des Vergebens ein. Wir können unsere Beziehung zu der Person, die uns verletzt hat, erst wieder aufnehmen, wenn wir mit der unberechtigten Verletzung fertig geworden sind.

Menschen verletzen uns zwanghaft

Manchmal verletzen uns Menschen nicht, weil sie uns Schaden zufügen wollen, sondern nur, weil sie sich nicht beherrschen können.

Jörg hatte nicht vor, seine Familie zu verletzen; er war einfach nicht imstande, seine Trunksucht zu überwinden. Walter hatte niemals die Absicht, seine Frau zu verletzen, indem er sich sexuell mit einer anderen einließ; er konnte seinen starken Geschlechtstrieb einfach nicht im Zaum halten.

Vor rund einem Jahr wurden meine Freunde Ben und Phyllis Sewall in eine Krise des Vergebens gestürzt, die ungemein schrecklich war. Ihr Sohn Roger fuhr an einem trägen Sommerabend mit dem Moped durch Laguna Beach, Kalifornien, und mußte an einer Kreuzung anhalten. Sich mit den Füßen abstützend, wartete er auf eine Möglichkeit weiterzufahren. Einen halben Häuserblock dahinter raste Sid Charid mit seinem Camaro dieselbe Straße hinunter, direkt auf Roger zu. Er bremste vor dem Stoppschild nicht ab. Roger, von hinten angefahren, war auf der Stelle tot – er hatte den Wagen nicht einmal kommen sehen. Der Fahrer hielt einen Augenblick an, dann gab er wieder Gas: Fahrerflucht!

Wie es später hieß, hatte Sid Rauschgift genommen. Es war nicht seine *Absicht,* irgend jemanden zu verletzen; er wurde von einer bewußtseinsverändernden Droge getrieben und hatte sich nicht mehr in der Gewalt. Aber Roger hatte weder den Tod verdient, noch verdienten es meine Freunde, ihren Sohn zu verlieren. Es war nicht gerechtfertigt. Und diese groteske Ungerechtigkeit rief eine schmerzvolle Krise hervor, die an die Grenze dessen stieß, was ein verwundetes Herz ertragen kann.

Menschen verletzen uns, wenn ihre Probleme „überschwappen"

Manchmal schwappen die aufgewühlten Fluten unserer persönlichen Kämpfe über. Dabei werden Unschuldige in Mitleidenschaft gezogen. Wir haben nicht vor, sie zu verletzen; sie befinden sich einfach zur falschen Zeit an der falschen Stelle.

Die unglücklichsten Opfer des Schmerzes, der sich verbreitet, wenn es zwischen Erwachsenen zu einem Konflikt kommt, sind oft Kinder.

Mein Freund Morgan war in einer unglücklichen Ehe gefangen und hatte allen Grund, ausbrechen zu wollen. Aber seine beiden kleinen Kinder lebten mit im selben Haus und litten unter den Auswirkungen des Zornes ihrer Eltern, überzeugt, daß sie irgendwie selbst an deren gegenseitigem Haß schuld waren. Morgan versuchte nur, einer hoffnungslos zerrütteten Ehe zu entfliehen. Seine Kinder zu verletzen – das war das letzte, was er tun wollte; aber sie gerieten dennoch ins Kreuzfeuer. Sie hatten es nicht verdient. So sicher, wie sie verletzt wurden, wurde ihnen auch Unrecht zugefügt.

Menschen verletzen uns mit ihren guten Absichten

Manchmal verletzen uns Menschen auch dann, wenn sie vorhaben, uns etwas Gutes zu tun. Ihre wohlmeinenden Pläne gehen schief, vielleicht wegen der Niederträchtigkeit anderer, vielleicht weil sie selbst die Sache stümperhaft anpacken.

Der großzügigste Freund, den ich je hatte, war Alec Morton, ein selbstloser Chirurg, der stets zwei von vier Jahren damit zubrachte, den armen Patienten eines behelfsmäßigen Krankenhauses, das auf dem Gelände einer Missionsstation in Burundi betrieben wird, zu helfen. Er ließ sich für seine Arbeit nicht bezahlen; er brachte sogar seine eigenen Medikamente mit und verteilte sie großzügig an die Kranken. Er selbst stand andauernd am Rande der Zahlungsunfähigkeit. Aber seine Kinder und ihre Ausbildung waren ihm sehr wichtig. Darum befolgte er den Rat eines gerissenen Maklers und investierte alle seine Ersparnisse in eine Immobilie, von der er annahm, sie werde in einigen Jahren genug Gewinn abwerfen, um seine sechs Kinder durchs College und seine Frau durch eventuell auftretende Schwierigkeiten zu bringen.

Die „Immobilie" entpuppte sich als ein wertloses Stück Wüste.

Alec hatte nichts anderes im Sinn, als den Notleidenden in Burundi zu helfen und seine Kinder finanziell abzusichern. Er wollte, daß es gut ausging, aber seine Großzügigkeit wurde in einen unberechtigten Verlust verwandelt.

Alec, der ohnehin für Depressionen anfällig war, versank im Schlamm der Selbstverurteilung. Eines Abends fuhr er auf den Hügel hinter seinem Haus und erschoß sich. Sein Selbstmord war der ungerechteste Schlag von allen. Seine Kinder haben es nicht verdient, neben seinem Geld auch ihn selbst zu verlieren; er hat ihnen ein furchtbares Unrecht zugefügt, ganz gleich, wie gut seine Absichten waren.

Menschen verletzen uns durch ihre Fehler

Manchmal werden wir verletzt, weil andere Menschen Fehler machen. Dabei kann es sich um Menschen handeln, die einem Heilberuf nachgehen und uns helfen möchten. Auch sie verpatzen manchmal ihre Arbeit.

Nicht viele Menschen können uns durch ihre Fehler so verletzen, wie Ärzte es tun. Wir trauen es ihnen zu, gut auf uns aufzupassen; wir gestatten ihnen, uns eine Narkose zu geben, damit sie unseren Körper aufschneiden und wieder zusammennähen können. Sie können jedoch Fehler machen, und ihre Fehler verursachen großes Leid.

Als meine Schwiegermutter alt und sehr krank war, brauchte sie eine Blutübertragung. Irgendwie geschah es, ihre Venen mit Blut der falschen Blutgruppe vollzupumpen. Niemand im Krankenhaus hatte vor, sie zu verletzen. Fehler können jedem unterlaufen. Aber sie wäre beinahe daran gestorben. Unberechtigterweise!

Ein junger Assistenzarzt wollte die Stationsschwester beeindrucken und führte auf eigene Verantwortung eine neue Behandlung durch, die er vorher vom Oberarzt hätte genehmigen lassen müssen. Er verschrieb Drogen, die im Körper seiner Patientin eine Wechselwirkung mit anderen Medikamenten, die sie einnahm, hervorriefen; der Mediziner hätte die Angelegenheit sorgfältiger überprüfen sollen, aber er hatte es zu eilig, und die Folgen waren sehr schmerzvoll – und sehr ungerecht.

Alles Fehler! Ab und zu begeht sie jeder. Wenn Ärzte sie begehen, müssen wir bitter dafür büßen. Wir büßen dafür mit zusätzlichen Krankenhauskosten. Wir büßen dafür mit Schmerzen, die hätten vermieden werden können. Dann und wann können wir sie mit dem Leben bezahlen. Und das ist nicht gerecht, ganz gleich, was die Ärzte dabei beabsichtigen.

Genug davon! Mein Katalog unberechtigter Verletzungen sollte ausreichen, um Sie daran zu erinnern, daß die Ungerechtigkeit einer Verletzung häufig im Erleben des Opfers wurzelt und nicht in den Absichten dessen, der sie verursacht.

Sollten Sie einem Menschen vergeben, der Sie zu Unrecht verletzt hat, aber nie vorhatte, Ihnen Böses zuzufügen?

Nur wenige Menschen haben je die Absicht, ungerecht zu sein. Auch ein Mafia-Killer glaubt, daß er nur Menschen tötet, die es verdient haben. Wenn wir also nur den Menschen vergeben müßten, die uns *absichtlich* ein Unrecht zufügen, hätten die meisten Menschen kaum nötig, einem anderen zu vergeben.

In der Tat: Daß Ihr Schmerz ungerecht ist, empfinden Sie vermutlich um so stärker, weil die betreffende Person Sie aus Unachtsamkeit verletzt hat. Der alkoholisierte Autofahrer, der das Kind Ihrer Nachbarn tötet, hat nie im Sinn gehabt, irgend jemandem Leid zuzufügen. Aber Ihr Entsetzen über seine unberechtigte Handlungsweise wird ihrer Sinnlosigkeit wegen um so größer sein.

Vielleicht etwas relevanter ist unser Bedürfnis, *um unser selbst willen* zu vergeben. Wir haben das Recht, von Haß frei zu sein, und wir nehmen unser rechtmäßiges Erbe in Anspruch, wenn wir Menschen vergeben, die uns unberechtigterweise verletzt haben, obwohl ihre Absichten rein waren.

Tiefe Schmerzen

Die dritte Dimension eines Schmerzes, der nur durch Vergeben zu bewältigen ist, ist seine Tiefe. Verletzungen, die das Vergeben notwendig machen, sind tiefe Verletzungen.

Wenn von Schmerzen die Rede ist, ist „Tiefe" kein genaues Maß; wie tief ein Schmerz reicht, hängt von den Empfindungen dessen ab, der verletzt worden ist. Darum können wir keine genauen Angaben machen.

Wir wissen es ganz sicher nur, wenn wir selbst von der Verletzung betroffen sind. Wir sind uns wohl aber darüber einig, daß einige grobe Unterschiede bestehen zwischen oberflächlichen Wunden, die wir ertragen können, und den tieferen Verletzungen, die uns von dem trennen, der sie verursacht hat.

Im folgenden schildere ich einige meiner eigenen Erfahrungen mit Verletzungen, die oberflächlich sind, um zum Bruch einer Beziehung zu führen.

Ärgernisse

Unser Leben ist mit Ärgernissen durchsetzt. Ich kann Kaufhauskunden nicht ausstehen, die sich an der Kasse mit der Kassiererin über ihre Katze unterhalten, während wir ungeduldig in der Schlange warten müssen. Es macht meine Frau wahnsinnig, wenn ich beim Fernsehen gedankenlos von einem Kanal zum anderen umschalte. Es regt mich auf, wenn sie aus einer kurzen Geschichte einen ganzen Roman macht. Diese Dinge wirken wie Brennesseln auf unsere zarte Haut, aber der Schmerz ist vermutlich nicht tief genug, daß Vergeben notwendig ist.

Wenn wir jeden Ärger in eine Krise des Vergebens verwandelten, würden unsere Gespräche bald nur noch um die Versöhnung kreisen. Es ist besser, wenn wir die kleinen Ärgernisse hinunterschlucken und unsere Vergebungsbereitschaft für tiefere Verletzungen aufbewahren.

Kränkungen

Wer brüskiert wird, fühlt sich gekränkt. Das ist nicht so schlimm wie Verleumdungen, aber es reicht aus, um in uns das Gefühl zu wecken, wir hätten unsere Stellung in der Hackordnung eingebüßt. Wir möchten, daß andere unsere gesellschaftliche Stellung achten, und sind verletzt, wenn wir diese Stellung verlieren.

Ich studierte an einer Hochschule in den Niederlanden und wurde eingeladen, einen Sonntagabend bei einem berühmten Amsterdamer Professor zu verbringen. Am darauffolgenden Montagmorgen prahlte ich damit vor meinen amerikanischen Kommilitonen und deutete an, der große Mann und ich seien gute Freunde geworden. Einige Wochen später stand ich bei einem Empfang neben denselben amerikanischen Freunden, als der renommierte Professor in den Raum trat. Wir wurden ihm alle vorgestellt. Als ich an die Reihe kam, konnte er sich nicht erinnern, mich jemals zu Gesicht bekommen zu haben. Er hat meinen Mitstudenten nicht erzählt, ich sei ein Wurm, noch hat er mich angespuckt oder verunglimpft. Er hat mich lediglich gekränkt, als ich es dringend nötig hatte, beachtet zu werden. Ich hätte ihn am liebsten verwünscht! Aber ich mußte ihm nicht vergeben.

Kränkungen verletzen uns, weil wir unsichere, bedürftige Geschöpfe sind und die Achtung anderer zur Stärkung unseres Selbstwertgefühls brauchen. Es tut uns weh, wenn Bekannte vorbeigehen und uns keines Blickes würdigen; aber wir verbannen einen Menschen nicht deshalb aus unserem Leben, weil er uns einmal nicht beachtet hat. Kränkungen sind nicht zum Vergeben da, sondern mit einem Achselzucken abzutun.

Enttäuschungen

Wir werden von Menschen verletzt, wenn sie unsere Erwartungen nicht erfüllen. Wir investieren unser Leben in unsere Kinder; sie nehmen unseren Einsatz als selbstverständlich hin, als hätten sie ihn verdient. Ich wurde als Kandidat für eine sehr geschätzte Auszeichnung vorgeschlagen; ich bekam sie nicht und entdeckte später, daß mein bester Freund mir seine Stimme versagt hatte. Ein Bekannter von mir blieb aus Loyalität bei seiner Firma, als man ihm anderswo einen besseren Arbeitsplatz anbot; als eine Stelle frei wurde, die er gern gehabt hätte, hat ihn sein Chef übergangen und einen jüngeren Kollegen befördert, der gerade erst sein Betriebswirtschaftsdiplom erworben hatte.

Enttäuschung! Sie versetzt unserem Stolz einen Schlag ins Gesicht und sorgt dafür, daß wir uns betrogen vorkommen. Und doch: Obwohl Sie zutiefst enttäuscht sind, hat man nicht Verrat an Ihnen begangen, und Sie haben es nicht nötig zu vergeben.

Den zweiten Platz belegen

Eine Mutter verschafft ihrer Tochter mehr Vorteile, als sie sich eigentlich leisten kann; ihre Tochter bricht ihr Studium ab und wird Kellnerin, während die Tochter ihrer besten Freundin Rechtsanwältin wird. Ein Student muß sich abrackern, um eine Zwei zu bekommen, während sein

Zimmerkollege, der sich kaum Mühe gibt, lauter Einsen schreibt. Das Pferd Ihres Bekannten tänzelt nach jedem Rennen zur Siegerehrung; Ihr eigenes Pferd schafft es nie.

Wenn ein anderer den glitzernden Preis bekommt, auf den Sie es abgesehen hatten, schmerzt es, wenn Sie nur den zweiten Platz belegen. Der Schmerz ist dann am schwersten zu ertragen, wenn die Person, die Ihnen zuvorkommt, ein guter Freund ist. Sie müssen ihm einen Arm um die Schulter legen und sein Glück feiern, obwohl es Ihnen lieber wäre, wenn Sie weglaufen könnten, um Ihren Kummer in Alkohol zu ertränken.

Seien wir ehrlich: Wir würden uns besser fühlen, wenn unsere Freunde mit uns zusammen verlören, wenn ihre Aktien zusammen mit den unseren stürzten und ihre Kinder gleichzeitig mit den unseren versagten. Aber wir kündigen anderen nicht die Freundschaft, wenn sie etwas bekommen, was wir selbst gern gehabt hätten, noch müssen wir ihnen dafür vergeben.

Es ist besser, wenn wir nicht jede Verletzung zu einer Krise des Vergebens hochstilisieren. Wenn Sie es nötig haben, jede kleine Prellung zu vergeben, die Sie beim Wettlauf um einen Platz in der Sonne erleiden, werden Sie Ihre zerbrechlichen zwischenmenschlichen Beziehungen allesamt aufs Spiel setzen. Wenn wir es uns zur Gewohnheit machen, geringfügige Kränkungen wie Schwerverbrechen zu ahnden, zwingen wir die Menschen, die wir gern haben, vor uns auf der Hut zu sein.

Welche Art von unberechtigter Verletzung reicht also tief genug, um eine Krise des Vergebens auszulösen? Woher wissen Sie, ob eine Verletzung ernst genug ist, um eine Beziehung in die Brüche gehen zu lassen? Wann erfordert eine Wunde die radikale geistliche Behandlung, die wir als das Vergeben bezeichnen?

Ich möchte drei Beispiele für unberechtigte Verletzungen aufzählen, die tief genug gehen, um uns in eine Krise des Vergebens zu stürzen: Illoyalität, Verrat und Brutalität. Lassen Sie mich erklären, was ich unter jedem dieser Begriffe verstehe.

Illoyalität

Ich verhalte mich illoyal, wenn ich einem Menschen gehöre, aber ihn dennoch wie einen Fremden behandle.

Die meisten unter uns haben mehrere Gruppen von Menschen, mit denen uns Bande der Loyalität verbinden. Innerhalb der Gruppe sind wir aneinander gebunden; wir haben uns das Versprechen gegeben, uns gegenseitig zu unterstützen. Manchmal wird dieses Versprechen mit geneigtem Kopf und in Gegenwart von Zeugen ausgesprochen; es wird ein öffentliches Gelübde abgelegt. Und manchmal ist dieses Versprechen in dem, was wir tun, mit inbegriffen. Eine Mutter verpflichtet sich, für ihr neugeborenes Kind zu sorgen, indem sie es schlicht in die Arme nimmt; zwei Freunde können sich gegenseitige Treue geloben, ohne je ein Wort darüber zu verlieren. So oder so wirkt unser freiwilliges Versprechen, zusammenzubleiben und füreinander zu sorgen, wie ein unsichtbares Band, das uns zusammenhält; wir gehören einander in der einzigen Weise, in der ein Mensch jemals einem anderen gehören darf.

Die Versprechen, die wir einander geben, sind die Basis für das Vertrauen, das wir zueinander haben. Auf Menschen, die uns etwas versprochen haben, verlassen wir uns. Ein Baby verläßt sich darauf, daß seine Mutter da sein wird, wenn es sie braucht. Eine Ehefrau rechnet damit, daß ihr Mann stets für sie da ist. Ein Freund verläßt sich auf den anderen. Wo immer Menschen versprechen, uns Fürsorge und Unterstützung zukommen zu lassen, sind wir durch unser Vertrauen mit ihnen verbunden – ebenso wie sie durch ihre Verpflichtung mit uns verbunden sind.

Wenn ein Vater seine Familie im Stich läßt, erweist er sich als illoyal, weil er Menschen, die ihm gehören, wie Fremde behandelt. Wenn ein Sohn es sich zur Gewohnheit macht, seine Eltern mit Lügen zu manipulieren, behandelt er sie wie Fremde, obwohl ihn ein Band des Vertrauens mit ihnen verbindet. Wenn eine Ehefrau erfährt, daß ihr Mann sie seit Jahren mit anderen Frauen betrügt, kommt sie sich wie geschändet vor, weil jemand, mit dem sie eine einzigartige Verbindung eingegangen ist, sie so behandelt hat, als wäre sie nur eine Frau unter vielen.

Die Loyalität, die eine Freundschaft verlangt, mag zwar nicht so verbindlich sein wie die Loyalität, die eine Familie zusammenhält, aber wenn ich entdecke, daß ein Freund mich im Stich gelassen hat, nachdem er mir irgend etwas (einen Gefallen, ein Darlehen, einen Segen) versprochen hat, und daß er versagt hat, als ich ihn am meisten brauchte, weil er nicht bereit war, um meinetwillen irgendwelche Unannehmlichkeiten auf sich zu nehmen – in einer solchen Situation fühle ich mich so, als wären die fundamentalen Bedingungen unserer Freundschaft außer Kraft gesetzt worden. Jemand, dem ich es zugetraut habe, wie ein treuer Freund für mich zu sorgen, hat mich behandelt, als wären wir uns fremd.

Wer ein Loyalitätsversprechen bricht, zerschlägt eine Beziehung, die auf Versprechungen und Vertrauen aufgebaut war. Wir können die Beziehung erst dann wie gewöhnlich fortsetzen, wenn das begangene

Unrecht aus der Welt geschafft worden ist. Die Wunde geht zu tief, als daß wir so weitermachen könnten, als wäre nichts gewesen.

Illoyalität ist nicht annehmbar; sie ist anstößig. Entweder wir müssen uns trennen und die Verletzung allein ertragen oder wir müssen der Person vergeben, die uns die Treue gebrochen hat.

Verrat

Ziehen Sie die Schrauben ein wenig fester an, dann wird aus Illoyalität Verrat. Mein Partner verhält sich mir gegenüber illoyal, wenn er mich wie einen Fremden behandelt, aber wenn er mich wie einen Feind behandelt, übt er an mir Verrat.

Petrus verhielt sich Jesus gegenüber illoyal, als er es bestritt, den Mann überhaupt zu kennen. Judas hingegen übte an Jesus Verrat, als er ihn um 30 Silberstücke willen an seine Feinde auslieferte. Wir üben immer dann Verrat an Menschen, mit denen wir verbunden sind, wenn wir sie um einen Preis „verkaufen".

Kann uns irgend etwas tiefer verletzen als der Verrat eines Freundes?

Wir müssen es nicht auf große Summen absehen, ehe wir zu Verrätern werden. Bei den meisten Verrätern handelt es sich um kleine Ischariots, die um einen geringfügigen Einsatz spielen. Ein Freund, der einem anderen mein besonderes Geheimnis, meine private Schande, mitteilt und dabei weiß, daß ich verletzt sein könnte, begeht an mir Verrat. Ein Ehemann, der seine Frau in Gegenwart von Gästen herabsetzt, übt im kleinen Rahmen Verrat. Ein enger Mitarbeiter, der verspricht, mich in meinen Bemühungen um eine Beförderung zu unterstützen, aber meinem Chef insgeheim bedeutet, ich sei für die neue Stelle nicht geeignet, begeht ebenfalls Verrat. Ein Vater, der seine eigene Tochter verführt, erweist sich ganz gewiß als Verräter.

Julius Cäsar hatte seinen Brutus, seinen Busenfreund, der sich gegen ihn wandte und ihn umbrachte. Ein Freund, Geliebter, Ehegatte oder Partner, der es zuläßt, daß andere uns schaden, begeht ebenso an uns Verrat. Ganz gleich, welche Methode verwendet wird oder wie oberflächlich die Wunde sein mag, die uns zugefügt wird – wir fühlen uns auf jeden Fall „verraten und verkauft".

Irgend etwas in unserer Seele kann gegenüber dem Verrat, und sei er noch so geringfügig, Nachsicht üben. Wir fühlen uns beschmutzt und herabgesetzt. Jede auf Vertrauen basierende zwischenmenschliche Beziehung geht nach einem Verrat in die Brüche. Nach einem Verrat noch

Freunde oder Geliebte sein zu wollen, wäre nichts als Heuchelei. Wir wissen, daß dem so ist, weil wir den Messerstich entsetzlich tief empfinden. Und sobald wir ihn empfinden, stecken wir in einer Krise des Vergebens.

Brutalität

In der Regel vergeben wir Menschen, mit denen wir irgendwie verbunden sind: Ehegatten, Kindern, Eltern, guten Freunden. Aber manchmal müssen wir Fremden vergeben, die sich mit Seilen der Brutalität an uns binden.

Ein Fremder bricht nachts in Ihre Wohnung ein, während Sie allein und verwundbar in der grundlegenden Intimsphäre Ihres Schlafzimmers liegen. Sie fühlen sich dadurch persönlich so verletzt, daß Sie diesem Fremden gegenüber nie wieder gleichgültig sein können, ihm nie wieder mit der zwanglosen Indifferenz begegnen können, die Sie gegenüber einem gewöhnlichen Fremden hegen, der Ihnen nie zu nahe getreten ist. Er hat Sie nicht berührt. Sie haben sein Gesicht nicht gesehen. Aber er ist in Ihre besondere Privatsphäre eingedrungen, wiewohl er kein Recht dazu hatte. Er ist nicht mehr bloß ein Fremder; er ist jetzt, obwohl Sie ihn nicht kennen, zu Ihrem persönlichen Feind geworden.

Betrachten wir ein weit schlimmeres Verbrechen. Eine Frau wird in einem dunklen Parkhaus von einem Fremden vergewaltigt. Sie ist bis ins Mark erschüttert. Sie kennt seinen Namen nicht. Sie hat nur seine Gewalt verspürt. Aber für sie kann er nicht länger bloß ein Fremder sein. Er hat sich an ihr vergangen und ist dadurch zu ihrem persönlichen Feind geworden; und weil sie durch einen Gewaltakt aneinandergebunden sind, erlebt sie Haß und Entfremdung.

Brutale Menschen sind uns freilich nicht immer fremd. Tatsache ist, daß die meisten brutalen Verbrecher über Angehörige herfallen. Männer, die nie mit einer anderen Frau schlafen, schlagen ihre eigene Frau und fordern zugleich Anerkennung für ihre eheliche Treue. Väter, die ihre Familie niemals verlassen würden, mißhandeln ihre eigenen Kinder. Nicht selten behandeln wir die Menschen am grausamsten, die am engsten mit uns verbunden sind.

Es gibt brutale Gewalttaten, die nie ein blaues Auge oder einen gebrochenen Knochen fordern. Wir können einander brutal mißhandeln, ohne uns auch nur zu berühren. Ich habe selbst gehört, wie Mütter ihre Söhne ohne jeden einleuchtenden Grund beschimpft haben als „ungezogene

Flegel", die „schlimmer als nichtsnutzig" seien. Ich habe Väter gekannt, die ihren Töchtern sagten, sie seien kaum besser als Prostituierte.

Einmal beobachtete ich auf einer Party in Europa, wie ein Amerikaner versuchte, seine Gäste zu amüsieren. Er überredete seine Frau, die nur Ungarisch sprechen konnte, ihm unanständige englische Ausdrücke nachzusprechen, über deren Bedeutung sie, wenn sie sie gekannt hätte, entsetzt gewesen wäre. Mir war klar, daß er sie ebenso brutal mißhandelte, wie wenn er sie geschlagen hätte. Und ich fühlte mit ihr.

Wir verhalten uns immer brutal, wenn wir eine andere Person menschenunwürdig behandeln. Dabei ist es einerlei, ob wir sie vergewaltigen oder auf herabwürdigende Weise beleidigen. Brutalität stürzt uns – ganz gleich, wer sie begeht – in eine der qualvollsten Krisen des Vergebens überhaupt.

Soviel also zu den Arten von persönlicher, unberechtigter und tiefer Verletzung, die uns in die erste Phase des Vergebens eintreten lassen.

Aus geringfügigen Verletzungen, die das Vergeben normalerweise nicht erforderlich machen, können, wenn sie oft genug wiederholt werden, schlimme Vergehen werden. Ein Beispiel: Wenn Bettina gerade deshalb auf einer bestimmten Verhaltensweise beharrt, weil Sie sich darüber ärgern, und wenn sie Sie des öfteren auf diese Weise ärgert, dann möchte sie Sie vermutlich erniedrigen, ohne dabei selbst allzuviel aufs Spiel zu setzen. Sie möchte Sie mit ihrer Geringschätzung verletzen, aber ihr fehlt der Mut, Sie direkt anzugreifen. In diesem Fall fügt sie Ihnen durch ihr ärgerliches Verhalten eine moralische Verletzung zu, und Sie dürfen nicht zulassen, daß sie ungestraft davonkommt.

Das gleiche trifft auf Kränkungen zu. Wenn Ihre Chefin am laufenden Band vergißt, daß Sie ein Treffen mit ihr vereinbart haben, würdigt sie Sie durch diese Kränkung herab. Wenn Ihr Vater sich nie die Zeit nimmt, Ihre Sorgen anzuhören, bewegt er sich mit diesem Sie kränkenden Verhalten am Rande der Illoyalität. Wenn Ihr Freund Sie nicht anruft, wenn er weiß, daß Sie krank sind oder Schwierigkeiten haben, schlittert er mit dieser Kränkung in die Illoyalität hinein, weil er Sie wie einen Fremden behandelt.

Woher weiß man, wann mindere Delikte in unerträgliche Vergehen ausarten, die nur durch Vergeben zu bewältigen sind? Sie können es nur sicher wissen, wenn Sie selbst davon betroffen sind. Sie können keine Grenzen für andere ziehen; Sie müssen selbst den Unterschied empfinden. Einige Menschen stilisieren jeden geringfügigen Verstoß zu einem

Schwerverbrechen hoch, sobald sie selbst davon betroffen sind. Andere machen sich durch ihre Passivität selbst zur Zielscheibe und fordern dadurch jedermann auf, sie zu treffen. Aber es gibt einen Unterschied, und eines der Anzeichen dafür, daß Sie erwachsen werden, ist, daß Sie über die notwendige Einsicht verfügen, um in dem qualvollen Augenblick, wenn Sie selbst das Opfer sind, diesen Unterschied zu erkennen.

Kapitel 2

Wir hassen die Person, die uns verletzt hat

Haß ist ein Tiger, der in der Seele brüllt. Haß ist die natürliche Reaktion auf jeden tiefen, unberechtigten Schmerz. Haß empfinden wir instinktiv für jeden, der uns eine Verletzung zufügt.

Aber was ist das für ein Gefühl, das sich unser bemächtigt, wenn wir einen anderen Menschen hassen – insbesondere wenn wir jemanden hassen, den wir früher geliebt haben oder jetzt noch lieben?

Vielleicht empfinden wir „nur" *passiven* Haß, ein Samenkorn des Grolls, das uns die Kraft raubt, einem anderen Gutes zu wünschen.

Ich habe schon oft passiven Haß empfunden – und offen gesagt: Das trifft auf viele Menschen zu, die mindestens ebenso liebevoll sind wie ich. Wenn ich an einen Mann denke, der einst Lügen über mich verbreitet hat, bringe ich es nicht fertig, zu hoffen, daß er im Beruf erfolgreich sein wird. Ich wünsche ihm nicht den Tod; ich möchte aber einfach nicht, daß er es im Leben zu etwas bringt. Jedenfalls möchte ich nicht, daß es ihm besser geht als mir. Ich kann ehrlicherweise nicht darum beten, daß er ein leuchtender Stern wird an dem kleinen Himmel, den wir miteinander teilen.

Andererseits gibt es eine Aggressivität, die uns wahnsinnig macht. Eine Geschiedene wünscht, daß ihr früherer Partner schwer erkrankte oder mit seiner neuen Gefährtin todunglücklich wird. Sie hoffen, daß der Bekannte, der Sie durch Preisgabe Ihres Geheimnisses verletzt hat, von seinem neuen Chef gefeuert wird. Vielleicht finden wir uns mit einer weniger drastischen Vergeltung ab, vielleicht wünschen wir, unser Feind möge auf der Stelle tot umfallen. Ob so oder so, wir sind nicht nur der positiven Kraft beraubt worden, einem anderen Gutes zu wünschen; wir wünschen der betreffenden Person von Herzen Böses. Wir sind angriffslustig. Dies ist *aggressiver* Haß.

Wenn Ihr Haß passiv ist, verlieren Sie den von Liebe bestimmten Drang zum Segnen. Wenn Ihr Haß aggressiv ist, werden Sie von dem Drang beherrscht, jemanden mit einem Orkan – oder zumindest mit starken Böen – der Feindseligkeit zu bestrafen.

Ob passiv oder aggressiv, unser Haß trennt uns von Menschen, mit denen wir verbunden sein sollten. Er treibt sie von uns fort. Wohin? Überall dorthin, wo sie weder vom Guten erreicht werden noch von Verletzungen verschont bleiben können. Haß ist die elementare innere Gewalt, die Menschen auseinandersprengt.

Haß spaltet manchmal auch unsere eigene Seele; der eine Teil von uns haßt, der andere liebt. Und wir hassen und lieben dieselbe Person zugleich. Eine Ehefrau liebt ihren Mann wegen seiner sexuellen Anziehungskraft und haßt ihn wegen seiner ständigen Sticheleien. Ein Ehemann liebt seine Frau wegen ihrer Bereitschaft, sich für ihre Kinder aufzuopfern, und haßt sie wegen ihrer Gleichgültigkeit gegenüber seinen Bedürfnissen. Wir lieben unseren Vater und sehnen uns nach seiner Liebe; gleichzeitig hassen wir ihn, weil er diese Liebe außer Reichweite aufbewahrt wie eine kostbare Trophäe. O ja, wir könnten das Liebe-Haß-Duo endlos weiterspielen.

Der springende Punkt ist der: Die sengende Hitze des Hasses und der besänftigende Strom der Liebe bestehen nebeneinander. Der Haß, der uns auseinandertreibt, wohnt in uns ebenso wie die Liebe, die uns zueinander hinzieht. Es kommt tatsächlich vor, daß wir die Menschen, die wir am innigsten lieben, am heftigsten hassen.

Wer haßt, bedarf der Heilung. Ob passiv oder aggressiv, Haß ist immer bösartig; er ist gefährlich und kann sogar tödlich ausgehen, wenn wir zulassen, daß er seinen Lauf nimmt. Wenn der Haß einen Menschen ins Visier bekommt, kommt garantiert nichts Gutes dabei heraus. Dabei fügt er dem Hasser sicherlich mehr Schaden zu als dem Gehaßten.

Wir dürfen Haß nicht mit Zorn verwechseln. Wir müssen von unserem Haß geheilt werden, aber nicht von unserem Zorn.

Zorn ist ein Zeichen dafür, daß wir am Leben sind und daß es uns gutgeht. Haß ist ein Zeichen dafür, daß wir krank sind und der Heilung bedürfen.

Ein gesunder Zorn treibt uns an, etwas zu tun, damit die Quelle unseres Zornes beseitigt wird; Zorn kann uns so beflügeln, daß wir positive

Veränderungen zuwege bringen. Haß hingegen will die Dinge gar nicht zum Guten hin verändern; er möchte alles nur noch schlimmer machen. Wir haben unser Leben allein der Liebe zu verdanken, aber Haß möchte den übelriechenden Atem des Todes darüber ausstoßen.

Gestatten Sie mir, auf einige Eigenschaften des Hasses hinzuweisen, die ihn zu einer Krankheit machen, die sehr schwer zu heilen ist.

Wir hassen nicht nur das Böse, sondern Menschen

Man sagt uns, wir sollen „die Sünde hassen und den Sünder lieben". Schaffen wir das, so kann sich unser Haß als kreativ erweisen. Aber ich muß zugeben, daß es mir nicht leichtfällt, die nötige Kraft aufzubringen. Das Böse, das ich hasse, haftet an der Person, die ich hasse, wie die Haut am Körper, und es gelingt mir nur selten, sie auseinanderzureißen.

Ich spreche also nicht davon, daß wir Grausamkeiten hassen; ich spreche von Haß gegen grausame Menschen. Ich spreche nicht davon, daß wir den Verrat hassen, sondern von unserem Haß gegen Verräter.

Wenn Dietmar Verrat an mir begeht, hasse ich ihn, weil er mich verletzt hat. Das hat folgenden Grund: Ich kann seine Person und seine Handlungsweise in meiner Vorstellung nicht auseinanderhalten. Er und sein nicht eingehaltenes Versprechen sind für mich eine unteilbare Realität. Sie haften in meiner verletzten Seele fest aneinander.

Der Haß, der sich gegen einen Menschen richtet, ist schmerzhaft, ungesund und kräfteraubend. Es handelt sich um eine Krankheit der Seele.

Niemand gibt gern zu, daß er einen anderen Menschen haßt. Wer es dennoch tut, kommt sich gemein und gehässig vor. Aus diesem Grunde leugnen wir unseren Haß. Wir verstecken ihn vor uns selbst. Der Haß ist uns zu häßlich; wir können unmöglich zugeben, daß wir einen Kübel- oder auch nur einen Löffelvoll in unserem Organismus beherbergen. Darum leugnen, verbergen und unterdrücken wir den echten Haß, der in unserer Seele gärt.

Dennoch hassen wir andere Menschen. Nur ein verklärter Heiliger oder ein gefühlloser Trottel könnte durchs Leben gehen, ohne irgendwann irgend jemanden zu hassen, zumindest mit passivem Haß – und gelegentlich mit der aufbrausenden Kampfeslust böswilliger Aggressivität.

Wenn wir unseren Haß leugnen, wollen wir die Krise des Vergebens umgehen. Wir unterdrücken unseren Groll, passen uns an und tun so, als wären wir zu gut, um haßerfüllt zu sein. Aber die Wahrheit ist, daß wir es nicht wagen, unseren Haß zuzugeben, weil wir nicht das Risiko eingehen wollen, der Person, die wir hassen, zu vergeben.

Wir täuschen inneren Frieden vor, während Furien in uns toben – unter der Oberfläche, versteht sich. Dort dreht unser Haß, versteckt und unterdrückt, die heimlichen Hähne auf, aus denen ein Gift strömt, das irgendwann einmal alle unsere Beziehungen auf unvorhersagbare Weise zerstören wird. Wenn Haß verleugnet, verheimlicht und sich selbst überlassen wird, sperrt er uns in eine eisige Hölle, in der wir Isoliermasken aus warmer Geselligkeit tragen müssen. Aber wenn wir uns unseren Haß eingestehen, sind wir gezwungen, uns für das heilende Wunder des Vergebens zu entscheiden.

Warum wegen des Ganzen besorgt sein? Warum sich darüber Gedanken machen, wenn anständige Leute Menschen hassen, die ihnen ein Unrecht zugefügt haben?

Darum, weil es sehr schwer ist, den Haß, der sich gegen Personen richtet, zu heilen. Wenn wir nur ein Unrecht hassen, wird unser Haß sterben, sobald das Unrecht abgestellt wird. Aber wenn wir Menschen hassen, die uns ungerecht behandelt haben, wird unser Haß auch dann am Leben bleiben, wenn das Unrecht, das sie begangen haben, längst vergessen ist – in etwa so, wie wenn der Geruch verkohlten Holzes in einem ausgebrannten Gebäude zurückbleibt, nachdem das Feuer längst gelöscht wurde.

Wir verknüpfen unsere Gefühle mit dem Augenblick, in dem wir verletzt wurden, und verleihen ihm so die Unsterblichkeit. Wir lassen zu, daß er jedesmal, wenn wir daran denken, über uns herfällt. Er reist mit uns, schläft mit uns, schwebt über uns, wenn wir uns lieben, und lastet auf uns, wenn wir sterben. Unser Haß besitzt nicht einmal den Anstand zu sterben, wenn die Menschen, die wir hassen, sterben – denn er ist ein Schmarotzer, der nicht *ihr* Blut saugt, sondern unseres.

Es gibt nur *ein* wirksames Heilmittel.

In der Regel werden Personen, die wir zu lieben verpflichtet sind, zur Zielscheibe unseres Hasses

Normalerweise hassen wir jemanden, der uns so nahesteht, daß wir ihn lieben müßten. Wir hassen die Person, der wir es zugetraut haben, auf unserer Seite zu sein, loyal zu uns zu stehen und ihre Versprechen einzuhalten.

Wir hassen normalerweise keine Fremden. Auf Fremde werden wir böse. Es ist vorgekommen, daß ich beim Fußballspielen auf den „einäugigen Schiedsrichter" geschimpft und mich über das Gegröle eines Betrunkenen, der in meiner Nähe saß, aufgeregt habe. Aber ich habe noch nie einen Schiedsrichter, den ich nicht kannte, noch einen Betrunkenen, den ich nie wieder sehen würde, gehaßt. Für Fremde empfinden wir nur dann wirklichen Haß, wenn sie uns so nahetreten, daß sie unsere Intimsphäre verletzen.

Der Haß gegen Personen, die wir zu lieben verpflichtet sind, ist wie eine äußerst bösartige Krankheit. Es hat keinen so großen Einfluß auf unser Leben, wenn wir eine Person hassen, die nie versprochen hat, zu uns zu stehen, nie auf unseren privaten Wegen mitgewandert ist und nie über die Saiten unserer Seele gestrichen hat. Aber wenn jemand das zerstört, was wir mit unserem Einsatz und unserer Bereitschaft zur Intimität aufgebaut haben, geht etwas Kostbares verloren. Der Haß gegen Menschen, die wir lieben, macht uns krank.

Das Virus widersteht jedem Antikörper – mit *einer* Ausnahme.

Wir hassen Personen, die wir für schuldig halten

Wenn ich eine Person hasse, halte ich sie für schuldig, mir Wunden ersten Grades beigebracht zu haben. Ich mache die Person für meine persönlichen Schmerzen verantwortlich. Ich schreibe ihr die Schuld an meinen Verletzungen zu. Darum weigere ich mich, Horsts Brutalität mit seinen eigenen brutalen Kindheitserlebnissen zu entschuldigen. Ich bin nicht bereit, mein negatives Urteil über Hannas eheliche Untreue mit der Begründung aufzuheben, sie sei nur das unglückliche Opfer ihrer überaktiven Hormone. Wenn sie mich verletzt haben, hasse ich sie dafür.

Sofern wir nicht ein wenig verschroben sind, hassen wir nur Personen, die wir für schuldig halten, uns ein Unrecht zugefügt zu haben.

Seltsamerweise kommt unser Haß einem Kompliment gleich. Wer gehaßt wird, hebt sich dadurch von anderen Geschöpfen ab und wird als freier Mensch geehrt. Mit unserem Haß geben wir zu verstehen, daß die betreffende Person über einen Willen verfügt und sich dieses Willens bedient hat, um uns zu verletzen.

Wenn wir eine Person hassen, die unseren Haß verdient, kommen wir uns sehr tugendhaft vor. Es geschieht ihm nur recht, diesem Gauner! Dieses Gefühl entspricht genau dem, was wir empfinden sollen. Wenn wir eine Person, die uns vorsätzlich verletzt hat, nicht haßten, würden Himmel und Erde ins Wanken geraten.

Von allen Ausprägungen des Hasses ist der heilige Haß am schwersten zu kurieren. Es gibt nur ein einziges Mittel, das zu verschreiben sich lohnt – ein Mittel, das es nur als bittere Pille gibt. Je länger unser Haß anhält, desto schwieriger wird es, uns zu heilen.

Ich werde hier an Michael Christophers Bühnenstück „Der schwarze Engel" erinnert, das die Geschichte von Hermann Engel erzählt. Engel war während des Zweiten Weltkrieges General der deutschen Wehrmacht. Er wurde in Nürnberg vor Gericht gestellt und wegen der Verbrechen seiner Truppen zu 30 Jahren Haft verurteilt. Am Ende dieser Zeit wurde er aus dem Gefängnis entlassen. Im Schauspiel befindet er sich im Elsaß und baut dort im Wald eine Holzhütte, wo er zusammen mit seiner Frau die ihnen verbleibenden Jahre zu verbringen gedenkt – unerkannt, vergessen und im Frieden.

Hinter den Kulissen wartet jedoch ein französischer Journalist namens Morrieaux.

Während des Krieges hatten Engels Truppen bei einem Massaker Morrieauxs ganze Familie umgebracht. Vor 30 Jahren, als das Nürnberger Gericht es ablehnte, Engel zum Tode zu verurteilen, hatte Morrieaux ein privates Todesurteil über Engel verhängt. In den dazwischenliegenden Jahren hat er immer wieder das Feuer seines Hasses geschürt. Jetzt ist die Zeit gekommen, das Urteil zu vollstrecken.

Morrieaux heizt unter den Fanatikern eines Dorfes unweit von Engels Hütte die Stimmung an. Sie nehmen sich vor, noch in dieser Nacht auf den Hügel zu steigen, die Hütte niederzubrennen und Engel und seine Frau zu erschießen.

Morrieaux möchte Engel vorher sprechen. Ihn plagen einige Lücken in Engels Geschichte; als Reporter braucht er eine vollständige Story. Also steigt er auf den Hügel, stellt sich dem erschütterten Engel vor und bringt den Nachmittag damit zu, den ehemaligen General über das Massaker, das wie ein vergessener Schatten auf seiner Vergangenheit liegt, auszufragen.

Aber Engels Menschlichkeit und Schwäche – er wirkt nicht wie ein Unmensch, sondern wie ein müder alter Mann – bringen Morrieaux durcheinander. Außerdem findet er es gar nicht so einfach, die einzelnen Bruchstücke der grausigen Geschichte zu einem sinnvollen Ganzen zusammenzufügen. Aus diesem Grunde steigen Zweifel in ihm auf. Seine Rachgier läßt nach, sein glühender Haß beginnt abzukühlen.

Gegen Ende des Nachmittags, während die Sonne immer tiefer sinkt und der Wald zu einer finsteren Höhle wird, platzt Morrieaux mit dem Plan der Dorfbewohner heraus, Engel noch in dieser Nacht zu töten. Er erklärt sich bereit, Engel aus dem Wald zu geleiten und ihm das Leben zu retten.

Aber die stundenlange Befragung hat in Engels Seele Zweifel einer anderen Art geweckt. Er hält inne und starrt einen Zapfen an, der soeben von einer dunklen Tanne heruntergefallen ist. „Ich werde mitgehen", sagt er bedächtig. „Aber nur unter einer Bedingung." Wie? Ist er von Sinnen? Will er an die Rettung seines eigenen Lebens eine Bedingung knüpfen? Was für eine Bedingung?

„Daß Sie mir vergeben."

Vergeben? Morrieaux hat Engel in den haßerfüllten Phantasievorstellungen, denen er sich seit 30 Jahren hingibt, auf tausenderlei Weise in den Tod schickt. Aber angesichts der Mehrdeutigkeit des Menschen Engel gerät Morrieauxs Rache ins Wanken. Er will dem Mann das Leben retten. Ja, er will die Hinrichtung verhindern.

Aber ihm vergeben? Niemals!

Noch in derselben Nacht kommen die aufgebrachten und vermummten Dorfbewohner, brennen die Hütte nieder und erschießen Engel und dessen Frau.

Warum kann Morrieaux Engel nicht vergeben? Warum findet er es schwieriger, Engel zu vergeben, als ihm das Leben zu retten?

Ich denke, es ist deshalb für Morrieaux zuviel, weil sein Haß zu einer Leidenschaft geworden ist, die schon zu lange in seiner Seele schwelt. Morrieaux kann ohne seinen Haß nicht leben, nicht mehr die Person sein, die er ist. Er ist sein Haß geworden. Nicht sein Haß gehört ihm, sondern er gehört seinem Haß. Wenn er aufhörte, Engel zu hassen, würde er nicht mehr wissen, wer er ist.

Die ganze Tragik liegt darin, daß Morrieaux einzig und allein durch Vergebung – das Eine, was er Engel nicht geben konnte – hätte frei werden können.

Der Haß kann tödlich sein, wenn wir ihn uneingeschränkt in unserem Inneren wuchern lassen – was auch beim nettesten Menschen vorkommen kann. Und er ist gleichermaßen real, ob es sich um eine häßliche kleine Szene zwischen Freunden handelt oder um eine Frage internationaler Unmoral.

Manchmal knabbert der Haß nur an den Ecken des Herzens; nicht in jedem Fall brennt er die Seele aus. Manchmal fordert er nur, daß die gehaßte Person sich eine Zeitlang von uns fernhält; er will ihr nicht immer gleich an die Kehle.

Aber ganz gleich, ob es sich bei Ihrem Haß um eine Krebsgeschwulst handelt, die todbringend in Ihrer Seele wuchert, oder nur um ein lästiges

Sodbrennen, er wird Ihnen in jedem Fall Schmerzen bereiten, solange Sie nicht das richtige Heilmittel anwenden. Ihre Heilung kann den mutigen Schritt zu einer Operation an Ihrer Seele erforderlich machen. Es kann aber auch sein, daß Sie mit einer schnellen Verödung davonkommen. Doch zuletzt wird Sie der Haß, wenn Sie nichts dagegen unternehmen, umbringen.

Es ist jedoch möglich, vom Haß geheilt zu werden, und ich lade Sie ein, sich mit der Heilung zu befassen.

Kapitel 3

Wir werden wieder heil

Wir sind bereit, einen ersten Blick in das heil werdende Herz zu werfen. Reißen Sie Ihre Gedanken von der Person los, der vergeben werden muß. Fragen Sie noch nicht, was mit dem Übeltäter geschieht, dem vergeben wird. Heften Sie Ihren Blick einzig und allein auf den Verwundeten, der vergibt.

Wenn Sie einem Menschen vergeben, der Sie verletzt hat, nehmen Sie an der eigenen Seele eine geistliche Operation vor. Sie schneiden das Unrecht, das Ihnen zugefügt wurde, heraus, damit Sie Ihren „Feind" mit dem Blick betrachten können, der Ihre Seele zu heilen vermag. Lösen Sie die Person von der Verletzung und lassen Sie diese los – wie ein Kind, das die Faust öffnet, um einen Schmetterling, den es gefangen hat, wieder freizulassen.

Laden Sie als nächstes die Person ein, von neuem in Ihr Herz zu kommen – so, als würde ein Stück Geschichte, das sich zwischen Ihnen abgespielt hat, neu geschrieben und seine Herrschaft über Ihr Gedächtnis gebrochen. Dämmen Sie die scheinbar unaufhaltsame Flut Ihrer Schmerzen ein.

Als erstes wird uns eine neue *Sichtweise* geschenkt.

Wenn wir anderen Menschen vergeben, begreifen wir allmählich die tiefere Wahrheit über sie, eine Wahrheit, für die unser Haß uns blind macht und die wir erst dann sehen, wenn wir zwischen ihnen und dem Unrecht, das sie uns zugefügt haben, unterscheiden. Spiegelfechterei ist es nicht, wenn wir unsere Erinnerungen heilen; wir machen dabei weder uns noch anderen etwas vor. Im Gegenteil, wir werden wieder fähig, die Wahrheit zu erkennen. Denn die Wahrheit über die, die uns verletzt haben, ist, daß sie schwache, bedürftige, fehlbare Menschen sind. Sie waren Menschen, ehe sie uns verletzten, und sie sind es auch jetzt. Sie waren schwach und bedürftig, ehe sie uns verletzten, und sie sind es auch jetzt. Sie brauchten unsere Hilfe, unsere Unterstützung und unseren Trost, ehe sie uns je ein Unrecht zufügten – und sie brauchen sie immer noch. Daß sie uns verletzt haben, ist nicht die *letzte* Wahrheit über diese Menschen. Unser Haß möchte sie von Kopf bis Fuß in die Lumpen ihrer niederträchtigen Tat einhüllen. Aber der liebende Blick des Vergebens durchdringt die zerfetzten Lumpen und läßt uns die Wahrheit sehen.

Die neue Sichtweise zieht *neue Gefühle* nach sich.

Wenn wir unseren Feinden vergeben und die Wahrheit über sie erfahren, verändern sich unsere Gefühle ihnen gegenüber.

Wenn hier von Gefühlen die Rede sein soll, so könnte sich der Ausdruck „ohne Belang" als hilfreich erweisen. Nehmen wir an, Sie vergeben mir ein Unrecht. Dieses Unrecht ist von nun an für das, was Sie für mich empfinden, ohne Belang. Es ist unwichtig. Es zählt nicht. Es spielt keine Rolle mehr. Es bestimmt nicht Ihre Einstellung mir gegenüber, das heißt, gegenüber der Person, die Sie bisher gehaßt haben. Der Schmerz, den ich Ihnen einst zufügte, hat keine Beziehung zu dem, was Sie gegenwärtig für mich empfinden.

Natürlich können wir den Übeltäter von dem Unrecht, das er begangen hat, nicht trennen. Wir können nur die Person, die in unseren *Erinnerungen* existiert, davon lösen. Wenn es uns gelingt, das Unrecht durch Vergeben zu beseitigen, werden wir in der Lage sein, die Person, die sich hinter diesem Unrecht verbirgt, so zu sehen, wie sie wirklich ist.

Das Vergeben besteht also in der neuen Sichtweise und den neuen Gefühlen, die dem geschenkt werden, der vergibt.

Hiervon spricht auch die Bibel, wenn sie uns beschreibt, auf welche Weise Gott vergibt. Beim von alters her überlieferten Brauch der Versöhnung nahm Gott einem Mann ein Bündel menschlicher Sünden von den Schultern und legte es auf einen Ziegenbock. Dann versetzte er dem Bock einen Tritt und jagte ihn mitsamt der Sünde (daher die Bezeichnung „Sündenbock") in eine einsame Gegend. Der Sünder blieb zurück, von seiner Last befreit. Der Psalmendichter hat es folgendermaßen ausgedrückt: Gott wischt unsere Schuld weg, wie eine Mutter ihrem schmutzigen Kind das Gesicht abwäscht; er entfernt unsere Sünde von uns, so weit der Osten vom Westen entfernt ist – weiter geht's nun einmal nicht.

Ein Sündenbock? Ein gewaschenes Gesicht? Das sind poetische Bilder für das, was Gott *in seinen eigenen Gedanken* bewirkt. Er nimmt eine

Veränderung an seinem Gedächtnis vor. Was wir früher taten, ist ohne Bedeutung für das, was er gegenwärtig für uns empfindet.

Es spielt sich zunächst ähnlich ab, wenn *wir* jemandem vergeben. Wenn Sie Ihrer Freundin Liane vergeben, wird möglicherweise außer Ihnen niemand geheilt. Es steht nicht in Ihrer Macht, Liane wieder in Ihr Leben treten zu lassen. Sie können nicht über sie bestimmen. Möglicherweise gibt sie keinen Pfifferling auf Ihre Vergebung. Vielleicht wäre es ihr lieber, Sie würden sie hassen; vielleicht rechtfertigt sie den eigenen Haß mit dem Ihren. Wenn Sie vergeben, müssen Sie sich deshalb häufig damit begnügen, eine Veränderung am eigenen Gedächtnis vorzunehmen. Ihr Heil liegt in der Überarbeitung Ihrer Erinnerungen.

Wenn Sie nicht in der Lage sind, andere von dem Unrecht, das sie begangen haben, zu lösen und sie als die bedürftigen Menschen zu betrachten, die sie in Wirklichkeit sind, machen Sie sich zum Sklaven Ihrer eigenen schmerzlichen Vergangenheit. Und dadurch, daß Sie sich an die Vergangenheit binden, sorgen Sie dafür, daß auch Ihre Zukunft von Ihrem Haß bestimmt wird. Dieser Zukunft können Sie nur entgehen, wenn Sie andere von ihrer Vergangenheit lösen.

Das Vergeben geschieht im Herzen dessen, der vergibt – für andere unsichtbar. Es ist dennoch ein *ehrlicher* Akt, denn es wird von einem ehrlichen Urteil, von ehrlichen Schmerzen und von ehrlichem Haß begleitet. Wer wirklich vergeben hat, tut nicht so, als hätte er niemals gelitten. Er tut nicht so, als wäre das erlittene Unrecht belanglos. Der Blick benötigt offene Augen.

Wie können Sie es wissen, wenn das alles geschieht?

Wenn der erste Schritt zur Heilung im Lösen besteht, und wenn das Lösen sich in Ihrer Einstellung gegenüber der Person, die Sie verletzt hat, vollzieht – gibt es da irgendein Anzeichen dafür, daß Ihre Heilung schon begonnen hat? Weist irgendein Symptom eindeutig darauf hin, daß Sie schon angefangen haben zu vergeben?

Sie haben mit dem Vergeben angefangen, *wenn Sie beim Gedanken an die Menschen, die Ihnen Böses zugefügt haben, die Kraft verspüren, ihnen Gutes zu wünschen.*

Das Vergeben ist das Gegenmittel, das die Liebe gegen den Haß vorschreibt – auch und gerade gegen den passiven Haß, der uns das Verlangen nimmt, anderen Gutes zu wünschen. Darum gilt: Sobald wir das geringste Verlangen verspüren, diese anderen möchten es im Leben gut haben, haben wir mit dem Vergeben angefangen. Wir haben dann begonnen, die Menschen, die uns verletzt haben, von dem Fluch, den sie durch ihre böse Tat auf sich luden, zu lösen.

Daß dies ein verläßlicher Hinweis auf das Einsetzen der heilenden Phase des Vergebens ist, wurde mir klar, als ich mich mit einer Bekannten darüber unterhielt, ob sie ihrem früheren Gatten vergeben könne.

Myra, eine gutaussehende Schauspielerin, hatte vor einigen Jahren einen schweren Verkehrsunfall, bei dem sie beinahe ums Leben gekommen wäre. Der Fahrer des anderen Wagens beging Unfallflucht; sie selbst wurde gelähmt (was jedoch weder ihre Attraktivität noch ihren klaren Verstand beeinträchtigte). Ihr Mann, ein Film- und Fernsehstar, blieb so lange bei ihr, bis sie sich von dem Unfall erholt hatte. Dann machte er sich kaltherzig auf und davon.

Ich fragte Myra, ob sie imstande sei, ihm zu vergeben. Sie sagte, sie meine, sie habe es bereits getan. Ich fragte, woher sie das denn wisse. „Ich ertappe mich dabei, ihm Gutes zu wünschen", antwortete sie. Ich bohrte weiter: „Angenommen, es käme Ihnen heute zu Ohren, er habe eine sexy junge Nachwuchsschauspielerin geheiratet. Könnten Sie darum beten, daß sie zusammen glücklich würden?" Ich rechnete damit, daß sie ob meiner taktlosen Aufdringlichkeit böse werden würde. Aber sie erwiderte fast beiläufig: „Doch, ich könnte es wirklich. Steve braucht sehr viel Liebe, und ich wünsche ihm, daß er sie bekommt."

Ich war skeptisch. Ihre Worte klangen viel zu einfach, viel zu liebenswürdig. Aber ich mußte mit der Zeit einsehen, daß ihre Vergebung echt ist und ihre Erinnerungen wirklich geheilt sind. Sie wünschte ihm aufrichtig alles Gute!

Gewiß, es handelt sich nur um einen bescheidenen Anfang und noch nicht um den entscheidenden Schritt auf dem Weg zu einer neuen Beziehung. Ich habe keine Ahnung, ob Myras Blick im Leben ihres früheren Ehemannes überhaupt etwas ausrichten konnte. Aber in Myras Leben hat er schon eine ganze Menge ausgerichtet. Der Haß ist fort; und wo der Mörtel des Hasses verschwunden ist, wird die Mauer irgendwann in sich zusammenfallen.

Der Akt des Vergebens hat in dieser Phase noch nicht seinen Höhepunkt erreicht. Dies ist noch nicht die Umarmung zweier Menschen, die im gleichen Moment vom Bann einer schmerzlichen Vergangenheit befreit werden.

Solange der Höhepunkt ausbleibt, möchten viele scharfsinnige Denker die Heilung der Erinnerungen noch nicht als Vergebung anerkennen. Da ist beispielsweise der verstorbene Theologe Paul Tillich. Echtes Vergeben ist ihm zufolge „Partizipation, eine die Macht der Entfremdung überwindende Wiedervereinigung". Nach Ansicht Tillichs geschieht Vergeben erst da, wo Menschen sich in gegenseitiger Akzeptanz erneut zu einer engen Beziehung zusammenfinden. Die Vergebung sei nur als echt zu erachten, wenn sie im Zusammenkommen zweier Menschen ihren Abschluß, ihre Erfüllung finde.

Tillich hatte meines Erachtens unrecht; ich denke, wir können auch dann die Realität haben, wenn wir sie nicht ganz haben. Wenn wir auf einen Berg steigen, können wir auch dann Großartiges erleben, wenn wir den Gipfel nicht erreichen.

Der Geschlechtsverkehr kann auch dann eine schöne Sache sein (obwohl nicht völlig befriedigend), wenn wir nicht zum Orgasmus gelangen. Und unsere Vergebung kann auch dann echt sein, wenn die Person, der wir vergeben, außer Reichweite bleibt. Wir müssen uns die Heilung, die unvollständiges Vergeben mit sich bringt, nicht versagen; wir können im eigenen Gedächtnis vergeben und frei sein.

Durch das Vergeben wird aber ein Schwung erzeugt, der, wenn keiner auf die Bremse drückt, die geheilte Person zu dem wieder hintragen kann, der die Wunde verursachte.

Lassen Sie uns also zur nächsten Phase weiterschreiten, zum Neubeginn – zu dem Ort, wo wir, die Getrennten, wieder zusammenkommen.

Kapitel 4

Wir kommen zusammen

Mir gefällt die Definition von Vergebung, die der schottische Theologe H. R. MacIntosh formuliert hat: „Vergebung ist der aktive Vorgang im Geist und Gemüt eines ungerecht Behandelten, mittels dessen er ein moralisches Hindernis für die Gemeinschaft mit dem Missetäter beseitigt und die Freiheit und das Glück der Freundschaft wiederherstellt."

Das Beseitigen des „moralischen Hindernisses für die Gemeinschaft" – darin liegt der Schlüssel zum vollständigen Vergeben.

Nur dürfen wir nicht vergessen: Dieses „Hindernis", das uns davon abhält, nicht bloß räumlich, sondern im Geist zusammenzukommen, geht auf ein Unrecht zurück, das uns angetan wurde. Fügt uns jemand eine tiefe, unberechtigte Verletzung zu, so stellt sich das begangene Unrecht zwischen uns. Wir fühlen uns ungerecht behandelt und können das Ganze nicht mit einer Handbewegung abtun. In unserem Herzen wissen wir: Solange wir das Unrecht, das uns voneinander trennt, ignorieren, werden wir uns nicht aussöhnen.

Wenn wir das „moralische Hindernis" ignorieren, als wäre es in Wirklichkeit belanglos, tun wir den ersten Schritt in ein stumpfsinniges Leben hinein, in dem letzten Endes jedem alles egal ist.

Nicht, daß wir überempfindlich wären. Besonders mürrisch oder reizbar sind wir auch nicht. Wir halten lediglich an unserer Selbstachtung fest und bestehen darauf, daß, wenn aufrichtige Liebe wieder zwischen uns fließen soll, einige Dinge in Ordnung gebracht werden müssen.

Nur der Blick kann das „moralische Hindernis" aus unserem Geist und unserem Herzen entfernen.

Gehen wir also davon aus, daß dieser Blick sein heilendes Werk an

Ihrem Geist und Ihrem Gemüt vollbracht hat. Sie haben sich des Hasses entledigt, das Verlangen nach Vergeltung haben Sie bezwungen. Sie sind nicht mehr darauf angewiesen, sich durch einen Racheakt Genugtuung zu verschaffen.

Aber womit kann „die Freiheit und das Glück der Freundschaft" wiederhergestellt werden?

Beide Parteien – der Verletzte wie der Übeltäter – müssen ein ehrliches Zusammenkommen herbeiführen. Der magische Blick allein reicht hierzu nicht aus.

Sie strecken dem, der Ihnen das Unrecht zufügte, die Hand entgegen und sagen: „Komm zurück, ich möchte wieder dein Freund sein."

Aber wenn er Ihre Hand ergreift und die unsichtbare Mauer überwindet, die sein Fehlverhalten und Ihr Haß zwischen Ihnen beiden errichtet hat, muß er als Preis für seine Teilnahme an dieser zweiten gemeinsamen Reise etwas mitbringen.

Wenn er sein Fahrgeld nicht zahlen kann oder will, werden Sie sich mit Ihrer eigenen Heilung, mit Ihrer ganz privaten Befreiung von Haß und mit Ihrem eigenen inneren Frieden begnügen müssen.

Was muß er also mitbringen?

Er muß Wahrhaftigkeit mitbringen. Ohne Wahrhaftigkeit ist Ihre Aussöhnung ein Betrug, Ihr Zusammenkommen ein Irrtum. Mit Wahrhaftigkeit können Sie einen ehrlichen Neubeginn wagen.

Was versteht man aber unter Wahrhaftigkeit?

Wahrhaftigkeit ist eine Geistesverfassung. Sie hat mit Ihren wahren Absichten zu tun. Sie müssen gewillt sein, Ihre Worte so zu wählen, daß sie Ihren wahren Absichten entsprechen. Die Empfindungen Ihres Herzens müssen in allem, was Sie sagen, mitschwingen. Die Botschaft, die Sie nach außen hin vermitteln, muß mit den Gefühlen, die Sie in Ihrem Inneren hegen, harmonieren.

Über Wahrhaftigkeit müssen wir aber noch mehr sagen. Sie müssen zumindest versuchen, sowohl Ihre Gefühle als auch Ihre Worte mit der Wirklichkeit in Einklang zu bringen.

Nur mit Wahrhaftigkeit dieser Art kann sich der Mensch, dem Sie vergeben, Zutritt zu Ihrem Leben verschaffen.

Das können wir noch präzisieren: Von einem Menschen, der Sie verletzt hat, müssen Sie verlangen, daß er sich aufrichtig der Realität stellt – der Realität des vorangegangenen Streites, des Schmerzes, den Sie empfinden, und seiner eigenen Verantwortung für beides.

Als erstes muß er die Realität dessen begreifen, was er Ihnen angetan hat

Er muß einsehen, daß der Schmerz, den er Ihnen zugefügt hat, unberechtigt war. Sie haben die Verletzung nicht verdient. Ganz gleich, wie die Sache gemeint war, haben Sie unnötigerweise gelitten.

Er muß ebenfalls einsehen, daß die Wunde, die er Ihnen geschlagen hat, tief geht. Tief genug, um Sie davon zu überzeugen, daß Sie – falls nicht etwas geschieht, um sie zu entfernen – nicht so weitermachen können wie bisher. Es wird ihn vielleicht verwundern, daß er Sie mit seiner kleinen Klinge so nahe am Herzen getroffen hat. Lassen Sie sich dadurch nicht aus dem Konzept bringen. Menschen geraten immer ins Staunen, wenn sie erfahren, wie tief sie andere mit ihren „kleinen" Fehlern verletzen. Die Sache ist aber die: Sie empfanden die Verletzung als so tief, daß Sie den, der sie Ihnen zufügte, nicht mehr wie früher an sich heranlassen und Ihr Herz nicht mehr mit ihm teilen konnten. Und darum muß sich jetzt die Wirklichkeit Ihrer Wunde in seinen Gedanken, seinen Gefühlen und seinen Worten widerspiegeln.

Sie dürfen nicht damit rechnen, daß er Ihnen in jeder Hinsicht zustimmt. Noch nie haben zwei Menschen mit persönlichen Differenzen sich in den gleichen Farben an die gleiche Abfolge schmerzlicher Erfahrungen erinnert, denn noch nie haben zwei Menschen die gleiche Verletzung auf genau die gleiche Weise erlebt. Wenn Sie also eine lückenlose Wiedergabe verlangen – Schlag um Schlag, Beleidigung um Beleidigung, Verletzung um Verletzung –, werden Sie mit dem, was Sie zu hören bekommen, niemals zufrieden sein.

Aber wenn es um den eigentlichen Kernpunkt Ihres traurigen Streites geht, muß er bei der Wahrheit bleiben. Und Sie müssen überzeugt sein, daß er bei der Wahrheit geblieben ist, ehe Sie ihn von neuem in Ihr Leben treten lassen.

Er muß auch im Blick auf Ihre Gefühle aufrichtig sein

Um im Blick auf Ihre Gefühle aufrichtig zu sein, muß er Ihren Schmerz mitempfinden. Was er verstandesmäßig erkannt hat, muß tief in sein Herz eindringen. Es reicht nicht, wenn er lediglich zugibt, daß er Sie verletzt hat; er muß selbst den Schmerz empfinden, den er Ihnen zugefügt hat. Seine Gefühle müssen mit Ihren Gefühlen eins werden.

Wie kann er Ihren Schmerz empfinden? Er kann es dann, wenn Ihr

Schmerz tief in seinem Inneren widerhallt. Sie haben seine Illoyalität als einen unberechtigten Hieb empfunden, der Sie zwang, ihn so zu hassen, daß er in gewisser Weise für Sie zum Fremden wurde. Jetzt muß er das Gefühl bekommen, sein wahres Ich sei zum Fremden geworden für die Person, die er war, als er Sie verletzte; er muß sich um dessentwillen, was er Ihnen angetan hat, selbst hassen.

Im Zusammenspiel schaffen sein Schmerz und Ihr Schmerz den Einsatz und die Stimmführung für den Rhythmus der Versöhnung. Wenn der Takt seines Schmerzes dem Takt Ihres Schmerzes entspricht, ist er in seinen Gefühlen ehrlich geworden. Seine Gefühle bewegen sich im gleichen Tempo wie Ihre Gefühle. Er ist einer aufrichtigen Aussöhnung einen Schritt näher gekommen.

Er muß Ihnen aufrichtig zuhören

Seine Aufrichtigkeit darf sich nicht allein in seinen Worten äußern. Die Wahrhaftigkeit eines Monologs reicht niemals aus, um zwei Menschen miteinander zu versöhnen. Darum gilt: Wenn Sie zusammenkommen, muß sich seine Ehrlichkeit im Zuhören erweisen. Der Preis für eine Fahrkarte in Ihr Leben ist ein offenes Ohr; ein offener Mund reicht nur für die halbe Strecke.

Er muß Ihnen so lange zuhören, bis er Ihre Forderungen, Ihre Klagen und Ihre Bitten wirklich hört. Er wird Ihre Botschaft zunächst durch das Sieb seiner eigenen Wünsche und Ängste rühren. Er wird jede Silbe, die Sie sprechen, so lange ummodeln wollen, bis sie zu der Botschaft paßt, die er von Ihnen hören möchte. Darum müssen Sie darauf achten, daß er lange genug zuhört.

Auch Sie müssen auf seine Antwort hören, damit Sie sicher sein können, daß er wirklich zugehört hat. Sie müssen ihm mehrmals hintereinander eine Antwort entlocken, ihn dazu bringen, sich öfters zu wiederholen, bis Sie die Gewißheit haben, daß er aufrichtig zuhört und Ihre Bedürfnisse so auffaßt, wie Sie sie ihm mitteilen. Sie können nur auf diese Weise in Erfahrung bringen, ob er es wirklich ehrlich meint.

Er sollte aufrichtig sein, was Ihre beiderseitige Zukunft anbelangt

Wenn zwei Menschen nach einem Streit wieder zueinanderfinden, verlangt die Wahrhaftigkeit, daß ein ernstgemeintes Versprechen abgegeben wird. Derjenige, der Ihnen das Unrecht zugefügt hat, muß mit dem Versprechen zu Ihnen zurückkehren, daß er Sie nicht wieder verletzen wird; und Sie müssen überzeugt sein, daß er vorhat, das abgegebene Versprechen einzuhalten.

Er sollte versprechen, in Zukunft für Sie dazusein, wenn Sie ihn brauchen, das heißt, auf eine Weise dazusein, die dem Wesen der Beziehung, die zwischen Ihnen besteht, entspricht.

Viel mehr sollten Sie nicht verlangen, aber auch nicht weniger. Er kann Ihnen keine Garantie bieten; Sie können sich nicht in der Weise auf ihn verlassen, wie Sie sich vielleicht auf einen Computer oder einen gut abgerichteten Hund verlassen würden. Er ist ein ganz normaler, fehlbarer Mensch – und nicht Gott. Sie setzen auf ihn und gehen dabei ein Risiko ein. Aber wenn er aufrichtig ist, hat er vor, sein Versprechen einzuhalten. Und seine ehrlichen Absichten bedeuten, daß er gute Chancen auf den Sieg hat.

Absolute Wahrhaftigkeit sollten Sie nicht fordern, damit Sie anfangen können, ihm zu vergeben. Sie heilen die Wunden im eigenen Gedächtnis durch bedingungsloses Vergeben, durch einen Akt der freien Gnade, den Sie um Ihrer selbst willen im tiefsten Inneren Ihrer Seele vollziehen. Die Forderung nach Wahrhaftigkeit betrifft nur die Erfüllung und den Höhepunkt Ihres Vergebens, nämlich das Zusammenkommen zweier Menschen, die früher miteinander verbunden waren und in ihrem Geist voneinander getrennt wurden.

Wir haben über die Bedingungen gesprochen, die einer Versöhnung vorausgehen müssen. Jetzt sollten wir etwas anderes in den Brennpunkt rücken: die *realistischen* Grenzen eines jeden Zusammenkommens.

Unser Zusammenkommen findet innerhalb der unerbittlichen Grenzen unserer Zeit und unserer Umstände statt.

Die Zeit wirkt auf alle unsere Versöhnungsbemühungen ein, und das mit einer Gewalt, der nicht einmal das Wunder der freien Vergebung etwas entgegenzusetzen vermag. Wir können die Zeit nicht zurückdrehen, frühere glückliche Tage nicht wieder herbeizaubern. Die Zeit läßt nicht zu, daß wir so zusammenkommen, als wäre seit unserem Streit nichts geschehen. Wir verändern uns und übernehmen neue Rollen; wir können unsere neue Stellung im Leben nicht einfach in dem Moment aufgeben, wenn wir einem Freund verzeihen und ihn wieder in unser Leben treten lassen.

Wenn Sie einem anderen Menschen verziehen haben und ihn von neuem in Ihr Leben aufnehmen möchten, müssen Sie genug Realismus besitzen, um folgende Frage zu stellen: Was ist seit dem Zerwürfnis in jedem von uns vorgegangen?

Ich weiß: Manchmal ist die Zeit kurz gewesen, und unsere Rollen sind unverändert. Eine Ehefrau vergibt ihrem Mann einen ungeschickten Seitensprung. Er möchte furchtbar gern zu ihr zurückkehren; er verschmachtet schier in der Einsamkeit seiner unbefriedigten, echten Liebe. Sie breitet ihre Arme aus. Aller Wahrscheinlichkeit nach segelt er mit den stürmischen Winden eines wiederaufgeladenen Eros zu ihr zurück. Vielleicht gestaltet sich ihr Zusammenkommen als ein sexuelles Crescendo, ekstatisch genug, um alle beide für die Trennung, die das Feuer ihres Verlangens neu angefacht hat, ausgesprochen dankbar zu machen.

Es ist nicht immer so. Vielleicht hat sie ihrem Mann schon hundertfach die herabwürdigenden Bemerkungen verziehen, die er in Gegenwart hübscher junger Frauen über sie gemacht hat. Sie vergibt ihm und nimmt ihn wieder auf – nicht mit einer sinnlichen Schlafzimmerszene, sondern mit einem stummen Seufzer, bei dem sie kaum etwas Verführerischeres flüstert als: „Naja, machen wir weiter, wie gehabt." Aber sie machen tatsächlich weiter und binden sich aneinander mit dem unsichtbaren Faden der Loyalität, der stark genug ist, um wenigstens einen Neubeginn zu ermöglichen. Eine ekstatische Umarmung findet nicht statt; aber letzten Endes ist es zweifellos besser so, als wenn sie, durch ihren Haß getrennt, einander fremd blieben.

Manchmal haben sich die Dinge seit dem Streit so entwickelt, daß Sie nur auf eine sehr begrenzte Versöhnung hoffen können. Der Ehemann einer meiner Bekannten fügte ihr ein so schweres Unrecht zu, daß es ihr nicht möglich war, weiter mit ihm zusammenzuleben. Während der Scheidung gab es häßliche Szenen; danach haßte sie ihn unbändig, weil er sie schutzlos zurückgelassen und selbst im Schoß einer 20 Jahre jüngeren Frau warme Liebe gefunden hatte. Inzwischen sind jedoch vier Jahre vergangen, und sie hat ihm vergeben. Als ihr Haß verebbte, löste sie ihn und versetzte sich dadurch in die Lage, ihn als den bedürftigen Menschen zu sehen, der er in Wirklichkeit ist. Also lud sie ihn ein, in ihr Leben zurückzukehren. Sehr weit konnte er aber nicht kommen.

Er ist seit drei Jahren mit der Frau verheiratet, die er zu sehr liebte, als er noch mit meiner Bekannten verheiratet war. Aus diesem Grunde werden sie trotz ihres Zusammenkommens auf Distanz bedacht sein müssen. Er kann nur noch ein freundlicher *ehemaliger* Ehemann sein, und sie wird ihm und der Frau, um deretwillen sie ihn so sehr haßte, alles Gute wünschen. Vielleicht werden sie miteinander telefonieren und

Geschichten über die Kinder austauschen; vielleicht werden die Kinder sie am Heiligabend für eine Stunde wieder zusammenbringen.

Wir können das Leben nicht so, wie es einmal war, wiedererlangen; wir vergeben und versöhnen uns unter den Bedingungen, die uns die Zeit und unsere Umstände vorschreiben.

Ich kenne eine prächtige Frau, die darum ringt, ihrem Vater zu vergeben, und sich möglichst mit ihm versöhnen möchte. Ihr Vater ist fundamentalistischer Prediger und unterscheidet im Leben aller anderen Menschen ganz genau zwischen Recht und Unrecht. Er verkündet bei jedem Verstoß gegen seine Regeln das Gericht eines zornigen Gottes; seine Wege sind sehr schmal und seine Pforten sehr eng. Dennoch hat er meine Bekannte, als sie noch ein kleines Mädchen war, sexuell mißbraucht – nachdem er sie überzeugt hatte, daß ein Vater, der nahe bei Gott lebt, nichts Unrechtes tun kann. Mit 17 Jahren zog sie von zu Hause fort, um ihm zu entkommen, und schwor, daß sie nie wieder in seine Nähe kommen wollte.

Jetzt, nach 15 Jahren der Entfremdung, ist sie von ihrem Haß befreit worden und möchte, daß er ihr wieder ein Vater sein kann. Aber sie weiß, daß sie ihn nicht wieder in der Weise in ihr Leben aufnehmen kann, wie ein kleines Mädchen seinen Papa begrüßt, der nach langer Abwesenheit nach Hause zurückkehrt. Sie kann ihm nie wieder Kind sein.

Sie werden ihre Rollen tauschen; sie wird ihn möglicherweise pflegen müssen und ihm erlauben, ihr ein Kind zu sein. Jedenfalls kann sie ihren tiefsten Wunsch nicht erfüllt bekommen: auf seinem Schoß zu sitzen, in seinen starken Armen zu ruhen und die liebevolle Fürsorge zu empfangen, die er ihr einst verweigerte, als er Verrat an der Liebe beging und sie grausam mißbrauchte. Sollte es ihnen überhaupt möglich sein, wieder zusammenzukommen, wird ihr Wiedersehen ihre verlorene Kindheit nicht erstatten – und das weiß sie auch.

Hier ist eine traurige kleine Geschichte, wie man sie heutzutage immer häufiger zu hören bekommt. Hans und Hanna waren einst mehr als gute Freunde, aber Hans war verheiratet und Hanna nicht. Der sexuelle Aspekt ihrer Beziehung zerstörte die Beziehung zum Schluß ganz. Hans machte Versprechen, die er nicht einhalten konnte, dann hieb er die Verbindung schnell, grob und grausam entzwei und ließ Hanna völlig leer zurück. Sie füllte diese Leere mit Haß. Sie war sehr verletzt und wetterte zwei Jahre lang darüber, daß Hans sie nur benutzt habe. Aber dann, allmählich und für sie völlig überraschend, vergab sie ihm. Sie wurde wieder heil.

Aber sie konnte Hans unmöglich für die wahre Liebe wiedergewinnen, die drei Jahre zuvor zwischen ihnen bestanden hatte. Ihre Versöhnung, so aufrichtig sie auch sein mag, muß sich aus der Ferne vollziehen – Briefe, eine Weihnachtskarte, ein Gespräch an einer belebten Straßenecke, die Sorge um das gegenseitige Wohlergehen, aber nicht mehr. Eine Versöhnung innerhalb der Grenzen der Realität.

Die hohe Kunst der Liebe praktizieren wir stets innerhalb des durch Zeit und Ort gesteckten Rahmens. Wir heilen zwar die Wunden unserer schmerzerfüllten Vergangenheit, aber wegen der Zeit, die dazwischenliegt, sind der Heilung Grenzen gesetzt. Wir erleben unseren Neubeginn nicht an dem Punkt, an dem wir waren, als unsere Verletzung geschah, sondern dort, wo wir uns jetzt befinden.

Grenzen zu akzeptieren erfordert besondere Ehrlichkeit. Neuanfänge müssen in die Arena unserer eigenen Umstände hineinpassen. Es steht uns zum gegenseitigen Vergeben nur *ein* Tag zur Verfügung: der heutige. Und mit den Möglichkeiten, die uns an diesem besonderen Tag offenstehen, müssen wir einen Neuanfang wagen und uns auf das Abenteuer der Versöhnung einlassen.

Unser Neubeginn findet im Halbdunkel statt. Es wird uns vermutlich nie ganz einleuchten, weshalb wir verletzt wurden. Aber vergeben heißt nicht unbedingt verstehen. Das Verstehen, wenn auch nur bruchstückhaft, kann später kommen – hier eine Einsicht, dort ein Einblick –, aber erst *nachdem* wir vergeben haben. Wir verlangen zuviel, wenn wir gleich von vornherein alles verstehen wollen.

Beim Neuanfang ist einer dem anderen ein Rätsel. Er ist für Sie ein Fragezeichen. Und auch Sie erscheinen ihm rätselhaft. Er muß begreifen: Sie sind mehr, als der bloße Augenschein verrät. Deshalb können Sie einander Ihren unheimlichen Teufel oder heimlichen Engel herauskehren und sich dennoch ein Rätsel bleiben. Solange Sie bereit sind, mit ihm weiterzugehen, ohne zuerst auf das Fragezeichen eine Antwort zu finden, können sich die Rätsel, vor die Sie einander stellen, von alleine lösen.

Kapitel 5

Was das Vergeben nicht ist

Wenn Sie einem Menschen vergeben, der Ihnen ein Unrecht zugefügt und Sie dadurch tief verletzt hat, vollbringen Sie ein Wunder, das seinesgleichen sucht. Es gibt wirklich nichts Vergleichbares. Das Vergeben ruft ein besonderes Gefühl hervor und hat eine besondere Couleur und einen besonderen Höhepunkt. Es unterscheidet sich gänzlich von jedem anderen kreativen Akt im Repertoire zwischenmenschlicher Beziehungen.

Das Vergeben verdankt seine einzigartige Schönheit der Heilung des traurigsten aller Schmerzen. Wir sollten allein schon aus dem Grunde Vergebung üben, weil wir in einer Welt leben, in der menschliche Liebe an ungerechtem Leid zerbrechen kann. In dieser Hinsicht besteht eine gewisse Parallele zwischen dem Vergeben und einem geschickten chirurgischen Eingriff. Nur geht es beim Vergeben um die Heilung von Wunden, die aus unserer schmerzerfüllten Vergangenheit herrühren. Und gerade aus diesem Grunde dürfen wir das Vergeben nicht aus falscher Sentimentalität heraus mit anderen netten Dingen vermischen, die Menschen in unangenehmen Situationen füreinander tun können. Wir müssen vielmehr ein feines Gespür für die besondere Eigenart des Vergebens entwickeln.

Darum wollen wir im weiteren prüfen, inwieweit wir den feinen Unterschied aufzuspüren vermögen, der zwischen dem Wunder des Vergebens und den anderen Dingen besteht, die wir brauchen, um in dieser ungerechten Welt gut miteinander auszukommen.

Vergeben ist nicht Vergessen

Wenn wir jemandem vergeben, bedeutet das nicht, daß wir die Tat, mit der er uns verletzt hat, vergessen, als gehörte das Vergessen einfach zum Paket des Vergebens dazu, wie die Saiten zur Geige.

Grundsätzlich ist zu sagen: Wenn Sie vergessen, werden Sie überhaupt nicht vergeben. Sie können einem anderen niemals etwas, was Sie vergessen haben, verzeihen. Sie müssen gerade aus dem Grunde vergeben, weil Sie das, was Ihnen angetan wurde, nicht vergessen haben. Sie halten die Erinnerung an Ihren Schmerz wach, lange nachdem die Wunde aufgehört hat weh zu tun. Ihr Schmerz wird im Gedächtnis gespeichert; gerade deshalb bedürfen Sie der Heilung.

Das Vergessen kann sich in der Tat als eine gefährliche List entpuppen, mit der wir den chirurgischen Eingriff am Herzen, den wir als „Vergebung" bezeichnen, zu umgehen suchen. Dabei gibt es zwei Arten von Schmerzen, die wir vergessen: solche, die so geringfügig sind, daß wir keinen Gedanken daran verschwenden, und solche, die so schrecklich sind, daß unser Gedächtnis sie nicht verarbeiten kann.

Gott sei's gedankt, daß wir uns nicht an jede geringfügige Verletzung, nicht an jede Prellung erinnern, die man uns auf dem Weg durchs Leben zufügt. Leichte Wunden lassen wir von selbst zuheilen – und vergessen sie. Vor kurzem kam ein alter Bekannter zu mir und bat mich um Vergebung für etwas, woran ich mich nicht mehr erinnern konnte, nicht einmal dann, als er versuchte, meinem Gedächtnis auf die Sprünge zu helfen. Ich müsse ihm dennoch vergeben, meinte er. Es gelang mir, ihn davon zu überzeugen, daß ich mit ihm mitfühlte und weiterhin sein Freund sein wollte – ganz so, als hätte er mir nie etwas davon gesagt –, daß ich ihm aber nicht vergeben konnte. Wenn er mit seinen Bemühungen, mich an die Angelegenheit zu erinnern, eine alte Wunde aufgerissen hätte, hätte ich ihm vergeben müssen. Aber so konnte ich ihm wirklich nicht vergeben; ich konnte ihn nur lieben und durch meine Liebe die Trennung überwinden, die er empfand und ich nicht.

Die gefährlichsten Schmerzen sind die, an die wir uns nicht zu erinnern *wagen.* Weil wir Angst davor haben, irgendeiner schrecklichen Sache, die uns früher weh getan hat, ins Auge zu blicken, stopfen wir sie in das schwarze Loch unseres Unterbewußtseins, wo sie uns, wie wir meinen, nicht verletzen kann. Aber sie kehrt doch wieder, wenn auch maskiert – wie ein Teufel, der eine Engelsmaske trägt. Sie hält sich eine Weile versteckt, aber nur, um uns später mit List und Tücke einen harten Schlag zu versetzen.

Das Vergessen kann man mit russischem Roulett vergleichen. Eine Frau läßt sich auf das gleiche Spiel ein, wenn sie den kleinen Knoten „vergißt“, den sie vor einem Monat in ihrer Brust ertastete.

Das alles reicht, um ein Warnschild aufleuchten zu lassen: Verwechseln Sie niemals das Vergessen mit dem Vergeben!

Indessen: Wer bereits vergeben hat, empfängt eine neue Freiheit zu vergessen. In diesem Fall ist das Vergessen ein Indiz dafür, daß wir bei guter Gesundheit sind – und nicht ein Trick, mit dem wir eine geistliche Operation umgehen. Wir sind deshalb in der Lage zu vergessen, weil wir bereits geheilt sind.

Aber auch wenn uns das Vergessen leichter fällt, nachdem wir vergeben haben, wäre es ein Fehler, das Vergessen zum Prüfstein unserer Vergebung zu erheben. Der Beweis für die Echtheit unserer Vergebung liegt darin, daß unser langanhaltender, aus der Vergangenheit herrührender Schmerz geheilt ist. Dabei spielt es keine Rolle, ob wir die Ursache für diesen Schmerz vergessen haben oder nicht.

Es stimmt, daß Gott in der Bibel verspricht, uns unsere Schuld zu vergeben und sie zu vergessen. Jeremia kündigt als Sprachrohr Gottes an: „Ich will ihnen ihre Sünden vergeben und ihrer Schuld nie wieder gedenken.“ Aber: Vergißt Gott in der gleichen Weise, wie wir es tun, wenn wir vergessen, wo wir einen Schlüsselbund hingelegt haben? Sicherlich nicht. Gott leidet nicht an Gedächtnisschwund. Wenn es heißt, daß Gott „vergißt“, besagt das, daß seine Gefühle uns gegenüber die gleichen sind, die er haben würde, wenn er vergessen *hätte.*

Mit uns ist es nicht anders. Oder vermögen Sie etwa Ihr Gedächtnis auf Knopfdruck anzuhalten und zurückzuspulen wie ein Tonband? Wir können nicht auf Kommando vergessen. Und darum müssen wir so lange warten, bis sich das Vergessen von selbst einstellt. Wir sollten uns damit nicht übereilen und die Echtheit unserer Vergebung auf keinen Fall in Zweifel ziehen, wenn wir zufällig noch an unsere Verletzung denken.

Das Allerwichtigste ist, daß wir die Kraft besitzen, Dinge zu vergeben, an die wir uns noch erinnern.

Ich werde in einem späteren Kapitel mehr über das Vergessen sagen und auf eine heilsame Möglichkeit hinweisen, mit bösen Erinnerungen umzugehen. Für den Augenblick reicht jedoch die Feststellung: Vergeben und Vergessen sind nicht dasselbe.

Auch Nachsicht ist nicht Vergebung

Nachsicht ist das genaue Gegenteil von Vergebung. Wir üben Nachsicht mit jemandem, wenn ihm nach unserem Dafürhalten keine Schuld anzulasten ist. Vielleicht hat der Teufel ihn zu seiner Tat gezwungen. Vielleicht hat es irgendwelche mildernde Umstände gegeben. Er hat jedenfalls keine Schuld. Warum sollten wir ihm also vergeben? Wir vergeben nur Menschen, die wir für schuldig halten.

Wir üben Nachsicht mit einer Person, wenn wir verstehen, weshalb sie das, was sie getan hat, tun mußte. Ein französisches Sprichwort lautet: „Alles verstehen heißt alles verzeihen." Aber das stimmt nicht ganz. Wenn wir alles verstehen, üben wir nur Nachsicht.

Es bedarf keiner rettenden Gnade, um mit jemandem Nachsicht zu haben. Dazu braucht es nur ein wenig Verständnis.

Wir alle sind auf die Nachsicht anderer angewiesen. Wir alle sind zumindest teilweise so geworden, wie wir sind, weil andere – unsere Eltern, unsere Lehrer, unsere Vorväter – uns so geformt haben.

Wir erhielten bei der Geburt bestimmte „Karten" und hatten keine andere Wahl, als mit diesen „Karten" zu spielen. Einige unserer „Karten" waren gut; wir waren gesegnet. Aber wir hatten auch einige „Joker im Blatt". Wir brauchen sicherlich keine Vergebung wegen der schlechten „Karten", die uns zugeteilt wurden. Wir haben weder um sie gebeten, noch haben wir sie gewollt. Man kann uns nur für schuldig halten – und uns vergeben – wegen der Art, wie wir die uns zugeteilten „Karten" ausgespielt haben.

Denken Sie an all die Argumente, die Sie ins Feld führen könnten, um zu beweisen, daß Sie für irgendeine Dummheit, die Sie begangen haben, nicht zur Verantwortung gezogen werden können.

Ihre Gene. In Ihren chromosomalen Bausteinen taucht ein X auf, wo ein Y sein sollte; Ihre genetische Struktur ist wackelig. Die Schuld liegt bei Ihrer DNS. Nicht Vergebung haben Sie nötig, sondern daß man Sie neu konstruiert!

Die Programmierung Ihrer Psyche. Sie hatten eine verrückte Kindheit. Ihr Vater war passiv-aggressiv, Ihre Mutter manisch-depressiv. Gemeinsam haben Ihre Eltern Sie zu dem gemacht, was Sie heute sind. Was Ihnen fehlt, ist nicht Vergebung, sondern eine psychotherapeutische Behandlung.

Ihr kultureller Hintergrund. Ihre Kultur hat Sie zu dem gemacht, was Sie heute sind. Sie sind programmiert worden, alles zu tun, was in Ihrer Kultur einen Lustgewinn bedeutet, und alles zu meiden, was in

Ihrer Kultur Schmerz verursacht. Wir müssen Ihnen nicht vergeben; wenn wir Ihnen helfen wollen, müssen wir die Kultur verändern, die Sie geformt hat.

Es bedarf, wie Sie sehen, keiner Gnade. Es braucht nur ein wenig Verständnis für die Funktionsweise des Menschen.

Aber wenn Sie nach alledem sagen: „Das, was der und der mir angetan hat, kann man nicht auf diese Weise wegerklären" – in dem Moment gestehen Sie dem anderen einen freien Willen zu und stürzen sich selbst in die Krise des Vergebens.

Offen gesagt: Zwischen Vergebung und Nachsicht besteht manchmal nur ein sehr feiner Unterschied. Aus meinen Kindheitserinnerungen tauchen Frank und Leo auf, um zu zeigen, wie dicht beieinander Vergebung und Nachsicht manchmal liegen.

Nehmen wir als ersten Frank. Es war Sommer, und ich war dabei, Kirschen zu pflücken. Zu diesem Zweck war ich auf eine dieser großen, wackligen Trittleitern gestiegen, mit denen man auch an die obersten Äste eines Kirschbaums herankommt. Dort hörte ich, wie – ein paar Bäume weiter – Frank einem wildfremden Menschen schlimme Sachen über mich erzählte. Er konnte mich nicht sehen, aber ich hörte alles. Mir war zum Sterben zumute.

Frank war mein besonderer Freund. Als ich so um die zehn Jahre alt war, nahm mich meine Mutter jeden Sommer mit, wenn sie einige alte Bekannte besuchte, die sie noch von der „alten Heimat" her kannte. Diese Bekannten wohnten auf einem Bauernhof, der an einem Schotterweg etwa 15 Meilen von unserem Haus entfernt lag. Die drei Tage, die wir auf der Farm verbrachten, waren unser Jahresurlaub. Sie waren mein Idyll, und das um so mehr, als ich das Alter erreichte, in dem Bauernjungen Männerarbeit verrichten durften.

Aber wenn es darum ging, diese Arbeiten wirklich zu erledigen, war ich völlig fehl am Platz – so völlig, daß ein Farmer sich bemüßigt sah, dem Allmächtigen dafür zu danken, daß keiner seiner Söhne so ungeschickt war wie ich. Als Landarbeiter habe ich kläglich versagt.

Aber Frank, ein waschechter Bauernjunge, nahm sich meiner an. Immer wenn ich mit Frank zusammen war, kam ich mir wie ein Insider vor: Wir saßen stundenlang zusammen auf dem breiten Sitz eines Traktors draußen auf dem Acker, gingen auf demselben Weg neben den Kühen her, wenn sie zum Melken hereinkamen, und wendeten Seite an Seite frischgemähtes Heu. Ich empfand, daß wir eng miteinander verbunden waren – wegen der vielen Stunden gemeinsamen Schweigens in der Sonne; wegen der Geheimnisse des Bodens, die wir miteinander teilten; wegen der winzigen Kaninchenbabys, die wir beinahe untergepflügt hätten, aber doch noch umfahren konnten, weil Frank einen Blick für die geringste Veränderung in der Beschaffenheit des Bodens hatte; wegen der Stapel Wurstbrote, die wir morgens um zehn unter dem Schatten eines Apfelbaums zum zweiten Frühstück verspeisten. O ja, wir waren wirklich gute Freunde.

An jenem Tag war auch Frank, zusammen mit einem Bauernjungen gleichen Alters, im Obstgarten und pflückte Kirschen. Sie waren nur ein paar Bäume von der Stelle entfernt, wo ich selbst am Pflücken war – für sie zwar versteckt, aber nicht außer Hörweite.

Frank plauderte über die Bekannten aus der Stadt, die bei seinen Eltern zu Besuch waren – damit waren wir gemeint. Ich hörte alles. Pete und Wes, meine Brüder, seien schwer in Ordnung. Aber Lewis tauge überhaupt nichts, sagte er. „Er ist so blöd, er würde sich nicht einmal unterstellen, wenn es Kokosnüsse hagelte. Mit ihm ist nichts anzufangen."

Ich? Ja, Frank zog über mich her. Die eine Person auf dieser Welt, von der ich unbedingt wollte, daß sie mich mochte, erzählte einem wildfremden Burschen, ich sei eine Null, eine Niete, eine Flasche, ein wertloses Stück Schöpfung. Ich fühlte mich in den Rücken gefallen.

Und dennoch: Wenn ich mich heute an diesen Moment erinnere, kann ich nicht umhin, mit Frank Nachsicht zu üben, und das, obwohl er mir das Gefühl gab, Ausschußware zu sein. Er hat nur die Wirklichkeit so beschrieben, wie er sie sah – durch die einzige Brille, die ihm zur Verfügung stand, die Brille eines Bauern. Die Möglichkeit, daß ich später als Handelsvertreter oder Jazzsänger oder vielleicht sogar als Pfarrer meinen Lebensunterhalt verdienen könnte, interessierte ihn nicht im geringsten. Er beurteilte mich als Bauer, in etwa so, wie der Talentsucher eines bekannten Fußballvereins das Potential des Spielers einer Provinzmannschaft beurteilt. Wen interessiert's, daß der Kerl die Differentialrechnung beherrscht, wenn er nur eine mäßige Spieltechnik besitzt?

Darum habe ich mit Frank Nachsicht. Er ist in meinen Augen so gut wie schuldlos.

Mit Leo aber steht es anders; ich muß ihm vergeben. Leo war Trainer einer Mannschaft, zu der Zeit, als ich spindeldürrer Jüngling den Hindernislauf hinter mich zu bringen versuchte, den man hämisch „Leibeserziehung" nannte.

Wen kümmerte es schon, ob ein Junge sich schämte, seinen spindeldürren Leib im Umkleideraum den Blicken anderer preiszugeben? Ich haßte meinen Körper. Ich haßte die knochigen Erhebungen an den Stellen, wo andere Jungen glatt und rund waren. Mehr als alles andere haßte ich die Hüftknochen, diese spitzen Höcker, die aus meinen Seiten hervorstachen wie zwei Schwerter, die aus unter der Haut verborgenen Scheiden herausragten.

Die Stunde der Wahrheit brach für mich nach jeder Turnstunde an, wenn der Vorhang gelüftet wurde und meine Hüftknochen zum Vorschein kamen. Zeit zum Duschen! Zweimal die Woche standen im Umkleideraum meine Hüftknochen im vollen Rampenlicht! All die anderen Jungen aus meiner Klasse würden die Knochen sehen. In meinem Herzen wußte ich es: Sie würden sich ins Fäustchen lachen und froh sein, daß sie nicht so geschaffen waren wie ich.

Darum mogelte ich. Ich zog mich aus, öffnete die Tür meines Schrankes, machte mich daran zu schaffen und wickelte mir ein Handtuch um die Hüften. Dann schlich ich vorsichtig zu den Duschen hinüber und blieb eine oder zwei Minuten direkt vor ihnen stehen. Das Handtuch lässig um die Hüften geschlungen, pfiff ich leise vor mich hin und paßte wie ein Luchs auf, daß der Trainer nicht plötzlich hereinkam. Dann schlenderte ich, ohne geduscht zu haben, zu meinem Spind zurück und zog mich, durchgeschwitzt wie ich war, wieder an.

Meistens gelang es mir, unbemerkt zu bleiben.

Eines Tages jedoch erwischte mich der große Leo. Der Cheftrainer kam mir direkt vor meinem Spind entgegengewatschelt und baute sich unmittelbar vor mir auf. Leo war groß, wirklich groß; seine Hüftknochen waren bedeckt mit einem Polster Fleisch, das ein magerer junger Bursche sich hätte wünschen können. Und nun stand er da mit eisigem Gesichtsausdruck, schmallippig und zäh, und blickte mich von oben bis unten an. Er habe mich beobachtet, brüllte er. Ich könne es ihm glauben, daß ich damit nicht durchkommen werde. Er werde mir schon beibringen, mich nicht vor dem Duschen zu drücken. Also mußte ich mich ausziehen und mich unter die Dusche begeben, während alle anderen mich angafften.

Eine Traube Schaulustiger sammelte sich um mich, wie am Straßenrand, wenn ein Verletzter in seinem Blut liegt. Sie sahen mich an und grinsten – und warteten darauf, daß ich verblutete. Ein toller Anblick!

Leo wußte, was er tat. Er war darauf aus, einen Jungen, der sich seines Körpers schämte, zu verletzen. Er war Hochschulabsolvent und hatte das Verhalten spindeldürrer, hoch aufgeschossener Jugendlicher studiert. Ich nehme an, jemand anders könnte seine Vorgehensweise zu rechtfertigen versuchen; ein dicker Mensch muß sich vielleicht ab und an die Gewißheit verschaffen, daß Fettleibigkeit besser ist, als spindeldürr zu sein. Dennoch glaube ich, daß er ganz genau wußte, was er tat. Und ich habe dafür kein Verständnis.

Du warst schuldig, Leo, und ich habe dich gehaßt. Mann, habe ich dich gehaßt! Mir bleibt nichts anderes übrig, als dir zu vergeben.

Vergeben ist schwer. Nachsicht üben ist leicht. Der begeht einen großen Fehler, der das Vergeben mit Gefühlsduselei, Nachgiebigkeit, Willensschwäche oder dem Ach-so-verständnisvoll-Sein verwechselt. Ehe wir jemandem vergeben, zeigen wir Rückgrat und fordern Rechenschaft. Erst nachdem wir unser Urteil gefällt haben, ohne irgend etwas zu beschönigen, sind wir in der Lage, das Unerhörte, Unmögliche zu tun: zu vergeben.

Vergeben heißt nicht, Öl auf die Wogen eines Konflikts zu gießen

Einige Menschen erschweren die harte Arbeit des Vergebens dadurch, daß sie Konfrontationen unterdrücken. Sie lassen dort, wo sie das Sagen haben, nicht zu, daß andere ihre Konflikte durch Vergeben beilegen; sie manipulieren jeden Streit so, daß die Beteiligten keine Gelegenheit bekommen zu vergeben.

Einige Eltern haben die Unterdrückung jeglichen Konflikts auf ihre Fahne geschrieben. Sie beschwichtigen und beruhigen uns und versichern uns, daß, ganz gleich, worüber wir uns aufregen, es nicht der Mühe wert sei. Sie stellen sich zwischen uns und dem „miesen Typ", der uns ein Unrecht zugefügt hat; sie wollen uns stets beschützen, die Arme unserer Wut fesseln, uns immerfort besänftigen. Ihr tröstendes „Na, komm" hält uns davon ab, unsere Wut je auszulassen und anderen je zu vergeben. Sie sagen: „Vergib und vergiß es!", aber sie meinen: „Reg dich nicht auf, ich halte den Krach nicht aus!"

Pfarrer stehen im allgemeinen unter einem Zwang, Konflikte beilegen zu müssen. Ein Streit wird in der Kirche so ungern gesehen wie ein Orkan an der Küste. Darum: Wenn die Frau eines Kirchenvorstehers ein Techtelmechtel mit dem Organisten hat und jemand droht, es an die Öffentlichkeit zu bringen, vertusche und verschleiere man die ganze Geschichte so lange, bis man sie unter den Teppich kirchlicher Diskretion kehren kann. Wenn ein Pastor vom Vorsitzenden des Gemeinderats beleidigt wird und sich bei der nächsten Gemeindeversammlung zur Wehr setzen will, glätte man dadurch die Wogen, daß man dem Pastor klarmacht: Wenn er Krach schlägt, wird er sich bei allen unbeliebt machen. Es darf auf keinen Fall zu einer Konfrontation kommen.

Vieles spricht dafür, Konfliktsituationen auf diese Weise zu bewältigen. Es gibt, weiß Gott, nicht viele unter uns, die es gut können. Ich möchte hier lediglich herausstellen, daß wir das Verfahren, die Gemüter zu beruhigen, nicht verwechseln dürfen mit der hohen Kunst, denen, die wider uns gesündigt haben, zu vergeben. Wer Öl auf die Wogen gießt, hat damit noch keine Ertrinkenden gerettet; daß ein Streit geschlichtet wurde, bedeutet noch lange nicht, daß die Beteiligten einander vergeben haben.

Anderen vergeben ist etwas anderes als sie akzeptieren

Wir akzeptieren einander, weil wir akzeptabel sind – trotz Makel, die es uns manchmal schwer machen. Die Menschen, denen wir Tag für Tag begegnen, haben eine Menge unannehmbare Eigenschaften; dennoch akzeptieren wir sie als unsere Freunde. Wir machen hinter einem Dikkicht unangenehmer Charaktereigenschaften prächtige Menschen aus. Also akzeptieren wir sie aufgrund dessen, was sie für uns sind oder sein könnten – trotz der Hindernisse, die wir überwinden müssen, um sie zu finden.

Das Gefühl, einen anderen zu akzeptieren, hat große Ähnlichkeit mit dem Gefühl, ihm zu vergeben. Aber es ist nicht dasselbe.

Der Unterschied zwischen Akzeptanz und Vergebung ist sehr einfach. Wir akzeptieren andere, weil wir Gutes an ihnen finden. Aber wir vergeben ihnen das Böse, das sie uns zufügen. Wir akzeptieren andere, weil sie gut *sind,* und vergeben ihnen das Böse, das sie *tun.*

Um diesen Unterschied zu verstehen, wird es hilfreich sein, wenn wir uns mit drei Arten des Akzeptierens befassen: *gesellschaftlichem* Akzeptieren, dem Akzeptieren *von Berufs wegen* und der schwierigsten Art, dem Akzeptieren auf persönlicher Ebene.

Wir akzeptieren andere auf *gesellschaftlicher* Ebene, wenn wir sie als Teil der Gemeinschaft, der wir angehören, annehmen. Einige ihrer Bräuche mögen uns seltsam und geschmacklos vorkommen. Ihr Lebensstil stößt uns womöglich sauer auf. Es ist durchaus denkbar, daß ihre Art uns überhaupt nicht gefällt. Aber wir akzeptieren sie, nicht unbedingt als Freunde, sondern als Menschen, von denen wir meinen, daß sie innerhalb unserer Gruppe eine geachtete Stellung verdienen.

Wir akzeptieren sie auf gesellschaftlicher Ebene, weil sie die gesellschaftlichen Bedingungen erfüllen. Wir brauchen ihnen nicht irgend etwas zu vergeben; sie haben uns kein Unrecht zugefügt. Wir akzeptieren sie einfach als Mitglieder unserer Gesellschaftsschicht, auch wenn sie gewisse Eigenschaften oder Gewohnheiten haben, die wir persönlich nicht gut finden.

Wir akzeptieren andere *von Berufs wegen*, weil wir sie akzeptieren müssen, um ihnen helfen zu können. Unsere freundlichen Psychotherapeuten verfügen über eine besondere Gabe, andere zu akzeptieren. Bei ihnen können wir alles, was wir denken, ausplaudern, ohne befürchten zu müssen, daß sie uns hinauswerfen. „Hm! Sie möchten Ihre Schwiegermutter erschießen. Interessant! Ach, Sie hätten gern mit Ihrer Schwägerin geschlafen? Aber natürlich, Sie haben mein volles Verständnis. Nein, nein, ich halte es nicht für abscheulich, daß Sie mit ihr schlafen möchten. Sie etwa?"

Unsere großzügigen Berater ignorieren alle unsere Grillen, übersehen unsere sonderbaren Neigungen und behandeln uns mit bedingungsloser Achtung. Sie vermitteln uns das Gefühl, nicht verurteilt, sondern akzeptiert und geborgen zu sein.

Aber was da vor sich geht, ist nicht Vergebung.

Wir haben unsere Berater nicht verletzt. Sie müßten uns nur dann vergeben, wenn wir den Versuch unternähmen, ihren Ehepartner zu verführen, oder, was Gott verhüten möge, uns weigerten, ihre Rechnung zu begleichen. Aber im Rahmen der berufsbedingten Beziehung, die sie zu uns eingehen, akzeptieren sie uns „trotz" unserer Neurosen und verwechseln diese Akzeptanz nicht mit dem Vergeben. So viel zum Akzeptieren von Berufs wegen.

Wir akzeptieren andere auf *persönlicher* Ebene als Freunde oder Geliebte, weil sie uns trotz vieler Eigenarten, auf die wir gut und gern verzichten könnten, sehr viel wert sind.

Eine Ehefrau akzeptiert ihren Mann trotz seines eigenartigen Bedürfnisses, auf Gesellschaften Zoten zu erzählen, nachdem er ein, zwei Glas getrunken hat. Und er muß ihren unwiderstehlichen Drang akzeptieren, sich, wie eine Henne flatternd, in seiner Nähe aufzuhalten und dafür zu sorgen, daß er nicht zuviel trinkt, nicht zuviel ißt und nicht in Gegenwart anderer in der Nase bohrt.

Keine Ehe, keine Freundschaft wäre von Dauer, keine Familie von Bestand, wenn wir einander nicht als Menschen sehen könnten, die ungeachtet unserer Schrullen und Marotten es wert sind, akzeptiert zu werden. Die Menschen, die wir lieben, akzeptieren wir zweifellos zum Teil deshalb, weil wir uns dazu verpflichtet haben; wir tun es aber auch, weil das Erdulden ihrer sonderbaren Gewohnheiten, alles in allem genommen, eine angemessene Gegenleistung ist für das Gute, das sie in unserem Leben bewirken.

Wenn wir einem anderen vergeben, tun wir mehr, als einen Makel um der darunter befindlichen Schönheit willen zu übersehen. Eine Frau, die ihrem Geliebten das Ausplaudern eines Geheimnisses verzeiht, weiß, daß sie damit etwas ganz anderes tut, als wenn sie ihn trotz seines Mundgeruchs akzeptiert.

Es gibt nur einen richtigen Ausdruck für den wunderbaren Moment, wenn wir eine Person, die uns tiefe Wunden geschlagen hat, lösen. Das richtige Wort für diesen Moment ist nicht Annahme, sondern Vergebung.

Vergebung ist nicht Toleranz

Vergib mir, so wirst du wieder heil. Toleriere alles, was ich tue, und du wirst dir eine Menge Ärger einhandeln.

Sie können einem anderen beinahe alles vergeben. Aber Sie dürfen nicht alles tolerieren.

Wo immer Menschen versuchen, zusammenzuleben oder zusammenzuarbeiten, müssen sie sich darüber einig werden, wieviel sie sich gefallen lassen wollen. Eine Gruppe, in der man sich alles gefallen läßt, zerstört sich zuletzt selbst.

Nehmen wir den Fall meines Bekannten, eines untersetzten Italieners mit schütterem Haar, der in einem heruntergekommenen alten Laden am Rande einer verwahrlosten Wohngegend billiges Brot verkaufte. Früher kauften wir unser Brot bei ihm für die Hälfte dessen, was es im Supermarkt kostete, und die Kinder kamen aus dem ganzen Umkreis, um sich bei ihm süße Semmeln zu besorgen, da sie gute Aussichten hatten, als Zugabe einen mit Zucker bestreuten Berliner zu bekommen. Er machte Brot vom Vortag zu einem Symbol für eine Nachbarschaft, die sich um eine zweite Chance bemühte.

Eines Tages, kurz vor Ladenschluß, betraten drei Jugendliche aus der Nachbarschaft seinen Laden, zogen einen Revolver und räumten die Kasse aus. Dann, ohne jeden Grund, schoß einer von ihnen auf ihn und traf ihn in der Magengegend. Er hätte ihn beinahe getötet.

Während er im Krankenhaus lag, besuchten ihn die Eltern des jungen Mannes, der auf ihn geschossen hatte. Es waren anständige, fromme Leute, wie die meisten in dieser Gegend, aber jetzt waren sie von Gram gebeugt. Eines Abends brachten sie ihren Jungen mit; niemand hätte gedacht, daß sie ihn überreden könnten mitzugehen.

Mein Bekannter vergab dem Jungen. Er entschloß sich, ihn als einen schwachen Menschen zu betrachten, der eine Chance brauchte, und nicht als den niederträchtigen Kerl, der auf ihn geschossen hatte. Er unterhielt sich sogar mit seinen Eltern darüber, ob er dem Jungen nicht die Gelegenheit bieten könnte, im Laden sauberzumachen und sich auf diese Weise etwas Geld zu verdienen.

Aber der Bäcker hatte nicht vor, es sich gefallen zu lassen, daß man ihm in den Bauch schoß. Und in der Nachbarschaft war man auch nicht bereit, das zu tolerieren, was geschehen war.

Als der Junge sich vor Gericht verantworten mußte, trat mein Bekannter deshalb als ein trauriger, aber überzeugender Belastungszeuge auf.

Der Junge mußte für ein Jahr in eine Jugendstrafanstalt.

Oder nehmen wir den Fall von Pfarrer Schmidt, einem Mann mit einem riesigen Bedürfnis, von anderen bewundert zu werden, insbesondere von Frauen, am liebsten aus nächster Nähe und möglichst in der Horizontalen. Er entwickelte ein ausgesprochenes Geschick, seelsorgerliche Gespräche in erotische Begegnungen umzufunktionieren, und es dauerte nicht lange, da reagierten nicht wenige Frauen mit ekstatischen Doxologien auf seine heimlichen „Liebesdienste". Bei so vielen Frauen konnte er unmöglich dafür Sorge tragen, daß sie alle den Mund hielten. Das Ergebnis: Er wurde zum Mittelpunkt eines Skandals.

Ihm wurde vor einem kirchlichen Gericht wegen Amtsmißbrauchs der Prozeß gemacht.

Einige Amtsbrüder (wohl wissend, daß, wenn die Gnade Gottes nicht wäre, es ihnen genauso erginge) brachten den Antrag ein, das Gericht solle ihm im Sinne Jesu vergeben, der einst zu einer Frau, die eine ähnliche Sünde begangen hatte, gesagt hat: „So verdamme ich dich auch nicht; geh hin und sündige hinfort nicht mehr."

Aber die liebenswürdigen Geistlichen hatten Vergebung mit Toleranz verwechselt. Schmidt brauchte sehr wohl Vergebung; aber es war nicht Aufgabe des Gerichts, darüber zu beschließen, ob Schmidt vergeben werden könne. Hier galt es vielmehr, festzustellen, ob die Kirche das, was er getan hatte, tolerieren konnte.

Nehmen wir eine Situation anderer Art, bei der niemand gegen die Moral verstößt, sondern wo ein Fehlurteil die Leistungsfähigkeit eines Betriebes gefährdet.

Dr. Müller leitet ein hochqualifiziertes Ärzteteam in einem Krankenhaus, wo er als Chefarzt für die Herzchirurgie zuständig ist. Hier erhalten talentierte junge Chirurgen einen Einstieg in die blendende Karriere, die sie als ihr Geburtsrecht betrachten. Aber im Falle einer Fehlleistung liegt die Toleranzgrenze im dortigen Operationssaal so niedrig, daß nur wenige junge Ärzte ihre Assistenzzeit ohne chronische Angstzustände überstehen.

Einige Fehler werden geduldet – *einmal.* Jeder, der zum erstenmal einen schwierigen Kunstgriff anwendet, kann sich dabei ein wenig ungeschickt anstellen. Auch beim zweiten Mal mag es hingehen, obwohl er eine gute Ausrede parat haben sollte. Aber wenn es ein drittes Mal passiert, sollte er sich lieber gleich nach einer Stelle als Assistenzarzt im letzten Kreiskrankenhaus umsehen. Es gibt indessen *einen* Irrtum, den Dr. Müller kein einziges Mal duldet: Ein Medizinalpraktikant oder Assistenzarzt darf bei Patienten eine neue Behandlungsmethode auf keinen Fall einleiten, ohne ihn vorher zu konsultieren.

Dr. Meier, ein hervorragender, aber arroganter junger Assistenzarzt, befand sich eines Nachts auf der Intensivstation, als der Zustand einer Patientin sich etwa zwölf Stunden nach einer Operation rapide verschlimmerte. Etwas mußte geschehen, aber es war zwei Uhr nachts, und Dr. Meier wußte, daß der Chefarzt um fünf wieder im Operationssaal sein mußte. Warum ihn also wecken? Dr. Meier fuhr deshalb die Patientin in den OP-Saal zurück, wo er sie in Eigenverantwortung zwar, aber mit Erfolg operierte.

Zehn Minuten nachdem Dr. Müller an diesem Morgen im Krankenhaus eintraf, verschlimmerte sich der Zustand von Dr. Meiers Karriere ebenso rapide wie zuvor der Zustand von der Patientin. Dr. Müller hat jetzt bestenfalls Aussichten auf eine gesicherte Stelle als Assistenzarzt an einem allgemeinen Krankenhaus in der Provinz.

Dr. Müller hatte seinem Assistenzarzt auf persönlicher Ebene verzeihen können; aber er konnte das, was dieser getan hatte, unmöglich tolerieren. Dr. Meier war über das Maß des Erträglichen hinausgegangen – auch wenn er im Bereich des Vergebbaren geblieben war.

Jede Gruppe muß darüber entscheiden, welche Verhaltensweisen sie sich gefallen lassen wird und welche nicht. Dabei dürfen wir aber nicht vergessen: Das, was andere tun, müssen wir nicht schon deshalb tolerieren, weil wir es ihnen vergeben. Das Vergeben macht uns persönlich heil. Aber wenn wir alles tolerierten, würde das am Ende nur uns alle verletzen.

Lassen Sie mich die Aussagen dieses Kapitels kurz zusammenfassen.

Es ist nicht so, daß Sie nach dem Vergeben vergessen müssen; Sie können es zwar, aber Ihre Vergebung kann auch dann aufrichtig sein, wenn Sie sich weiterhin an die Ursache Ihrer Verletzung erinnern.

Nachsicht und Vergebung sind nicht dasselbe. Sie können einem anderen nur vergeben, wenn Sie ihn zur Rechenschaft ziehen und sich weigern, Nachsicht zu üben.

Vergebung besteht nicht darin, Öl auf die Wogen eines Konflikts zu gießen. Wer andauernd die Konflikte anderer unterdrückt, beraubt sie der Möglichkeit, Vergebung zu üben.

Es gehört mehr dazu, einem anderen zu vergeben, als ihn zu akzeptieren. Sie können einem Menschen nur vergeben, wenn er Ihnen etwas Unannehmbares angetan hat.

Wenn Sie einem anderen eine bestimmte Verhaltensweise vergeben, sind Sie nicht verpflichtet, diese Verhaltensweise zu dulden. Sie können einem Menschen vergeben und es gleichzeitig ablehnen, sein Verhalten zu tolerieren.

ZWEITER TEIL:

Menschen, denen zu vergeben uns besonders schwerfällt

Eine bemerkenswerte Frau erzählte mir kürzlich, wie einige Männer, die sie nie gesehen und deren Namen sie nie erfahren hat, ihr vor langer Zeit etwas so Furchtbares antaten, daß es ihr Leben für immer veränderte. Ihre Geschichte half mir zu verstehen, daß es Menschen gibt, denen zu vergeben uns besonders schwerfällt.

Jedesmal, wenn mich diese schwarzäugige armenische Schönheit ansah, bohrte sich ihr Blick tief in meine Augen hinein, als ob sie ihnen das entlocken wollte, was ich ihr mit meinen Worten nicht zu geben vermochte: die Befreiung von ihren schmerzerfüllten Erinnerungen an das Schlimmste, was ein Mensch einem anderen je antun könnte. Welchen Schlüssel konnte ich ihr geben, um sie von dem Haß zu befreien, der sie seit fast einem halben Jahrhundert fest im Griff hatte und der wie Weihrauch auf dem Altar heiliger Vergeltung glühte?

Wem mußte diese prächtige Frau vergeben? Männern, die weder ein Gesicht noch einen Namen hatten, Mitgliedern einer Bande, die eines Abends spät in ihre Wohnung in Teheran eingedrungen waren und ihre ganze Familie auf brutale Weise ermordet hatten.

Sie war in der ersten Hälfte unseres Jahrhunderts im Iran aufgewachsen und gehörte, obwohl sie nicht besonders reich war, der Oberschicht an. Eines Abends verschafften sich fünf vermummte Terroristen Zutritt zu ihrem Haus, fesselten ihren Mann, ihre beiden Kinder und ihre Eltern, schleiften sie aus dem Haus und zur Stadt hinaus und metzelten sie alle nieder. Sie selbst blieb nur deshalb am Leben, weil sie an diesem Abend für die Grundschule, an der sie iranische Kinder unterrichtete, ausnahmsweise einen Botengang erledigte.

„Sagen Sie mir doch", verlangte sie leise, „sagen Sie mir, wie ich Menschen vergeben kann, die weder ein Gesicht noch einen Namen noch eine Nummer haben, aber real genug waren, um meine Kinder umzubringen?" Ich spürte bei dieser sanften Rüge, daß ein schrecklicher Sturm in ihrem Inneren tobte.

Ihr Problem war die gesichtslose Anonymität der Männer, die ihr so viel Böses angetan hatten. „Sind Sie denn imstande, den unsichtbaren Menschen zu vergeben, deren Gesicht Sie nie gesehen, die Ihnen aber ein furchtbares Unrecht zugefügt haben?"

Ich habe Ihnen von der sanftmütigen Frau erzählt, die mich mit dieser Frage konfrontierte, um auf das Thema überzuleiten, über das wir als nächstes sprechen müssen. Es geht um Menschen, denen wir nur sehr schwer vergeben können.

Es fällt uns schwer, Menschen zu vergeben, die wir nicht sehen und nicht berühren können und die wir vielleicht nicht einmal kennen.

Das Vergeben fällt uns auch bei Menschen schwer, denen es gleichgültig ist, ob wir ihnen vergeben oder nicht.

Einigen Menschen können wir deshalb nur schwer vergeben, weil sie scheinbar zu böse sind, als daß man ihnen vergeben könnte.

Möglicherweise fällt es uns am schwersten, uns selbst zu vergeben.

Und wie steht es mit Gott? Einige unter uns haben sich in schwierigen Zeiten gefragt, weshalb Gott uns im Stich gelassen hat, obwohl er uns hätte helfen können. Können wir Gott vergeben? Wagen wir es, danach zu fragen?

Ich lade Sie ein, mit mir zusammen das Leben einiger dieser Menschen unter die Lupe zu nehmen. Es sind Menschen, denen zu vergeben uns besonders schwerfällt – auch wenn wir beides tun möchten, vergeben und vergessen.

Kapitel 6

Die unsichtbaren Menschen

Es gibt Menschen, die eine tragische Stunde oder ein trauriges Leben lang in unser Leben eindringen, schmerzvolle Erinnerungen hinterlassen und sich dann zurückziehen, so daß wir sie nicht mehr sehen können. Es sind diese die „unsichtbaren" Menschen, deren Realität aus dem dünnen Stoff einer Zeit gewebt ist, die nicht mehr ist. Sie sind für uns nicht weniger real als die Menschen, die wir mit unseren Augen sehen können und die ein Gesicht und einen Namen haben und einen Körper, den man berühren kann. Nur fällt es uns besonders schwer, unsere Hände zu ihnen auszustrecken und ihnen zu vergeben.

Menschen werden unsichtbar, wenn sie sterben, ehe wir ihnen vergeben können. Oder wenn sie ihr Gesicht hinter der Maske einer Firma verbergen. Menschen werden auch dann teilweise unsichtbar, wenn sie im Gedächtnis ihrer Opfer kein klares Bild hinterlassen. Geistig Behinderte und Kinder können das Gesicht dessen, der ihnen eine Verletzung zufügt, mitunter nur schemenhaft wahrnehmen.

Schauen wir uns nun einige der zerbrechlichsten Gefühle an, die ein menschliches Gedächtnis quälen können.

Der verstorbene Elternteil

Ich kenne eine Frau, die ihren Vater haßt, weil er ihr die üble Erinnerung an die abartigen Sexspiele aufbürdete, die er sie mit ihm spielen ließ, als sie zu jung war, um ihrem Papa eine Bitte abzuschlagen. Jetzt ist er tot.

Sie haßt ihn. Aber sie haßt sich selbst noch mehr.

Sie ist sich im klaren darüber, daß sie von dem Haß, den sie gegen sich selbst empfindet, erst dann frei werden wird, wenn sie ihrem Vater vergibt. Aber wie soll sie einem Vater vergeben, der nicht mehr da ist und nicht mehr sagen kann: „Es tut mir leid“?

Unsere Eltern waren in den meisten Fällen ganz normale Menschen mit ganz normalen Charakterschwächen. Sie müssen keineswegs herzlose Rabenmütter oder tobsüchtige Grobiane gewesen sein, um es uns schwerzumachen, ihnen zu vergeben. Das Vergeben fällt uns möglicherweise bei moralisch geradlinigen Eltern, die ihre Kinder nicht lieben konnten, ebenso schwer wie bei abartigen Eltern, die ihre Kinder sexuell mißbrauchen. Aber wenn sie einmal unsichtbar werden, fällt es uns furchtbar schwer, ihnen zu vergeben.

Ganz gleich, ob wir von einem hitzköpfigen Vater geschlagen oder von einer kaltherzigen Mutter vernachlässigt wurden – warum fällt es uns so schwer, Eltern zu vergeben, die uns regelrecht überlistet haben, als sie starben, ehe wir die Freiheit hatten, ihnen zu vergeben?

Es fällt uns deshalb so schwer, unseren verstorbenen Eltern zu vergeben, weil sie so unerreichbar sind. Wir können sie nicht in unsere Arme schließen, nachdem wir ihnen vergeben haben. Wir können uns nicht zu ihnen auf den Schoß setzen und uns von ihnen in der Weise liebkosen lassen, wie wir es damals nötig gehabt hätten. Und sie können uns nicht sagen, wie leid ihnen alles tut. Sie können keines der versöhnlichen Dinge tun, die das Vergeben ein wenig leichter machen.

Es fällt uns auch deshalb so schwer, unseren verstorbenen Eltern zu vergeben, weil etwas in unserem Inneren nicht will, daß sie der Vergebung bedürfen. Wir möchten uns an eine fromme Mutter und an einen edlen Vater erinnern, aber wenn wir ihnen vergeben, stellen wir sie mit normalen Sterblichen auf eine Stufe. Man haßt keine Menschen, die sich selbst für einen aufgeopfert haben. Und man vergibt ihnen nicht – besonders dann, wenn sie schon gestorben und im Himmel sind!

Aber so schwer es auch sein mag, müssen viele Menschen ihren verstorbenen Eltern vergeben, wenn auch nur um des eigenen inneren Friedens willen. Und sie können es auch.

Wenn Sie selbst einem verstorbenen Elternteil vergeben wollen, sollten Sie folgende Fakten nicht vergessen.

Eltern sind niemals vollkommen

Eltern sind keine Götter. Nur wenige Mütter sind Heilige, und es gibt kaum Väter, die es verdient hätten, vergöttert zu werden. Auch „ideale“ Eltern sind bestenfalls gutmütige Menschen, und gutmütige Menschen können grausame Dinge tun. Sie rütteln also nicht an den Grundfesten des Lebens, wenn Sie zugeben, daß Ihr Vater grausam oder Ihre Mutter kaltherzig sein konnte.

Nach dem Tode unserer Eltern möchten wir sie als „reines Licht“ in Erinnerung behalten. Es darf überhaupt keine Finsternis in ihnen geben. Deshalb fühlen wir uns ein wenig schmutzig, wenn wir zulassen, daß irgendwelche Schatten unsere Erinnerungen trüben. Wir wollen nicht, daß es nötig ist, ihnen zu vergeben; denn wenn wir ihnen vergeben, müssen wir sie zuvor getadelt, vielleicht auch gehaßt haben. Mich schaudert immer noch bei dem Gedanken, meiner Mutter zu vergeben. Sie hat sich mit Leib und Seele aufgeopfert, um uns zu versorgen und uns zur Gottesfurcht und zur Beständigkeit bei der Arbeit anzuhalten. Ich war früher der Meinung: Wer eine solche Mutter haßt, kommt dafür in die Hölle. Doch hatte sie – wie jede andere Mutter auch – ihre weniger guten Seiten. Und mir wurde irgendwann klar, daß Haß und Liebe sich nicht gegenseitig ausschließen. Es tut meiner großen Liebe zu ihr keinen Abbruch, wenn ich einen Teil von ihr hasse und diesem auch vergebe.

Wenn Sie ein Verlangen verspüren, einem verstorbenen Elternteil zu vergeben, müssen Sie der Realität ins Auge sehen: Es ist durchaus möglich, daß Ihr Vater oder Ihre Mutter Ihnen wirklich ein Unrecht zugefügt hat.

Unsere schmerzlichen Gefühle sind berechtigt

Es kann sein, daß Sie sich an Verletzungen erinnern, die Ihnen in Ihrer Kindheit zugefügt wurden, und daß etwas in Ihrem Inneren den Elternteil haßt, den Sie für diese Verletzungen verantwortlich machen. Dennoch wagen Sie es nicht, diesen Schmerz und diesen Haß zu *empfinden.* Wir wagen es nicht, in die Tiefen unserer Gefühlswelt einzudringen, weil wir Angst haben, der Schmerz könnte unerträglich sein und der Haß zu häßlich, als daß wir ihn eingestehen könnten.

Gefühle haben eine starke Strömung. Wenn Sie sich von dieser Strömung mitreißen lassen, werden Sie in einen tiefen Brunnen gespült. Wenn Sie aufhören, gegen diese Strömung anzukämpfen, werden Sie in die Tiefe hinabgetragen.

Wenn Sie es so weit kommen lassen, werden Ihnen Ihre Gefühle furchtbare Nächte voll entsetzlicher Traurigkeit bereiten. Sie werden noch einmal die Einsamkeit empfinden, die Sie als Kind empfanden, als Sie um Zuwendung kämpften. Sie werden noch einmal von der Angst erfaßt werden, nicht gut genug zu sein, um von Ihren Eltern geliebt zu werden. Sie werden sich möglicherweise verloren vorkommen, ohne Hoffnung und ohne Licht. Sie werden von Gefühlen überwältigt werden, die Sie kaum einmal vor Ihren besten Freunden zugeben würden.

Und diese Gefühle können Sie an einen furchtbaren Ort bringen, wo Sie die Hitze Ihres Hasses zu spüren bekommen – Ihres Hasses gegen eine fromme Mutter oder einen geliebten Vater! Ihre Gefühle können Sie in Ihre persönliche Hölle stürzen. Aber Sie werden erst die Freiheit haben, Ihren verstorbenen Eltern zu vergeben, wenn Sie zuvor den Schmerz *empfinden*, um dessentwillen Sie ihnen vergeben müssen.

Es kann natürlich sein, daß Ihre Gefühle übertrieben sind. Sie können auch verkehrt sein. Aber das hat nichts zu bedeuten. Ihre Gefühle sind *das, was Sie empfinden* – und darum sind sie berechtigt. Sie werden erst dann die Freiheit finden, Ihren verstorbenen Eltern zu vergeben, wenn Sie zugeben, daß Ihre Gefühle ihnen gegenüber berechtigt sind, und wenn Sie den Schmerz wirklich empfinden, um dessentwillen Sie ihnen vergeben müssen.

Einem verstorbenen Elternteil kann man nie vollständig vergeben

Wenn Sie einem verstorbenen Elternteil vergeben, können Sie die vier Phasen des Vergebens nicht zu Ende führen. Vollständiges Vergeben mündet in die Versöhnung zweier Menschen, die durch ihr Verletztsein und ihren Haß einander entfremdet waren. Aber wenn der Tod dazwischentritt, wird das Happy-End auf einen Zeitpunkt jenseits aller irdischen Beziehungen verschoben. Sie müssen sich für den Augenblick mit der Heilung Ihrer Erinnerungen begnügen.

Vielleicht vollenden Sie nicht einmal Ihre eigene Heilung. Die Behandlung muß möglicherweise häufig wiederholt werden. Wer seinen verstorbenen Eltern vergibt, ist mit jemandem zu vergleichen, der das Rauchen aufgeben möchte. Es kann durchaus sein, daß Sie mehrmals ansetzen müssen, ehe Sie es erfolgreich schaffen.

Sie müssen sich selbst ebenso vergeben wie Ihren verstorbenen Eltern

In beinahe jedem Fall gilt: Wer von seinen Eltern verletzt wurde, fühlt sich schuldig oder schämt sich. Mir ist noch nie ein Mensch begegnet, der seinen Vater oder seine Mutter haßte, aber sich selbst nicht.

Menschen, die ihren verstorbenen Eltern vergeben wollen, hegen meistens den beängstigenden Verdacht, sie hätten die depressiven Gefühle, mit denen ihre Eltern sie belastet haben, verdient. Fragen Sie eine Frau, die von ihrem Vater sexuell mißbraucht wurde, nach der schlimmsten Folge dieses Geschehens. Sie wird Ihnen aller Wahrscheinlichkeit nach von dem Selbsthaß berichten, den es bei ihr auslöste.

Auch wenn unsere Eltern Heilige waren, waren sie durchaus imstande, uns mit ihrem Selbsthaß anzustecken. Meine eigene Mutter hat die Selbstanklage zu einer wahren Kunst entwickelt. Tatsache ist, daß sie weder Zeit noch Energie hatte, um sich allzu schwer zu versündigen. Dennoch erinnerte sie sich an jede kleine Sünde, die sich doch noch in ihr Leben einschleichen konnte, geriet darüber ins Grübeln und bauschte das Ganze so lange auf, bis sie sich einbildete, eine der größten Sünderinnen unserer Zeit zu sein.

In unseren Augen war sie eine Heilige und eine Heldin; aber die Tatsache, daß sie eine so gute Frau war, machte für uns alles um so schlimmer. Wenn eine so fromme Mutter sich selbst nicht vergeben konnte, wie sollten „moralische Winzlinge“ wie wir sich jemals selbst vergeben?

Auf diese Weise nährte meine Mutter meinen Selbsthaß. Nach ihrem Tod entdeckte ich, daß ich ihr dies nur vergeben konnte, wenn ich dem eigenen verhaßten Ich vergab. Aber ich weiß ehrlich nicht, wem ich zuerst vergab, ihr oder mir.

Verstorbene Eltern sind jedoch nicht die einzigen unsichtbaren Menschen.

Die unsichtbare Mutter, die ihr Kind weggab

Bei uns zu Hause haben wir folgendes Gespräch mehr als einmal gehört:

„Warum sollte ich?“

„Weil ich dich darum gebeten habe.“

„Wieso sollte ich es tun, nur weil du mich darum gebeten hast?“

„Weil ich deine Mutter bin.“

„Du bist nicht meine Mutter.“

„Ich bin sehr wohl deine Mutter, und ich habe dich lieb.“

„Du bist noch nie meine Mutter gewesen, und ich hasse dich.“

Das zornige junge Mädchen bei diesem Gespräch war unsere Tochter Cathy, damals 16 Jahre alt und ein feuriger Hitzkopf, heute mit ihren 26

Jahren eine gutaussehende Frau und unsere beste Freundin. Die Person, gegen die sie wetterte, war meine Ehefrau Doris.

Wenn wir heute an jene turbulenten Szenen unseres Familienlebens zurückdenken, freuen wir uns darüber, daß wir wieder gute Freunde sind. Aber wir sind uns sicher: Das schwierigste Problem, das ein angenommenes Kind zu bewältigen hat, besteht darin, der unsichtbaren leiblichen Mutter zu vergeben, die es zur Adoption freigab.

Als Cathy ein kleines Mädchen war, haben wir die Sache ins bestmögliche Licht gerückt: „Sie hat dich weggegeben, weil sie dich zu sehr liebte, um dich zu behalten.“ Vielleicht hatten wir damit recht. Aber in Cathys Herzen kam irgendwann die Frage auf, ob es sich nicht umgekehrt verhielte: Ihre leibliche Mutter hatte sie womöglich deshalb weggegeben, weil sie es nicht wert war, behalten zu werden. Cathy vermutete zudem, daß, wenn ihre leibliche Mutter sie wirklich so sehr geliebt hätte, sie auch einen Weg gefunden hätte, sie zu behalten – wenn sie es wirklich gewollt hätte. Allerdings war es eher wahrscheinlich, daß sie das Kind hatte loswerden wollen, weil es ihren eigenen Plänen im Wege stand.

Cathy mußte jedenfalls irgend jemanden hassen. Das war auch ihr gutes Recht. Weggegeben und adoptiert zu werden – das kann unter Umständen eine miserable Methode sein, einer Familie ins Nest zu schlüpfen. Und da die unsichtbare leibliche Mutter nicht da war, um von ihr gehaßt zu werden, warum sollte Cathy die sichtbaren Eltern nicht hassen, die ihr allzu nahe waren? Unsere Liebe erinnerte sie nur daran, daß jemand anders sie weggegeben hatte. Aus diesem Grunde trug sie eine zweifache Last des Hasses mit sich herum.

Das einzige Gegenmittel gegen den Schmerz, den ihr Haß verursachte, war die „Fähigkeit zu vergeben“.

Aber wie vergibt man einer Mutter, die weder ein Gesicht noch einen Namen noch eine Anschrift hat? Wie vergibt ein Adoptivkind einer unsichtbaren Mutter?

Ich möchte nun aus meiner Sicht schildern, wie es dazu kam, daß Cathy durch die Kraft des Vergebens geheilt wurde. Damit will ich nicht behaupten, daß jedes Adoptivkind den gleichen Weg des Vergebens einschlagen muß wie Cathy. Aber ihre Geschichte dürfte kaum einzigartig sein.

Als erstes besorgte sich Cathy einige Informationen über ihre leiblichen Eltern. Sie wollte nicht alles wissen. Sie spürte sie nicht auf, um ihnen persönlich gegenüberzutreten, wie es einige Adoptivkinder tun. Aber sie förderte genug Informationen über sie zutage, um ein Gespür für ihre persönlichen Verhältnisse zu bekommen: Sie waren sehr jung, sie waren arm, sie gehörten Religionsgemeinschaften an, die sich anscheinend nicht vertrugen, und waren selbstverständlich nicht verheiratet. Cathy erfuhr außerdem, daß ihre leibliche Mutter Italienerin war – eine herrliche „Erklärung“ für Cathys romantischen Geist, den ihre nüchternen niederländischen Eltern nie bezähmen konnten. Ihre leibliche Mutter wurde auf diese Weise für sie zu einer „realeren“ Person, auch wenn sie unsichtbar blieb.

Als nächstes erfuhr Cathy auf andere Weise mehr über die Qualen, die eine junge Frau durchsteht, ehe sie sich entschließt, ihr Baby zur Adoption freizugeben. Eine ihrer Freundinnen wurde schwanger. Immer wieder von Furcht und Zweifel befallen, gab sie das Kind schließlich zur Adoption frei an ein kinderloses Ehepaar. Cathy hatte die Freundin sehr gern, nahm regen Anteil an ihrem schrecklichen Konflikt und hatte am Ende die Gewißheit, daß die Freundin, alles in allem genommen, das Beste für das Kind getan hatte. Cathy gelangte allmählich zu der Einsicht, daß ihre leibliche Mutter wahrscheinlich ein wunderbarer Mensch war, der einen schweren inneren Konflikt hatte durchstehen müssen, und daß sie ihr Baby wohl doch weggegeben hatte, weil sie es zu sehr liebte, um es zu behalten. Cathy war zu gescheit, um anzunehmen, daß ihre leibliche Mutter ausschließlich von Liebe motiviert war, ohne jeden Egoismus; aber sie begriff, daß diese Frau sie möglicherweise doch genug geliebt hatte, um die Annahme zu rechtfertigen, sie habe sie weggegeben, weil sie sie zu sehr liebte, um sie zu behalten. Cathys Haß wurde dadurch, daß sie sich in ihre leibliche Mutter hineinversetzte, nicht ganz bezwungen, aber er schrumpfte auf ein Maß zusammen, das Vergebung ermöglichte.

Cathys nächster Schachzug war der wichtigste von allen. Mit Hilfe anderer gelang es ihr, sich selbst so zu sehen, wie sie wirklich ist – als einen starken, prächtigen, intelligenten und wertvollen Menschen. Daß sie als Baby weggegeben worden war, konnte ihren Wert als Frau nicht mindern. Doch war sie auch hier gescheit genug, um sich selbst als „bunte Mischung“ aufzufassen. Sie bedurfte der Vergebung ebensosehr wie des Lobes.

Als letztes kam sie zu der Überzeugung, Gott habe ihrer unsichtbaren Mutter jedes Unrecht vergeben, das sie begangen haben mochte. Und wenn Gott ihrer leiblichen Mutter vergeben konnte, warum sollte Cathy ihr nicht auch vergeben? Und warum sollte sie sich obendrein nicht selbst vergeben?

Ich möchte nicht den Eindruck vermitteln, als sei es Cathy leichtgefallen, zu Freiheit und innerem Frieden zu gelangen. Aber sie hat es geschafft! Sie bewältigte eine der schwierigsten Aufgaben auf dem ganzen

Gebiet des Vergebens: Sie vergab der unsichtbaren Person, die sie zur Welt brachte und dann an uns weggab.

Doris und mir ist es irgendwie gelungen, drei angenommene Kinder großzuziehen. Jedes von ihnen hat die Herausforderung des Vergebens auf seine eigene Art gemeistert. Bei keinem von ihnen geschah es auf die gleiche Weise wie bei den anderen. Aber jedes Kind hat mir deutlich vor Augen geführt, daß es gegen den Schmerz, als Kind weggegeben worden zu sein, nur ein Gegenmittel gibt: das Vergeben.

Der unsichtbare Geist einer Organisation

Manchmal verstecken sich Menschen hinter Organisationen und verletzen uns mit ihren Institutionen und Systemen.

Ihre Gesichter sind hinter Schreibtischen und Türen von Vorstandszimmern, hinter lächelnden Sekretärinnen und Sitzungsprotokollen verborgen.

Es geht hier um die unsichtbaren Menschen, denen wir vergeben müssen, wenn eine Organisation uns verletzt und wir die Organisation dafür hassen.

Bei Robert war es die Textilfabrik, für die er seit 25 Jahren arbeitete, ohne auch nur einen Tag krankzufeiern. Als das Unternehmen der billigen Arbeitskräfte wegen umzog, wurde er entlassen – ohne Rente.

Karl wurde befördert, aber an seinem neuen Arbeitsplatz gab es bald soviel zu tun, daß es seine Kräfte überstieg. Er hatte 20 Jahre – die besten seines Lebens – in das Unternehmen investiert, aber jetzt wurde er gefeuert, obwohl er in seinem Alter kaum Aussichten hatte, von einer anderen Firma übernommen zu werden. Hinzu kam, daß man zwei Mitarbeiter einstellte, um das Pensum zu bewältigen, das man von Karl allein verlangt hatte.

Einigen Menschen ergeht es wesentlich schlechter.

Organisationen kennen wenig Gnade. Sie können dich niederschlagen und in Stücke reißen und das, was von dir übrigbleibt, auf die Straße hinauswerfen. Und kurz bevor du hinausfliegst, reichen sie dir einen Verdienstorden mit eingraviertem Namen im Wert von zehn Mark, um sich dankbar zu bezeigen. Organisationen sind amoralisch. Sie können dich in deinem Blut auf der Straße liegen lassen, ohne daß ein einziges menschliches Wesen da wäre, um die Schuld dafür zu übernehmen; es ist alles „Firmenpolitik".

Und am Ende haßt man eine unpersönliche Organisation.

Aber was tun, wenn Sie eine Organisation hassen und Ihr Haß Ihren goldenen Jahren den Glanz nimmt und Sie in einen mürrischen, vielleicht bärbeißigen, aber sicherlich verletzten alten Menschen verwandelt?

Sie müssen sich innerhalb der Organisation eine lebendige, verantwortliche Person aussuchen und dieser Person (oder Personen, wenn mehrere beteiligt waren) vergeben.

Wenn Sie einer gefühllosen Firmenpolitik wegen vorzeitig entlassen wurden, sollten Sie nicht versuchen, einem unpersönlichen Unternehmen zu vergeben. Sie werden es niemals schaffen. Sie sollten sich vielmehr den stellvertretenden Geschäftsführer oder den Personalchef aussuchen, jemanden, der dafür hätte sorgen können, daß Sie gerecht behandelt wurden. Und wenn möglich, sollten Sie einen Gesprächstermin vereinbaren, damit Sie ihm persönlich gegenübertreten können. Er wird Sie wahrscheinlich mit irgendeiner „vernünftigen" Erklärung abwimmeln. Aber es ist besser, jemandem zu vergeben, dessen Namen Sie kennen und der womöglich nicht die ganze Schuld trägt, als daß Sie den Rest Ihres Lebens den Schmerz erleiden müssen, der von einem unpersönlichen System ausgeht.

Vergeuden Sie keine Energie mit dem Versuch, einer Organisation zu vergeben! Das Geheimnis des Friedens besteht darin, hinter der Firmenfassade einen persönlichen Ansprechpartner auszumachen.

Er (oder sie) wird Ihnen höchstwahrscheinlich weiszumachen versuchen, daß das System an der ganzen Sache schuld war. Aber Sie dürfen auf keinen Fall klein beigeben. Sie müssen Ihren Ansprechpartner zumindest anklagen, Verletzungen zweiten Grades verursacht zu haben. Erst wenn Sie das getan haben, dürfen Sie dem Vorstandsmitglied oder dem Vorarbeiter mit der Vollmacht, die Gott Ihnen gegeben hat, die Hand entgegenstrecken und sagen: „Ich vergebe Ihnen." Danach sind Sie auf dem besten Weg, geheilt zu werden. Nur *auf dem Weg* freilich. Aber für den Anfang reicht das.

Menschen, deren Identität verschwommen ist

Einige Menschen können sich von den Missetätern, die ihnen Schaden zufügen, kein klares Bild machen, weil die „Kamera" in ihrem Gehirn falsch eingestellt ist. Aber auch sie müssen denen, die ihnen ein Unrecht antun, vergeben.

Ich frage mich, wie geistig zurückgebliebene Kinder Menschen vergeben können, deren Identität in ihren Augen stets verschwommen ist. Ist ein Kind, das an Down-Syndrom leidet, mit einer besonderen „Fähigkeit zu vergeben“ ausgestattet?

Immer wenn ich mich frage, wie intelligent ein Mensch sein muß, um einem anderen vergeben zu können, kommt mir Toontje in den Sinn. Ich bin auf diese Geschichte nicht stolz, aber ich möchte sie dennoch erzählen, weil sie deutlich macht, wie leicht es ist, einen Menschen zu verletzen, der den, der ihn verletzt, nicht einwandfrei orten kann.

Während meines Studiums bewohnte ich zusammen mit Doris eine prächtige Zimmerflucht in einer weitläufigen Villa, die auf dem Gelände einer Nervenheilanstalt nahe dem Dorf Bennebroek in Holland steht. Das Anstaltsgelände war wie ein Park angelegt: Die gewundenen Gehwege waren von Eichen umsäumt, die Grünflächen mit Gruppen von Hyazinthen, Tulpen und Osterglocken übersät. Diese herrliche Umgebung animierte mich, jeden Vormittag einen flotten Spaziergang zu machen, der mich an den bunten Wiesen vorbei durch das Anstaltsgelände führte.

Während dieser Spaziergänge begegnete mir jeden Tag kurz vor Mittag Toontje. Toontje litt an Mikrozephalie; sein Gehirn war zu klein, um seine Welt zu organisieren oder um das Alphabet zu lernen.

Aber Toontje hatte es gelernt, einen nützlichen Dienst zu tun. Er schob einen kleinen Handwagen vor sich her, der mit seinen beiden großen Rädern leicht zu lenken war. Der Wagen hatte eine gerade Lenkstange zum Schieben und hinter den Rädern zwei Stützen, die ihn einigermaßen gerade hielten, wenn Toontje ihn abstellte. Toontje trug auch einen etwa drei Fuß langen Stock bei sich, der an einem Ende mit einer scharfen Spitze versehen war, mit der er neben den Gehwegen liegende Papierabfälle aufspießte.

Jeden Morgen sah man ihn nach zerknüllten Zigaretten- oder Kaugummiverpackungen stochern, die er zu seinem Wagen hintrug, vom Stock herunternahm und eine nach der anderen sorgfältig hineinlegte.

War er ein Stück weit gegangen, ohne irgendwelche Abfälle zu finden, so beschaffte er selbst welche. Er hielt mit seinem Wagen an, nahm ein Stück Papier heraus, trug es an den Rand des Weges und ließ es dort fallen. Dann kehrte er zum Wagen zurück, um seinen spitzen Stock zu holen, spießte das Stück Papier auf, trug es wieder zum Wagen hin und legte es mit ernster Miene hinein. Toontje nahm das Menschenrecht wahr, nützlich zu sein.

Vielleicht fragen Sie, woher Toontje wußte, daß es Zeit war, mit der Arbeit aufzuhören und zum Mittagessen in Gebäude Nummer 9 zurückzukehren. Ganz einfach. Er hatte gelernt, eine Frage zu stellen und die eine Antwort zu erkennen, die ihm als Signal diente. Er lernte die Worte: *„Hoe laat is't?"* („Wieviel Uhr ist es?") auswendig. Und wenn er die Antwort *„Twaalf Uur"* erhielt, wußte er, daß es an der Zeit war, mit seinem Handwagen umzudrehen und zurückzukehren. Darum fragte er mit seiner respektvollen, piepsigen Stimme und seiner gedehnten Sprechweise jeden, der ihm auf den Gehwegen der Anstalt entgegenkam: *„Hoe laat is't?"* Er richtete jeden Morgen an jeden dieselbe Frage.

Eines sonnigen Vormittags sah ich Toontje wieder einmal seine Stockspitze durch eine zerknüllte Zigarettenverpackung stoßen und verspürte einen niederträchtigen Impuls von der Art, die einen anständigen Menschen dazu verleiten kann, etwas sehr Gemeines zu tun.

Wie würde Toontje reagieren, wenn ich ihm seine eigene Frage stellte?

Ich würde genau den richtigen Moment abpassen müssen. Ich würde Toontje in dem Augenblick ansprechen, wenn er gerade im Begriff war, die Lippen zu schürzen, um das H von Hoe auszusprechen, und ihm schnell meine Frage stellen, ehe er selbst etwas sagen konnte.

„Hoe laat is't, Toontje?"

Er blieb wie angewurzelt stehen. Seine Hand glitt schlaff von der Lenkstange seines Wagens hinab, seine Augen weiteten sich, ins Leere starrend, und er begann zu zittern – erst seine Hände, dann sein Kopf, und zuletzt bebte sein ganzer Körper, während er mit seinem Mund zu stotternden Geräuschen ansetzte. Ganze 15 Sekunden lang zitterte er entsetzlich, dann griff er langsam nach der Lenkstange seines Wagens und schob ihn an mir vorüber, ohne mich anzusehen und ohne ein Wort zu sagen.

In dem Moment, als er zu zittern begann, erkannte ich, daß ich etwas Böses getan hatte. In meinem Hochmut hatte ich mir eingebildet, dies sei ein harmloses Spiel, vielleicht sogar ein psychologisches Experiment. Aber nachdem ich es getan hatte, wußte ich, was ich angerichtet hatte: mit einer wehrlosen Person ein unschönes Spiel getrieben und sie dadurch erniedrigt. Ich hatte an diesem meinem Bruder Verrat begangen und ein Kind Gottes zu Unrecht verletzt.

War er in der Lage, mir zu vergeben? Hatte ich bei Toontje geringere Aussichten auf Vergebung als bei einem garstigen Dr. phil.? Das Hirn dieses Mannes war so klein, daß er nicht einmal Wechselgeld zählen konnte. War er in der Lage, sich von mir und von dem, was ich ihm angetan hatte, ein klares Bild zu machen und zu merken, daß ich seine Vergebung nötig hatte? Oder kann es sein, daß er zum Ausgleich für sein kleines Hirn ein großes Herz besaß?

Ich weiß nicht, ob Toontje und all den anderen Menschen, deren geistige Fähigkeiten begrenzt sind, eine besondere Kraft zum Vergeben verliehen ist. Toontje ist vor einiger Zeit gestorben. Und ich bin mir sicher: Im Himmel hat er erfahren, was für eine Gemeinheit ich ihm an jenem Apriltag 20 Jahre zuvor angetan habe. Er hat ebenfalls eine klare Vorstellung bekommen von mir als der Person, die ihn verletzte. Ich bin mir sicher, daß er mir vergab, obwohl ich es nicht verdiente.

Wenn wir uns begegnen werden, wird er mir vielleicht zeigen, wie Menschen, die ein kleines Hirn haben, denen vergeben, die ein kleines Herz haben.

Ich denke, wir sind alle, jeder auf seine Weise, wie Toontje. Jeder ist mir im Grunde ein Rätsel, ebenso wie ich für Toontje ein Rätsel war. Ich kann mir niemals von jemand anderem ein vollständig klares Bild machen. Der undeutliche Begriff, den Toontje von mir hatte, unterscheidet sich nicht allzusehr von der bruchstückhaften Erkenntnis, die wir alle übereinander haben.

Wir alle sehen und erkennen einander schemenhaft, wie in einem blinden Spiegel.

Auch unser Vergeben ist Stückwerk.

Kapitel 7

Menschen, denen unsere Vergebung gleichgültig ist

Das Szenario des Vergebens endet nicht immer mit einer glücklichen Versöhnung. Manchmal bleibt die Geschichte in der Schwebe – dann nämlich, wenn die Reaktion auf unsere Vergebung lautet: „Ich pfeife drauf."

Wenn jemand uns verletzt und wir ihm dann auch noch egal sind, fügt er der ersten Wunde eine zweite hinzu und macht das Wunder des Vergebens sehr viel schwieriger.

Wir wollen einem Menschen nicht vergeben, der über unseren Schmerz lacht. Was das betrifft, beeilen wir uns ebensowenig, einem Menschen zu vergeben, der sich auf und davon macht und es uns überläßt, die Schnittwunden, die er unserem Leben zugefügt hat, allein zu vernähen.

Wenn jemand uns auf niederträchtige Weise verletzt, möchten wir, daß auch er leidet. Wir erwarten, daß „dieser Bösewicht" seine Schuld eingesteht; wir wollen, daß er zu Kreuze kriecht. Das altmodische Wort für das, was wir wollen, heißt *Reue.*

Aber die Menschen, die uns verletzen, sind nicht immer reumütig.

Die Frage lautet: Sollen wir ihnen trotzdem vergeben? Ist es überhaupt sinnvoll, jemandem zu vergeben, dem es lieber wäre, wir würden unsere Vergebung für uns behalten?

Ehe wir uns entscheiden, sollten wir uns darüber im klaren sein, was wir wollen. Was wollen wir, daß andere für uns tun, wenn wir sie bitten, Reue zu zeigen?

Nicht jede Verletzung erfordert Reue, ebensowenig wie jede Schnittwunde vernäht werden muß. Im Bereich zwischenmenschlicher Beziehungen gibt es zahlreiche Möglichkeiten, andere durch Gedankenlosigkeit, Sorglosigkeit und Dummheit zu verstimmen. Aber wir heben nicht jedesmal, wenn wir verletzt werden, einen Graben aus zwischen uns und dem, der uns verletzt hat. Minimalschäden lassen sich durch eine bescheidene Geste beheben, die längst nicht an Reue heranreicht: durch eine *Entschuldigung!*

Eine Entschuldigung? Welch eine Verwandlung hat dieses Wort erlebt! In der Antike war mit einer „Apologie" eine Verteidigungsrede gemeint, bei der jemand, der eines schweren Verbrechens angeklagt war, seine Unschuld beteuerte. Heute entschuldigen wir uns (engl. *to apologize*), wenn wir uns für schuldig bekennen, eine Lappalie begangen zu haben.

Vor einigen Tagen geriet meine Frau in helle Aufregung über einen groben Burschen, der sich an einer SB-Tankstelle vordrängelte. Es gab gerade einen heftigen Regenschauer. Doris hatte den vierten Platz in der Schlange, die sich vor der einzigen Dieselzapfsäule gebildet hatte. Diese Zapfsäule war von beiden Seiten her zu bedienen. Als Doris endlich an die Reihe kam, stieg sie aus dem Wagen, stellte sich mit dem Rücken zur Zapfsäule, um den Tankdeckel abzunehmen, und drehte sich dann um, um nach der Zapfpistole zu greifen. Aber ein neuer Kombi, in dem eine ganze Familie saß, fuhr auf der anderen Seite vor; der Fahrer sprang heraus, packte die Zapfpistole gerade in dem Augenblick, als Doris die Hand nach ihr ausstreckte, nahm seinen eigenen Tankdeckel ab und pfiff vor sich hin, während er volltankte.

Meine Frau sah ihm entgeistert zu, dann nahm sie sich zusammen und setzte zu einem Gegenangriff an. „Sie haben doch gesehen, daß ich vor dieser Zapfsäule Schlange stand, ehe Sie überhaupt hier waren." „Das ist mir völlig schnuppe", sagte er. „Ihre Verhaltensweise ist meiner Meinung nach verachtenswert." „Ich mache mir einen Dreck aus Ihrer Meinung." „Ihre Kinder sehen zu; ist es Ihnen denn egal, was sie denken?" „Ich habe Ihnen doch gesagt, daß es mir egal ist, was Sie denken!"

Als sie nach Hause kam, schilderte sie mir diesen Wortwechsel so, als stünde ich für jeden unhöflichen männlichen Autofahrer der Welt. „Er hätte es niemals gewagt, mir das anzutun, wenn ich ein Mann gewesen wäre!" Vermutlich nicht.

Würde eine Entschuldigung genügen? Nehmen wir an, meine Frau wäre diesem Mann eine Woche später vor derselben Zapfsäule begegnet, und er hätte sie mit den Worten vorgelassen: „Es tut mir wegen letzter

Woche leid. Die Kinder sind mir laufend auf den Wecker gefallen, und ich hatte es furchtbar eilig, nach Hause zu kommen, da ich mich sehr verspätet hatte." Ich denke, Doris hätte geschluckt und es ihm, wenn auch widerwillig, nachgesehen. Mit seiner Entschuldigung hätte sich die Sache erledigt.

Mit Entschuldigungen fetten wir das Leben ein, wenn die Lager sich abzunutzen beginnen. Eine aufrichtig gemeinte, würdevolle und zur rechten Zeit vorgetragene Entschuldigung ist ein Hofknicks vor der Anständigkeit, eine Geste, die beengten Bürgern hilft, einander mit einem Anflug von höflichem Humor zu ertragen, eine bescheidene Verbeugung, die die Auseinandersetzung in erträglichen Grenzen hält.

Desto mehr Grund also, darauf zu achten, daß niemand versucht, mit Entschuldigungen das zu erreichen, was nur die Reue bewirken kann.

Mächtige, hinterlistige Menschen benutzen Entschuldigungen, um Reue zu umgehen. Sie verüben einen Treubruch, und wenn sie dabei ertappt werden, bitten sie, ihnen ihr „Fehlurteil" nachzusehen. Sie lächeln und bringen ölige Entschuldigungen vor, obwohl ihr Vergehen nach Reue ruft. Sie kommen nur deshalb damit durch, weil wir unser Gespür für den Unterschied zwischen Reue nach einem Unrecht und Entschuldigungen wegen Stümperei verloren haben.

Auch gewöhnliche Menschen tun es. Wir begehen ein schmerzliches Unrecht, aber wenn man uns dafür zur Rechenschaft zieht, versuchen wir, mit einer allzu glatten Entschuldigung über unsere Schuld hinwegzutäuschen: „Ach, meine Liebe, du übertreibst maßlos. Aber wenn du darauf bestehst, bin ich gern bereit, mich zu entschuldigen, dann können wir die Sache vergessen." Ein geschicktes Manöver, mit dem wir den Schmerz der Reue umgehen!

Wir sollten einander nicht erlauben, ungestraft davonzukommen. Eine tiefe, unberechtigte Verletzung ist mehr als ein bloßer Fauxpas.

Wir können nicht von jedem alles hinnehmen; es gibt Verhaltensweisen, die unerträglich sind. Wenn uns jemand tief verletzt, und das zu Unrecht, wird die Sache durch eine Entschuldigung nicht aus der Welt geschafft. Eine Angelegenheit dieser Art darf nicht auf die leichte Schulter genommen werden; durch eine Entschuldigung würde sie aber nur bagatellisiert.

Wenn Jutta sich dafür entschuldigt, daß sie Verrat an Ihnen begangen hat, müssen Sie sie zwingen, Farbe zu bekennen, indem Sie ihr „Tut mir leid" in den Müllschlucker werfen. Wenn Friedhelm Lügen über Sie verbreitet, nachdem er versprochen hat, Ihr Freund zu sein, dürfen Sie keine Entschuldigungen von ihm annehmen; Sie müssen ihm klarmachen, daß er entweder der Wahrheit ins Auge sehen oder Sie in Ruhe lassen muß.

Nun denn, wenn einige Unrechtshandlungen nur durch Reue aufzuwiegen sind, müssen wir uns darüber im klaren sein, was wir wollen, wenn wir jemanden bitten, Reue zu zeigen.

Reue ist ein vierteiliger Berg. Unser Weg führt durch alle vier Ebenen. Gestatten Sie mir, sie zu benennen.

Die Ebene der Wahrnehmung

Der Augenblick des Erwachens kommt, wenn Sie Ihre Handlungsweise durch die Augen eines anderen sehen. Sie begreifen, daß seine Gefühle im Blick auf das, was Sie ihm angetan haben, berechtigt sind. Sie haben die Ebene interpersonaler Wahrnehmung erreicht.

Es ist nicht notwendig, daß Sie jede Einzelheit des Zerwürfnisses genau so beurteilen wie Ihr Gegenüber. Sie werden sich wahrscheinlich auch nach tausend Erklärungen nicht mit ihm darüber einigen, wie das alles zustande kam. Das macht nichts. Sie sehen ein, daß der andere recht hat, wenn er behauptet, daß das, was Sie ihm antaten, ungerecht, niederträchtig und unerträglich war.

Die Ebene des Empfindens

Sie schreiten jetzt von der Wahrnehmung zum Schmerz. Hier *empfinden* Sie den Schmerz, den Sie den anderen einst haben fühlen lassen. Sie bekommen Anteil an der Verletzung, die Sie ihm zugefügt haben.

Irgendwie dringen Sie in die Seele des anderen ein und teilen mit ihm sein Leid. Wenn Sie soweit sind, kommen Sie sich vor, als wären Sie draußen in der Kälte, barfuß im Schnee, eine Zeitlang in der Hölle der Verdammnis eingesperrt, die Sie verdienen. Dieser Schmerz hat einen Zunamen, und der heißt „Schuld".

Die Ebene des Beichtens

Wenn Sie in der Lage sind, dem, den Sie verletzt haben, aufrichtig mitzuteilen, daß Ihre Verhaltensweise unerträglich war und daß Sie seinen Schmerz mit ihm teilen, erreichen Sie die Ebene des Beichtens. Wenn er Ihnen glaubt, beginnen seine und Ihre Traurigkeit zu verschmelzen.

Wenn Sie beichten, tun Sie mehr, als Ihre Schuld zugeben. Manchmal gehen Verbrecher Polizisten auf den Leim und geben Straftaten zu, die sie nicht länger leugnen können; Rechtsanwälte sprechen dann von einem Geständnis, aber das ist es nicht, wovon hier die Rede ist. Terroristen riskieren alles, um sich zu den brutalsten Verbrechen zu bekennen; aber damit haben sie noch lange nicht gebeichtet.

Mit dem Begriff Beichten ist auch nicht gemeint, daß wir eine Sache ausplaudern. Berühmtheiten legen keine Beichte ab, wenn sie Ghostwriter engagieren, um ihre privaten Geschichtchen weitererzählen zu können. Man beichtet nicht um des Gewinns willen, den man dabei erzielen kann, sondern damit man heil wird.

Wenn Sie einem anderen Menschen gegenüber beichten, geben Sie nicht nur zu, daß Sie irgend etwas getan haben. Sie geben vielmehr dem, dem Sie Schmerzen zugefügt haben, zu verstehen, daß auch Sie Schmerzen empfinden, und zwar die gleichen Schmerzen, die Sie ihm zugefügt haben. Und Sie bitten ihn herzlich um Vergebung.

Ich weiß, daß es furchtbar schwer ist, unsere Schuld vor einem Freund einzugestehen. Es ist wesentlich leichter, vor Gott zu beichten als vor einem verwundeten Bruder. Und je tiefer wir ihn verletzt haben, desto schwerer fällt es uns, vor ihm unsere Schuld einzugestehen.

Wenn Sie in diesem Sinne beichten, legen Sie sich hilflos in die Hände dessen, den Sie verletzt haben, vertrauen ihm ihr ureigenes Selbst an und bringen, abgesehen von Ihrer Hoffnung als Zeichen der Liebe, nichts mit. Das Beichten ist der Aufschrei eines Herzens im Zerbruch.

Die Ebene des Versprechens

Wenn Sie die Unbilligkeit dessen, was Sie getan haben, einsehen und auch wirklich empfinden, verspüren Sie das leidenschaftliche Bedürfnis, den anderen nicht wieder zu verletzen. Darum geben Sie ihm ein Versprechen.

Wie können Sie erwarten, daß jemand Ihre Beichte ernst nimmt, wenn Sie ihm nicht versichern, daß es nicht in Ihrer Absicht liegt, Ihre Beziehung mit weiteren unberechtigten Schmerzen zu belasten?

Sie können ihm keine Garantie geben; auch die besten Menschen lösen ihre Versprechen nicht immer ein. Wer verletzt worden ist, sollte jedoch mindestens eine aufrichtige *Absichtserklärung* verlangen.

Das sind also die vier Ebenen der Reue: *Wahrnehmung, Empfinden, Beichten* und *Versprechen.*

Es scheint richtig, daß Menschen, die wollen, daß wir ihnen vergeben, uns ein Zeichen ihrer Reue geben.

Die meisten unter uns haben bei der Lektüre des Gleichnisses vom verlorenen Sohn ein gutes Gefühl, wenn der Sohn zu seinem versöhnungsbereiten Vater sagt: „Ich bin nicht würdig." Verändern Sie jedoch das Szenario. Stellen Sie sich vor, der Sohn kommt nach Hause stolziert und verkündet: „Ich habe mich entschlossen, allen einen Gefallen zu tun und meinen alten Platz im Kreis der Familie wieder einzunehmen." Das lassen wir so nicht durchgehen. Wir möchten, daß er beim ursprünglichen Text bleibt: „Ich verdiene es nicht einmal, dein Knecht zu sein."

Da ist beispielsweise Marmeladow. Dostojewski erzählt von ihm in seinem Roman *Schuld und Sühne.*

Marmeladow war ein widerlicher Säufer, der jeden, der ihn liebhatte, ins Verderben zog. Er schickte seine engelhafte Tochter Sofja auf den Strich, damit sie für seine Trinkerei aufkäme. Er stahl seiner geduldig leidenden Frau Katerina das Geld aus der Haushaltskasse.

Aber Marmeladow rechnete fest damit, daß ein gnädiger Gott ihn zum Schluß liebevoll in die Arme schließen würde. Anständige Leute verhöhnten ihn um dieser seiner Hoffnung willen und schalten ihn eine Laus, weil er sich anmaßte, das Erbarmen des Herrn für sich in Anspruch zu nehmen. Woher nahm diese abscheuliche Ratte das Recht zu glauben, er habe eine himmlische Wohnung verdient, die für ihn bereitet sei?

Ja, sagte Marmeladow, eben darin liege das Geheimnis: Er wisse, daß er sie nicht verdiene. Er hatte ein Gesicht gehabt, in dem er sah, wie Gott alle reuigen Sünder der Welt bei sich willkommen hieß. „‚Kommet her, ihr Säufer, kommet her, ihr Willensschwachen, kommet her, ihr Schamlosen!' Und wir werden alle ... vor ihn hintreten. Und er wird sagen: ‚Schweine seid ihr ..., aber kommet auch ihr zu mir!' Da werden die Weisen ... sprechen: ‚Herr, warum nimmst du diese auf?' Und er wird sagen: ‚Darum nehme ich sie auf, ihr Weisen, darum nehme ich sie auf, ihr Klugen, weil auch nicht einer von ihnen sich dessen selbst für würdig gehalten hat ...'"[1].

Die Kunst, mit einem Menschen, den wir in gemeiner Weise hintergangen haben, die Gemeinschaft zu erneuern, besteht in dem Wissen, daß wir diese Gemeinschaft nicht verdienen. Wir müssen *wissen,* daß wir unwürdig sind. Und wie Marmeladow müssen wir es zugeben. Wenn wir einen anderen verletzt haben, sollten wir darüber Buße tun. Aufrichtige Reue ist beim Vergeben das einzig angemessene Entrée.

Nehmen wir aber an, daß wir selbst verletzt worden sind. Müssen wir Reue als Vorbedingung *fordern,* ehe wir dem, der uns verletzt hat, vergeben können? Sollten wir uns mit dem Vergeben zurückhalten, wenn der andere sich mit der Reue zurückhält?

Nach dem zu urteilen, was wir in der Bibel lesen, bleibt Gott in diesem Punkt unnachgiebig. Als Jesus seine Jünger aussandte, um der Welt zu verkünden, daß Gott vergibt, gebot er ihnen, die Menschen zur *Buße* aufzufordern. Dem Beispiel Jesu folgend, legte der Apostel Petrus die Karten offen auf den Tisch: „Tut Buße, damit euch die Sünden vergeben werden können."

Warum? Warum müssen wir Buße tun, wenn wir wollen, daß uns vergeben wird?

Ich glaube nicht, daß Gott will, daß wir vor ihm herumkriechen, nur damit er das Vergnügen hat, uns schwitzen zu sehen.

Ich vermute eher, daß Gott uns zur Buße auffordert, weil nicht er, sondern *wir* diese Bedingung brauchen. Gott will nicht nur, daß uns in *seinem* Herzen und *seinem* Sinn vergeben wird, sondern auch, daß wir in *unserem* Herzen und *unserem* Sinn fühlen, daß uns vergeben ist. Er möchte ein *ehrliches* Zusammenkommen mit seinen Kindern. Die Forderung nach Buße ist nur ein Mittel, *Wahrhaftigkeit* von uns zu verlangen.

Aber wie steht es mit uns Sterblichen?

Sollten wir unsere Vergebung an jemanden verschwenden, der sie gar nicht haben will? Oder zugeben, daß er ihrer bedarf? Würden wir damit nicht unsere Perle vor die Säue werfen? Gibt es Vergebung für die Unbußfertigen? Wir wollen uns etwas näher damit befassen.

Mir scheint, daß der Realismus uns nahelegt, denen zu vergeben, die uns verletzt haben, ganz gleich, ob sie ihre Tat bereuen oder nicht.

Erstens läßt die Zeit nicht zu, daß andere für immer in unserer Nähe bleiben. Vielleicht sterben sie, ehe sie dazu kommen, Reue zu zeigen. Wir sollten ihnen trotzdem vergeben.

Zweitens müssen wir zulassen, daß die anderen für ihr eigenes Leben Verantwortung tragen. Wir können sie nicht *zwingen,* Reue zu zeigen; wir können sie nicht wie einen Hund an der Leine zu uns zurückziehen. Sollen sie es doch selbst verantworten, wenn sie uns fernbleiben! Aber warum sollten wir zulassen, daß sie uns vom Heilwerden abhalten?

Den Unbußfertigen müssen wir also um unserer selbst willen vergeben. Wir müssen denen verzeihen, die auf unsere Vergebung pfeifen – wenn nur aus dem Grunde, daß wir sonst im eigenen Elend ertrinken würden. Lassen Sie den anderen auf sich selbst aufpassen!

Ich liebe einen Gedanken aus einer jüdischen Schrift der Antike, den sogenannten *Testamenten der Zwölf Patriarchen:* „Wenn ein Mensch wider dich sündigt, ... so er Buße tut und beichtet, vergib ihm ... Aber wenn er schamlos ist und bei seinem üblen Treiben bleibt, vergib ihm auch dann von Herzen und überlaß es Gott, dich zu rächen."

Überlassen Sie Gott die Rache! Nur so, denke ich, können wir mit Menschen fertig werden, die uns verletzen und denen wir hinterher egal sind.

Den Höhepunkt des Vergebens kann man nur zu zweit erleben, das weiß ich. Aber das Vergeben kann auch ohne Höhepunkt für Sie eine Realität sein. Um etwas zu genießen, müssen Sie es nicht ganz haben. Auch wenn aus einer Blüte nie eine Blume wird, besitzt sie echte Schönheit. Eine Kletterpartie kann auch dann erfolgreich sein, wenn wir den Gipfel des Berges nicht erreichen. Unsere Vergebung ist auch dann echt, wenn es nicht zur vierten Phase, der Versöhnung, kommt.

Sollten Sie sich dazu verurteilen, auf der Rolltreppe des Hasses zu bleiben, nur weil der, dem Sie vergeben müssen, nicht an Ihrer Vergebung interessiert ist?

Zurück zu den Grundlagen! Das Vergeben ist ein Prozeß. Dazu gehört die Heilung der Erinnerungen. Wenn den Menschen, denen Sie vergeben müssen, Ihre Vergebung gleichgültig ist, dann lassen Sie sie doch! Sie aber können einen Alleinflug in die Freiheit wagen.

Anmerkung:

[1] Fjodor M. Dostojewski, *Schuld und Sühne.* Aus dem Russischen von Hermann Röhl (Frankfurt am Main: Insel-Verlag, 1986), S. 35f.

Kapitel 8

Wir selbst

Wagen Sie es, die Person, die Sie heute sind, aus dem Schatten des Unrechts, das Sie gestern begangen haben, zu befreien?

Wagen Sie es, sich selbst zu vergeben?

Sich selbst zu vergeben, erfordert sehr viel Mut. Wer sind Sie aber, daß Sie die unbestreitbaren Sünden Ihrer persönlichen Geschichte abschütteln, als hätte das, was Sie früher getan haben, keinen Einfluß auf das, was Sie jetzt sind?

Woher nehmen Sie das Recht – um nicht zu sagen: die Unverschämtheit –, sich selbst zu vergeben, obwohl Sie sich vor Scham verkriechen müßten, wenn andere alles über Sie wüßten? Wie können Sie so etwas nur wagen?

Die Antwort lautet: Einzig und allein die Liebe gibt Ihnen das Recht, sich selbst zu vergeben. Sie können nur mit dem Mut, den die Liebe schenkt, sich selbst zu vergeben wagen. Die Liebe ist die alleinige Quelle Ihres Rechtes wie auch Ihres Mutes, Ihre Selbstanklagen zu ignorieren. Wenn Sie so leben, als wäre das gestrige Unrecht für Ihre heutige Selbsteinschätzung belanglos, setzen Sie auf eine Liebe, die Sie auch von der Selbstverurteilung befreit.

Ohne Aufrichtigkeit geht es allerdings nicht. Der Versuch, sich selbst zu vergeben, wäre ohne Ehrlichkeit nichts als psychologischer Hokuspokus. Die Regel lautet: Wir können uns selbst nur dann wirklich vergeben, wenn wir unserem früheren Versagen ins Auge sehen und es beim Namen nennen.

Wir müssen ein ehrliches Urteil über uns selbst wagen, damit wir vor allzu großer Selbstgefälligkeit bewahrt bleiben.

Lassen Sie mich an die vier Phasen erinnern, die wir durchlaufen, wenn wir jemandem vergeben: Wir werden verletzt; wir hassen die Person, die uns verletzt hat; wir werden heil; wir kommen wieder zusammen.

Wir alle verletzen uns selbst. Zu Unrecht – und manchmal sehr tief.

Gott allein weiß, wie sehr wir die törichten Maschen bedauern, mit denen wir uns selbst betrügen. Ich rauchte zu lange Zigaretten, jeden Tag eine Schachtel, und während ich so drauflospaffte, fürchtete ich mich vor der Zeit, in der ich mir würde eingestehen müssen: „Du Narr! Du mußt vorzeitig sterben und bist selbst daran schuld." Dann gibt es die Gelegenheiten, die wir ungenutzt haben verstreichen lassen, die Maßnahmen zur Selbstdisziplin, die wir nicht ergriffen haben, und die Abhängigkeiten, in die wir hineingerutscht sind. Sie alle können uns mit dem schuldigen Gefühl quälen, uns selbst ein Unrecht zugefügt zu haben.

Aber am lautesten schreit Ihr Herz danach, daß Sie sich den unberechtigten Schaden vergeben, den Sie anderen zugefügt haben.

Die Erinnerung an den Augenblick, als Sie einen Menschen, der Ihnen vertraute, belogen! Die Erinnerung daran, wie Sie ein Kind, das auf Sie angewiesen war, vernachlässigt haben! Die Gelegenheit, bei der Sie sich von einem Menschen, der Sie um Hilfe anrief, abwandten! Diese und tausend ähnliche Erinnerungen zwingen uns, ein ehrliches Urteil über uns selbst zu fällen.

Man muß kein schlechter Mensch sein, um Böses zu tun. Wenn nur schlechte Menschen anderen Böses zufügten, ginge es auf unserer Welt einigermaßen erträglich zu. Aber wir verletzen andere durch unsere Stümperei ebenso wie durch unsere Laster.

Je anständiger wir sind, desto heftiger empfinden wir den Schmerz über die unberechtigten Verletzungen, die wir im Leben anderer verursacht haben. Aus unserem Schmerz wird Haß. *Aus dem Schmerz, den wir anderen zufügen, erwächst der Selbsthaß, den wir empfinden, weil wir ein Unrecht begangen haben.* Wir richten und verurteilen uns selbst, zumeist im geheimen.

Einige unter uns empfinden nur *passiven* Haß gegen sich selbst. Uns fehlt lediglich die von der Liebe genährte Kraft, uns selbst zu segnen. Wir schaffen es nicht, in den Spiegel zu schauen und zu sagen: „Ich bin glücklich, daß ich lebe." Unsere Freude darüber, wir selbst zu sein, wird durch unseren passiven Selbsthaß erstickt.

Andere jedoch versinken im *aggressiven* Selbsthaß. Sie zerfleischen sich mit wütender Selbstverachtung. Der eine Teil von ihnen hält die Nase zu und stürzt den anderen Teil in ein schwarzes Loch der Verachtung. Solche Menschen sind mit sich selbst verfeindet. Und manchmal kommt es zu einer furchtbaren Tragödie – dann nämlich, wenn sie ihren Selbsthaß in die Tat umsetzen und sich umbringen.

Es kann natürlich sein, daß der Richter in Ihrem Inneren ein unverständiger Nörgler ist, der falsche Anklagen gegen Sie erhebt und Sie zu Unrecht geißelt. Andererseits kommt es des öfteren vor, daß Ihr „besseres Ich“ echte Schuld unter den Teppich der Selbstzufriedenheit kehrt. Sie betrügen sich selbst, um sich den Schmerz einer Konfrontation mit Ihren Schattenseiten zu ersparen.

Ob so oder so, Sie sollten dem Richter in Ihrem Inneren nicht zuviel Vertrauen schenken.

Immerhin: Er ist Ihr schärfster Kritiker, und Sie müssen sich mit seiner Anwesenheit abfinden.

Als nächstes ist von der *kühnen Reaktion der Liebe* zu sprechen.

Was geht vor sich, wenn Sie sich endlich vergeben?

Wenn Sie sich selbst vergeben, schreiben Sie Ihre Rolle um. Wer Sie in der gegenwärtigen Szene *sind,* wird nicht mehr von dem bestimmt, was Sie bei einem früheren Auftritt *taten.* Der Bösewicht, den Sie im ersten Akt spielten, scheidet aus, und im zweiten Akt spielen Sie einen netten Burschen.

Sie befreien sich heute vom gestrigen Szenario – und gehen dem morgigen Tag frei von Schuld entgegen.

Das passende Wort heißt hier wiederum „belanglos“. Werfen Sie einen Blick auf Ihre Vergangenheit, geben Sie die häßlichen Tatsachen zu – und erklären Sie, daß diese für Ihre Gegenwart belanglos sind! Belanglos und unerheblich! Ihre eigene Vergangenheit hat keinen Einfluß mehr auf Ihre jetzige Lage – noch darauf, wie Sie sich in dieser Lage *fühlen.*

Eine Befreiung dieser Art stellt sich nicht ohne weiteres ein. Der Teil von Ihnen, der das Unrecht beging, begleitet Sie überallhin. Er winkt Ihnen aus einem Winkel Ihres Gedächtnisses zu und ruft: „Beinah geschafft, alter Knabe, was? Doch wissen wir alle beide, daß du in Wirklichkeit ein Schuft bist, nicht wahr?“ Um diesen unversöhnlichen Inquisitor, der in einer dunklen Ecke Ihres Herzens lauert, loszuwerden, bedarf es eines Wunders, das nur die Liebe bewirken kann.

Vielleicht hat niemand den qualvollen Weg eines Menschen, der sich selbst vergeben muß, besser verstanden als das russische Genie Dostojewski. In seinem Roman *Schuld und Sühne* schilderte er den Kampf, der in der Seele eines Mörders namens Rodion Raskolnikow tobte, bis er imstande war, sich selbst zu vergeben.

Raskolnikow tat etwas denkbar Böses. Er ermordete auf brutale Weise eine hilflose Frau, eine alte Pfandleiherin – sicherlich eine jämmerliche

Gestalt, geizig und gemein, aber dennoch unschuldig. Raskolnikows Schuld war erschütternd.

Niemand kann eine solche Schuld allein tragen, jedenfalls nicht lange. Früher oder später muß man darüber reden. Raskolnikow fand ein Mädchen, einen Engel namens Sofja, und legte vor ihr eine Beichte ab. Er sagte ihr alles.

Sie überredete ihn, sich selbst bei der Polizei anzuzeigen, und zuletzt tat er es. Er wurde nach Sibirien ins Gefängnis geschickt.

Sofja, die ihn liebte, folgte ihm dorthin und wartete darauf, daß er sich selbst vergab. Nur so würde er die Freiheit finden, ihre Liebe anzunehmen.

Aber Raskolnikow konnte sich nicht vergeben. Statt dessen versuchte er, sich zu entschuldigen.

Er sagte, er sei aufgrund einer Fügung des Schicksals zugrunde gegangen; er sei vorherbestimmt gewesen, die alte Frau zu töten. Außerdem, war seine Tat denn wirklich so böse? Hat nicht Napoleon ähnliches getan? Und ihm hat man doch Denkmäler gebaut! Mit klugen Argumenten wie diesen entschuldigte er sich. Er nannte tiefsinnige Gründe, warum ihm keine Schuld anzulasten sei.

Raskolnikow *wagte es nicht, schuldig zu sein.*

„Oh, wie glücklich wäre er gewesen“, schrieb Dostojewski, „wenn er sich selbst hätte eine Schuld beimessen können! Dann hätte er alles gern ertragen, auch Schande und Schmach.“

Dennoch bekam Raskolnikow ab und zu einen flüchtigen Einblick in „den tiefen Irrtum in seinem ganzen Wesen“. Tief in seinem Inneren wußte er, daß er sich selbst belog.

Und zuletzt geschah es. Wie es geschah, wußte er nicht. Er warf sich zu Sofjas Füßen nieder und nahm ihre Liebe an. „Er weinte und umschlang ihre Knie.“ Er hatte endlich die Kraft bekommen, sie zu lieben. Und seine Liebe machte deutlich, daß das Wunder sich wirklich ereignet hatte: Er hatte sich selbst vergeben.

Sich selbst vergeben? Sich ein solches Verbrechen – einen kaltblütigen Mord – vergeben? Ja. „Alles, selbst sein Verbrechen, selbst die Verurteilung und die Verschickung zur Zwangsarbeit erschien ihm jetzt ... wie ein äußerliches, seltsames Ereignis, ja, wie *etwas, das gar nicht ihm selbst zugestoßen sei*“[d].

Befreit! Befreit durch die Entdeckung, daß seine schreckliche Vergangenheit für das, was er jetzt war und was er in Zukunft sein würde, belanglos war. Er war frei von Selbstverurteilung und daher auch frei zu lieben.

Raskolnikow ist ein hervorragendes Beispiel dafür, daß auch der Schlimmste unter uns die Kraft erlangen kann, sich selbst zu befreien.

Als letztes ist vom Höhepunkt des Sich-selbst-Vergebens zu sprechen. Er tritt ein, wenn wir uns wieder eins mit uns selbst fühlen. Die Spaltung ist überwunden. Der Teil Ihres Selbst, der Sie so scharf verurteilt hat, umarmt Sie jetzt. Sie sind heil, ganz; Sie sind mit sich selbst zusammengekommen.

Sie geben sich dabei nicht der Selbstgefälligkeit hin. Es bekümmert Sie sehr, daß Sie einst ein Unrecht begangen haben. Und Sie möchten es nicht wieder tun. Aber Sie lassen nicht zu, daß Ihr früheres Unrecht die Person, die Sie jetzt sind, mit einem Fluch belegt. Sie bewältigen das Leben spielend. Sie haben sich erlaubt, nach Hause zurückzukehren.

Es geschieht nicht ein für allemal. Dann und wann kommt der Haß, den Sie früher empfunden haben, wieder hoch, und Sie lehnen sich wegen des von Ihnen begangenen Unrechts wieder ab. Aber dann finden Sie noch einmal zu sich selbst zurück. Und noch einmal. Und noch einmal.

Das Sich-Vergeben ist vielleicht das größte Heilungswunder überhaupt!

Aber *wie* können Sie dieses Wunder zuwege bringen?

Als erstes bedarf es der Ehrlichkeit. Ohne Ehrlichkeit ist es nicht möglich, sich selbst zu vergeben. Aufrichtigkeit – die Bereitschaft, auf Heuchelei zu verzichten und den Tatsachen ins Auge zu sehen – gehört auf jeden Fall zur geistlichen Ausrüstung, die Sie benötigen.

Ohne Aufrichtigkeit werden Sie sich der Selbstzufriedenheit hingeben. Und Selbstzufriedenheit ist nichts anderes als nachgemachte Vergebung. Einige Menschen sind eben oberflächlich – ein anderes Wort dafür gibt es nicht. Sie kratzen nur die oberste Schicht ihres seichten Geistes an und gehen vollauf zufrieden ihrem Leben nach, ohne es je zu hinterfragen. Sie erinnern eher an grasende Kühe als an ehrliche Menschen.

Der Unterschied zwischen einem selbstzufriedenen Menschen und einem Menschen, der sich selbst vergeben hat, gleicht dem Unterschied zwischen einem Menschen, der vom Kokaingenuß high ist, und einem Menschen, der einen echten Grund hat, sich glücklich zu fühlen.

Als nächstes brauchen Sie einen kühlen Kopf, um der Vergebung in Ihrem Herzen Bahn zu brechen.

So müssen Sie beispielsweise den Unterschied zwischen der Selbstachtung und dem Sich-Vergeben begreifen.

Sie können die Achtung vor sich selbst erlangen, wenn Sie entdecken, daß Sie achtenswert sind – daß Sie es in der Tat wert sind, geachtet zu werden. Sich selbst zu achten, heißt, in Ihrem tiefsten Inneren zu fühlen, daß Sie eine prächtige, in jeder Hinsicht begehrenswerte Gottesgabe sind, ein Kunstwerk Gottes, ein Geschöpf von atemberaubender Schönheit.

Manchmal erlangen Sie erst dann die Achtung vor sich selbst, wenn Sie sich mit dem schlechten Blatt abgefunden haben, das Ihnen im Kartenspiel des Lebens zugeteilt wurde.

Ich kenne einen Mann, der an der Krankheit leidet, die man grausamerweise als Elefantiasis bezeichnet. Das ist ein schweres Blatt zum Ausspielen – aber das einzige, das er besitzt. Er hat es mittlerweile gelernt, seinen Blick auf die gutaussehende Person zu richten, die unter seiner unförmig verdickten Haut steckt, und achtet nun sich selbst um dessentwillen, was er ist. Kim hingegen ist ein gutaussehendes Adoptivkind. Aber ihre leibliche Mutter hat ihr eine genetische Krankheit vererbt. Kim ist gerade deshalb, weil sie so ist, wie sie ist, entschlossen, sich selbst als ein unvorstellbar prächtiges Gottesgeschenk anzunehmen – und das trotz der schlechten Karten, die sie erhalten hat.

Selig sind, die sich selbst achten, denn sie haben die Schönheit ihrer eigenen Seele erblickt.

Aber *Selbstachtung und das Sich-Vergeben sind nicht dasselbe.* Sie bekommen Achtung vor sich selbst, wenn Sie Ihre eigene Vortrefflichkeit entdecken. Sie vergeben sich, nachdem Sie Ihre Fehler entdeckt haben. Sie achten sich selbst, weil Sie ein guter Mensch sind. Sie vergeben sich, weil Sie Böses getan haben.

Wenn Sie den Unterschied nicht begreifen, können Sie sich tausendmal „Bravo!" zurufen, ohne jemals zum Augenblick des Sich-Vergebens vorzudringen. Darum brauchen Sie einen kühlen Kopf, damit Sie sich darüber im klaren sind, was Sie tun.

Sie brauchen auch Mut. Das Sich-Vergeben ist das größte Wagnis, das die Liebe eingehen kann.

Es kostet viel Mut, sich selbst zu vergeben. Das liegt zum Teil an der Einstellung anderer. Selbstgerechte Menschen wollen nicht, daß Sie sich selbst vergeben, sondern daß Sie für immer unter dem schwarzen Schirm bleibender Scham einhergehen.

Ich verstehe diese Menschen; ich selbst bin einer von ihnen. Es gibt etwas in meinem Inneren, das von einem Missetäter, insbesondere von einem berühmten Missetäter, verlangt, daß er Zurückhaltung übt, den letzten Platz in der Schlange einnimmt und mit sanfter Stimme spricht. Ich möchte, daß er ein wenig – vielleicht mehr als ein wenig – zu Kreuze kriecht.

Darum: Wenn Sie wie jemand gehen und sprechen, der zwischen seiner mit Sünde beladenen Vergangenheit und seinem gegenwärtigen Selbstbild eine scharfe Trennung vorgenommen hat, brauchen Sie Mut, damit Sie der selbstgerechten Menge entgegentreten können.

Als nächstes müssen Sie sich konkret ausdrücken.

Sie versinken im Schlamm der Selbstverurteilung, weil Sie es versäumen, das Kind beim Namen zu nennen. Es wird Ihnen kaum gelingen, sich selbst zu vergeben, wenn Sie das Unrecht, das Sie begangen haben, nicht konkret benennen.

So versuchen beispielsweise viele unter uns, sich deshalb zu vergeben, weil wir Menschen eines bestimmten Schlages sind. Wir sind häßlich, gemein oder kleinlich, oder wir schwingen gern Reden; oder vielleicht sind wir zu gut, ein naiver Trottel, jedermanns willfähriger Gimpel, ein demütiger Diener all derer, die uns ausnutzen wollen.

Aber Menschen, die sich ihr „völliges Versagen" zu vergeben versuchen, sind alles andere als demütig; in Wirklichkeit sind sie so stolz, daß sie gern Götter wären. John Quincy Adams, nicht der größte, aber ein sehr guter Präsident, konnte sich selbst nicht vergeben. „Ich habe nichts geleistet", schrieb er in sein Tagebuch. „Ich habe mein Leben mit vergeblichem, eitlem Trachten vertan. Ich habe anhaltend darum gebetet, daß mein Dasein sich für die Menschheit als nützlich erweisen möge, aber meine Gebete sind nicht erhört worden." Die letzten Worte des großen Rechtsgelehrten Hugo Grotius, des Vaters des modernen internationalen Rechts, gesprochen, als er im Sterben lag, lauteten: „Ich habe mein Leben lang nichts Lohnendes vollbracht." Es hört sich demütig an, wenn Menschen diesen Typs über ihr Versagen stöhnen; aber in Wirklichkeit jammern sie, weil sie sich damit begnügen mußten, Menschen zu sein.

Darum müssen Sie sich zwingen, Farbe zu bekennen: Weshalb genau brauchen Sie Vergebung? Weil Sie letztes Jahr Ihrem Ehepartner untreu waren? Gut, daran kann man arbeiten. Weil Sie ein ziemlich übler Mensch sind? Nein, das ist zuviel. Das können Sie nicht schlucken.

Die meisten Menschen können nur eine Sache zur Zeit bewältigen. „Es ist genug, daß ein jeglicher Tag seine eigene Plage habe", sagte Jesus. Wenn wir uns mit überdimensionalen Säcken voll undifferenzierter Schuld belasten, werden wir wahrscheinlich in Verzweiflung geraten. Es wird uns nur dann gelingen, uns von der Tyrannei eines überempfindlichen Gewissens zu befreien, wenn wir uns im Blick auf unsere Missetaten ganz konkret ausdrücken und sie uns eine nach der anderen vergeben.

Als letztes müssen Sie Ihre unerhörte Tat des Sich-Vergebens mit einem verwegenen Akt der Liebe bestätigen. Woher wollen Sie ganz sicher wissen, daß Sie gegen die Schuld ein Hasardspiel riskiert und gewonnen haben, wenn Sie Ihren Gewinn nicht auf die Liebe setzen?

„Sie liebt viel, weil ihr vieles vergeben worden ist" – so erklärte Jesus die Verhaltensweise einer Frau, die es wagte, ohne Einladung in eine Abendgesellschaft hereinzuplatzen, sich Jesus zu Füßen zu werfen und eine kleine Kaskade von Liebe auszugießen.

Eine Liebestat ist ein Signal dafür, daß Sie es tatsächlich geschafft haben, die Schuld, derentwegen Sie sich verurteilt hatten, zu bewältigen. Den genauen Zeitpunkt Ihrer Selbstvergebung werden Sie nicht immer feststellen können. Es ist vielmehr so, als würden Sie bei einer Fahrt mit dem Auto an die höchste Stelle einer langen Steigung gelangen: Sie sind sich nicht sicher, ob Sie ebenes Gelände erreicht haben, aber Sie merken sofort, daß Sie die höchste Stelle passiert haben, wenn Sie aufs Gas treten und der Wagen nach vorne schießt. Eine Liebestat ist wie schnelles Beschleunigen. Wenn Sie eine freiwillige Liebestat zustande bringen, kann das für Sie ein Zeichen sein, daß Sie sich selbst wirklich vergeben haben.

Kaufen Sie „ihr" ein Geschenk! Laden Sie „ihn" zum Essen ein! Besuchen Sie einen Kranken! Umarmen Sie einen Freund, den Sie noch nie berührt haben! Schreiben Sie einen Dankesbrief! Sagen Sie Ihrem Vater, daß Sie ihn lieben! Auf diese Weise können Sie bestätigen, daß Sie das Wunder, sich selbst zu vergeben, vollbracht haben.

Die Liebe gibt Ihnen das Recht, sich selbst zu vergeben. Und sie gibt Ihnen auch die Kraft dazu. Sie können also zumindest einen Anfang machen. Vielleicht stellt sich die Heilung nur langsam ein; aber es ist besser, im Schneckentempo voranzukommen, als völlig stillzustehen, die Füße einbetoniert in Selbstanklagen.

Sich selbst zu vergeben, bedeutet, das Mysterium des Vergebenden wie des Vergebung Empfangenden in *einer* Person darzustellen. Sie richten sich selbst – das ist der Zwiespalt in Ihrem Inneren. Sie vergeben sich selbst – und überwinden dadurch die Spaltung.

Daß Sie es wagen, sich selbst durch diesen einfachen Akt zu heilen, ist für die Welt ein Signal, daß die Liebe Gottes mächtig in Ihnen wirkt.

Anmerkung:

[1] Fjodor M. Dostojewski, *Schuld und Sühne.* Aus dem Russischen von Hermann Röhl (Frankfurt am Main: Insel-Verlag, 1986), S.790.793.800f.

Kapitel 9

Scheusale

Scheusale begehen Untaten, die so entsetzlich sind, daß sie einem gewöhnlichen Sterblichen nicht im Traum einfallen würden. Es kann sich um gewaltige Titanen handeln, die ganze Völker mit Füßen treten, oder um kriechende Würmer, die kleine Kinder zur Prostitution verführen. Gleich, ob Giganten oder Unholde, sie verletzen andere so schwer, daß sie sich möglicherweise für immer von der Vergebung ihrer Mitmenschen ausschließen.

Was macht das Treiben dieser Scheusale so schrecklich, daß es ihnen, wie es scheint, nicht vergeben werden kann? Manchmal liegt es an seiner Sinnlosigkeit – so beispielsweise, wenn Jugendliche bei einer Spritztour unter Drogeneinfluß ein auf dem Gehweg spielendes Kind totfahren. Manchmal liegt es aber an der unvorstellbaren Scheußlichkeit der Tat – wie im Falle von Jim Jones, der eine ganze Gemeinde einer Gehirnwäsche unterzog, so daß es zu einem Massenselbstmord kam. Es gibt womöglich weitere Gründe, einen Menschen als so verabscheuenswürdig einzustufen, daß man ihm nicht vergeben kann; aber die bereits genannten reichen schon aus, um uns neugierig zu machen.

Haben einige Menschen die Grenzen des Vergebbaren überschritten? Und wenn ja, woher wollen wir es wissen?

Es gibt in der Tat mindestens *einen* überzeugenden Grund, furchtbaren Übeltätern die Vergebung zu verweigern.

Man fürchtet, daß unser Horror vor abscheulichen Untaten abnimmt, wenn wir sie verzeihen. Die Vergebung könnte sie weniger gräßlich erscheinen lassen. Das hätte zur Folge, daß eine tolerante menschliche Gesellschaft Böses zu schlucken und zu verdauen beginnt, während das Leben seinen gewohnten Gang geht.

Die Schriftstellerin Cynthia Ozick hat sich einmal, von leidenschaftlicher Aufrichtigkeit motiviert, folgendermaßen geäußert: Wer Scheusalen vergebe, der „verwischt die Konturen des Leidens und des Todes. Vergebung dieser Art ertränkt die Vergangenheit. Sie fördert die Sensibilität gegenüber dem Mörder auf Kosten der Sensibilität gegenüber dem Opfer."

Cynthia Ozick bringt die Angelegenheit genau dorthin, wo sie hingehört: vor das Tribunal der Solidarität mit den Leidenden. Dennoch bin ich der ehrlichen Überzeugung, daß man die Sache auch aus einem anderen Blickwinkel betrachten kann.

Das Böse wird durch das Vergeben nicht beschönigt. Das riesige Ausmaß einer schrecklichen Untat wird durch das Vergeben um keinen Millimeter verringert. Im Gegenteil: Es gibt kein echtes Vergeben, ohne daß zuvor eine schonungslose Bloßstellung stattfindet und ein ehrliches Urteil gefällt wird. Wenn wir eine böse Tat vergeben, bedeutet das keineswegs, daß wir sie entschuldigen, sie dulden oder sie vertuschen. Wir sehen vielmehr dem Übel direkt in die Augen, nennen es beim Namen und lassen zu, daß es uns schockiert und mit Grauen erfüllt, uns niederschmettert und wütend macht. Erst dann vergeben wir es.

Hinzu kommt, daß das Ausmaß eines Übels nicht bloß eine Frage der *Quantität* ist.

So wird beispielsweise Schmerz nicht nur daran gemessen, *wie viele* Menschen darunter zu leiden haben. Angenommen, es befinden sich zwei Menschen in einem Raum, und einer von ihnen hat rasende Kopfschmerzen. Wenn nun die zweite Person auch Kopfschmerzen bekommt, kann man auf keinen Fall von der doppelten Menge an Kopfweh sprechen.

Wenn jemand Verrat an Ihnen übt, empfinden Sie *für sich allein* den ganzen Schmerz, den der Verrat seit jeher verursacht hat. Wir können den Schmerz, der in 100 Fällen von Verrat ausgelöst wurde, ebensowenig zusammenaddieren, wie wir diesen Schmerz auf die Menschen, an denen Verrat begangen wurde, aufteilen können. Jedes einzelne Opfer empfindet den Verrat in vollem Umfang, auch wenn neben ihm eine Million Menschen verraten werden.

Eine Frau, die vergewaltigt worden ist, fragt sich nicht, ob einem Mann, der böse genug gewesen ist, um 100 Frauen zu vergewaltigen, vergeben werden kann. Sie fragt sich, ob sie dem Mann vergeben kann, der *sie* vergewaltigt hat.

Und gesetzt den Fall, das Böse ließe sich zahlenmäßig erfassen – woher würden wir es wissen, wenn ein Verbrecher die Grenzen des Vergebbaren überschritten hätte? Würden wir es etwa instinktiv merken? Würden wir eine UN-Kommission berufen, um die Vergebbarkeit von Greueltaten zu untersuchen? Oder ein Philosophengremium der Harvard University konsultieren? Niemals! Es wäre besser, einen Menschen zu Rate zu ziehen, der nie eine Schule besucht hat, aber selbst tief verletzt und später von seinem unberechtigten Schmerz geheilt worden ist.

Hinzu kommt noch: Wenn wir behaupten, Scheusalen könne nicht vergeben werden, räumen wir ihnen eine Macht ein, über die sie niemals verfügen sollten. Scheusalen, die zu böse sind, als daß man ihnen vergeben könnte, sind ihre Opfer auf Gedeih und Verderb ausgeliefert. Scheusale können ihre Opfer zu lebenslänglichem, unheilbarem Schmerz verurteilen. Unmenschen, denen man nicht vergeben darf, haben die Macht, ihre Bosheit im Herzen derer, die am meisten darunter leiden, am Leben zu erhalten. Wir geben ihnen die Macht, ihre Opfer dazu zu verurteilen, sich ihr Leben lang mit der Erinnerung an ihre schmerzvolle Vergangenheit zu quälen. Wir geben den Scheusalen das letzte Wort.

Es gibt noch eine letzte Ironie. Wenn wir Scheusalen die Vergebung verweigern, kommen wir ihren Wünschen entgegen.

Scheusale wollen nicht, daß man ihnen vergibt. Sie wollen, daß man sie in Ruhe läßt, damit sie sich vor den Augen der Welt rechtfertigen können. Beinahe jeder nationalsozialistische Parteibonze träumte noch während seiner Verurteilung in Nürnberg davon, daß die Deutschen eines Tages ihm zu Ehren eine Statue errichten würden.

Wenn wir Ungeheuern die Vergebung verweigern, erreichen wir im Endeffekt genau das Gegenteil dessen, was wir beabsichtigen: Wir sind grausam zu ihren Opfern und kommen den Wünschen der Scheusale entgegen.

Betrachten Sie aus nur noch *einem* Blickwinkel, wie wir unsere Ziele vereiteln, wenn wir behaupten, ein Mensch sei zu böse, als daß man ihm vergeben könne.

Wenn wir erklären, ein böser Mensch habe die Grenzen des Vergebbaren überschritten, verwandeln wir ihn in ein Scheusal, das die Vergebung nicht *einmal* benötigt – denn ein Scheusal wird dadurch, daß man es zum „Unmenschen" abstempelt, jeglicher menschlichen Verantwortung enthoben. Das wird stets das paradoxe Ergebnis sein, wenn wir einen Menschen für „absolut böse" erklären.

Wir wollen eine Weile darüber nachdenken, damit uns dieser Punkt wirklich einleuchtet.

Denken wir beispielsweise an Adolf Eichmann, einen der führenden Köpfe hinter dem Holocaust. Das Verbrechen, das Eichmann organisierte, war so grauenvoll, daß noch niemand seine ganze Scheußlichkeit erfaßt hat. Eichmann wurde von einem israelischen Gericht der „Verbrechen gegen die Menschlichkeit" für schuldig befunden und in Jerusalem gehängt.

War es möglich, Eichmann zu vergeben?

Hannah Arendt fuhr nach Jerusalem, um über den Eichmann-Prozeß Bericht zu erstatten. Sie beobachtete diesen Mann, hörte ihm zu, stellte Nachforschungen über sein Leben an und studierte ihn aufs sorgfältigste. Dann schrieb sie ein Buch mit dem Titel: *Eichmann in Jerusalem. Ein Bericht von der Banalität des Bösen*[1].

Banalität? *Dieses* Bösen? Mit Banalität bringen wir Begriffe wie leer, hohl, nichtssagend, platt, seicht oder langweilig in Verbindung. Wie konnte Hannah Arendt von Eichmann und seinen entsetzlichen Untaten auf diese Weise sprechen?

Sie wollte nicht behaupten, das von Eichmann begangene Unrecht sei nicht besonders schlimm. Sie wollte vielmehr zum Ausdruck bringen, daß Eichmann kein Übermensch war. Er war nicht einmal ein übermenschliches Scheusal. Er war ein hohlköpfiger, langweiliger, oberflächlicher, gewöhnlicher Mann, der seine menschliche Gewissensfreiheit dazu mißbrauchte, sich zum menschlichen Werkzeug der nationalsozialistischen Maschine zu machen.

Einige Menschen fanden Hannah Arendts Wort von der „Banalität des Bösen" unerhört. Ich frage mich jedoch, ob diese Menschen nicht einer anderen Versuchung erlegen sind. Haben sie Eichmanns Bosheit nicht selbst zu etwas Übermenschlichem deklariert? Haben sie Eichmann nicht zu einem bösen Gott gemacht?

Ich denke, sie haben Eichmanns Bosheit in der Tat übermenschlichen Status verliehen. Eichmann wurde so zum unverdünnten Konzentrat allen Übels, zur absoluten Quintessenz des Bösen, gleich dem Teufel selbst. Er wurde zu einem bösen Gott; sein Menschsein verkam zu einer bloßen Maske, hinter der sich das schlechthin Böse verbarg, das nur Götter zuwege zu bringen vermögen.

Wenn wir Eichmann in ein Scheusal verwandeln, dem man nicht vergeben darf, befreien wir ihn von der Notwendigkeit, sich als Mensch für sein Tun zu verantworten. Er befindet sich dann *jenseits von Gut und Böse.*

Dem Teufel vergibt keiner. Warum nicht? Weil er *jenseits* des Kampfes zwischen Gut und Böse ist. Er ist das Böse schlechthin, und deshalb verweigern wir ihm die Möglichkeit, Vergebung zu empfangen.

Welch ein Paradox!

Also vertilgen wir Adolf Eichmann wie Ungeziefer. Wir schlagen ihn tot wie einen tödlichen Moskito. Wir schießen ihn nieder wie ein Raubtier, das durchs Dorf streift. Wir richten ihn nicht wie einen verantwortlichen Menschen, sondern liquidieren ihn als einen Unmenschen.

In Wirklichkeit verüben sehr gewöhnliche Menschen außergewöhnlich üble Verbrechen. Wir müssen sie zur Rechenschaft ziehen, ja – und ihnen, wenn irgend möglich, vergeben, weil sie für ihre Taten verantwortlich sind. Und weil wir selbst der Heilung bedürfen.

Ist Vergeben ein Heilmittel für die Wunden, die uns in einer schmerzvollen Vergangenheit zugefügt wurden? Dann dürfen wir *niemandem* die Möglichkeit verweigern, Vergebung zu empfangen – sonst würden wir dem Opfer die Gelegenheit nehmen, durch Vergeben heil zu werden.

Die Liebe macht es dem Vergebenden möglich, sich in kreativer Weise über *sämtliche* Regeln der „ausgleichenden Gerechtigkeit" hinwegzusetzen.

Aber wie steht es um die *Fähigkeit* des Opfers zu vergeben? Kann ein Mensch, der einem Scheusal zum Opfer gefallen ist, diesem wirklich vergeben? Diese Frage steht auf einem ganz anderen Blatt.

Die Antwort kommt nicht mit dem Wind hergeweht, und nicht jeder kann sie hören. Sie ist allein dem Herzen eines Menschen zu entnehmen, der jahrelang oder zumindest für einige höllische Augenblicke von einem Scheusal brutal mißhandelt wurde. Weder ich noch irgend jemand, der nicht selbst das Opfer einer von Scheusalen verübten Greueltat ist, kann eine Antwort geben. Eine Antwort können nur Menschen geben, die ein Scheusal mit eigenen Augen gesehen und seine Bosheit im eigenen Leben zu spüren bekommen haben.

Die Antwort, die heilende Kraft freisetzt, entspringt möglicherweise nicht dem Verstand. Vermutlich kann sie sich nur dem von Schmerzen geplagten, aber zuletzt von Hoffnung durchdrungenen Herzen entringen.

Anmerkung:

[1] Hannah Arendt, *Eichmann in Jerusalem. Ein Bericht von der Banalität des Bösen* (München: R. Piper, 1986).

Kapitel 10

Gott

Es gibt eine uralte Geschichte über einen Schneider, der, nachdem er sein Gebet verrichtet hat, beim Verlassen der Synagoge einem Rabbiner begegnet.

„Na, was hast du in der Synagoge zu schaffen gehabt, Lew Aschram?" fragt der Rabbiner.

„Ich habe dort gebetet, Rabbi."

„Fein! Und hast du auch deine Sünden bekannt?"

„Ja, Rabbi, ich habe meine kleinen Sünden bekannt."

„Deine kleinen Sünden?"

„Ja, ich habe bekannt, daß ich manchmal beim Abschneiden der gewünschten Stoffmenge schummele, daß ich beim Meter Wollstoff einige Zentimeter weniger abschneide."

„Das hast du zu Gott gesagt, Lew Aschram?"

„Ja, Rabbi, und noch mehr dazu. Ich habe gesagt: ‚Herr, ich schummele, wenn ich Stoff zuschneide; du aber läßt kleine Babys sterben. Doch will ich mit dir ein Abkommen treffen. Vergibst du mir meine kleinen Sünden, so will ich dir deine großen vergeben.'"

Der jüdische Schneider hat Gott gepackt und ihn zur Rechenschaft gezogen.

Harold Kushner, ein Rabbiner, erlitt den unsagbaren Schmerz, zusehen zu müssen, wie sein noch nicht einmal 15jähriger Sohn an vorzeitiger Vergreisung starb. In seinem Buch *Wenn guten Menschen Böses widerfährt* schließt Kushner von neuem die Tür unseres Herzens für folgende Frage auf: Wo ist Gott, und was tut er, wenn anständige Menschen tief und zu Unrecht verletzt werden? Kushner glaubt nicht, daß Gott daran schuld sei, wenn uns Böses widerfährt. Wir dürfen seiner Ansicht nach nicht erwarten, daß der eine Gott sich um alles kümmert. Aus diesem Grunde könnten wir mit Gott Nachsicht üben. Dessen ungeachtet fordert Kushner uns auf, Gott zu vergeben:

> Bist du bereit, Gott zu vergeben ..., auch wenn er dich im Stich gelassen und enttäuscht hat, weil er Unglück und Krankheit und Grausamkeit in seiner Welt zuläßt – und auch nicht verhindert, daß dir Böses widerfährt?[1].

Vielleicht entgegnen Sie automatisch: Gott kann man nie Schuld anlasten, darum kann man ihm auch nie vergeben. In den Psalmen steht geschrieben: „Der Herr ist gerecht in allen seinen Wegen und gnädig in allen seinen Werken." Gott muß sich niemals entschuldigen.

Unserer instinktiven Frömmigkeit wegen beeilen wir uns, Gott vor unseren eigenen Klagen in Schutz zu nehmen.

Mag sein. Dennoch sollten wir den Urschrei derer nicht unterdrücken, die das Gefühl haben, Gott habe sie im eisigen Wind des Schmerzes hängen lassen. Würde es Gott allzusehr beunruhigen, wenn wir dadurch unseren Frieden fänden, daß wir ihm das Unrecht, das uns widerfährt, vergäben? Was wäre, wenn wir einen Weg fänden, ihm zu vergeben, ohne ihm Schuld anzulasten? Eine besondere Art von Vergebung für eine besondere Art von Beziehung. Hätte er etwas dagegen?

Wir wollen es versuchen. Wir wollen uns ein wenig – mit der gebührenden Ehrfurcht, aber aufrichtig – darüber unterhalten, was es heißt, Gott zu vergeben. Erinnern Sie sich noch an die vier Phasen des Vergebens? Die ersten beiden sind das *Verletztwerden* und der *Haß*.

Die erste Phase: das Verletztwerden

Richten Sie Ihre Aufmerksamkeit ausschließlich auf Verletzungen, von denen Sie meinen, sie seien unberechtigt und tief. Versuchen Sie nicht, Gott deshalb zu vergeben, weil er Sie nicht klüger oder hübscher gemacht hat, als Sie sind. Vergeben Sie ihm nicht deshalb, weil er Ihnen nicht wohlhabendere Eltern und Gene höchster Güte zugeteilt hat. Niemandem wird alles in die Wiege gelegt.

Zudem ist doch wohl klar, daß Sie nicht versuchen sollten, Gott die

Beulen zu vergeben, die Sie sich selbst zu verdanken haben. Wenn Sie seit 20 Jahren täglich zwei Schachteln Zigaretten rauchen, brauchen Sie Gott nicht zu vergeben, wenn Sie Lungenkrebs bekommen.

Aber manchmal erleiden wir ohne ersichtlichen Grund Schlimmes, während Menschen, die weniger rechtschaffen sind, bestens zurechtkommen. Eine Frau betet zehn Jahre lang um ein Kind und bekommt keins; ein Mädchen im Teenageralter, das mit dem Sex herumexperimentiert, begibt sich leichten Herzens in eine Abtreibungsklinik, um sich dessen zu entledigen, was die Frau mehr als alles andere im Leben begehrt. Ein Mann gehorcht allen Regeln der Gesundheit und stirbt mit 35 Jahren an einem Gehirntumor; sein Freund raucht, trinkt und hat einen riesigen Schmerbauch – und wird 85. Ein wenig Hilfe von Gott käme uns da sehr gelegen.

Manchmal würde es ausreichen, wenn Gott uns ganz minimal zur Hand ginge.

In John Updikes Roman *Hasenherz* verläßt Harry Angstrom eines Abends eingeschnappt seine Wohnung; seine Frau Janice bleibt mit dem Baby zu Hause und betrinkt sich. Dann badet Janice das Baby – in der Badewanne. Aber der eingeseifte Körper des Kindes ist glitschig, und Janice' Hände gehorchen ihr nicht. Sie packt zu, aber es gelingt ihr nicht, das Kind festzuhalten. Sie greift wiederholt ins Wasser, doch das Baby gleitet ihr immer wieder weg.

Ihr verwirrter Geist wird von einer verdrehten Ahnung schrecklicher Gefahr befallen, und dann weiß sie, „daß ihr das Schlimmste widerfahren ist, was einer Frau auf dieser Welt je widerfahren kann".

Harry kommt ein paar Stunden später nach Hause und erfährt die furchtbare Wahrheit.

Er geht ins Badezimmer. Das Wasser steht noch in der Wanne, darum krempelt er den Ärmel hoch, taucht die Hand hinein und zieht den Stöpsel heraus.

Harry stöhnt: „... wie leicht das zu machen gewesen ist, aber Gott in seiner Allmacht hat nichts getan. Dabei wäre nur dieser kleine Gummistöpsel herauszuziehen gewesen".[2]

Harrys Schmerzensschrei ist beinahe überall zu hören. Manchmal werden die Stöpsel eben nicht herausgezogen, und dann fühlen wir uns splitternackt den eisigen Sturmböen ausgeliefert, die über die Winterlandschaft unserer Seele hinwegfegen.

Natürlich müssen wir das Leben auch von seiner heiteren Seite betrachten. Meistens ertrinken unsere Babys nicht in der Badewanne. Unsere Kinder erholen sich von der Grippe, fahren mit dem Fahrrad sicher durch dichten Stadtverkehr und entkommen Rauschgifthändlern und Unholden. Normalerweise bekommen wir keinen Krebs; gewöhnlich packen wir uns abends ins Bett und wachen am nächsten Morgen rechtzeitig auf, damit wir unser Leben von neuem aufs Spiel setzen können.

Aber wenn uns einmal ein Dachziegel auf den Kopf fällt, haben wir keine Lust, unser Gleichgewicht dadurch wiederherzustellen, daß wir uns an all die glücklicheren Tage erinnern. Wir wollen wissen, warum nichts unternommen wurde, um diese eine schmerzhafte Verletzung zu verhindern.

Die zweite Phase: Wir hassen Gott

Wer Gott haßt, muß entweder abgebrüht oder verwirrt sein. Wer wird schon töricht genug sein, um Gott Pech zu wünschen? Hiob hatte nicht den Mumm, den Rat seiner Frau anzunehmen: „Verfluche Gott und stirb!" Ich hätte ihn auch nicht gehabt. Gott verfluchen? Nie und nimmer!

Aber manchmal hassen wir Gott doch. Ich denke, wir tun es alle. Heimlich.

Wenn wir es nicht wagen, den Geber zu hassen, hassen wir seine Gaben. Wir hassen seine Welt. Oder wir hassen uns selbst. Wenn wir unsere Augen vor all den guten Gründen schließen, die wir hätten, glücklich zu sein; wenn uns das Gute verärgert, das unseren Freunden widerfährt; wenn unser Herz jeden fröhlichen Impuls unterdrückt – dann nähren wir einen passiven Haß gegen Gott.

Vielleicht muß man Atheist sein, um das Risiko auf sich zu nehmen, Gott unmittelbar zu hassen. Ich denke hier an Sarah, eine Frau aus Graham Greenes Roman *Das Ende einer Affäre.* Sarah glaubte an Gott mit einer solchen Hingabe, daß sie ihre Augen einfach zumachte und einen Glaubenssprung wagte. Und sie liebte die Menschen ebenso, wie sie an Gott glaubte – mit grenzenlosem Vertrauen. Aber Sarah starb zu früh, viel zu früh für eine Frau, die so innig liebte, wie sie es tat, und erst vor kurzem einen Mann gefunden hatte, der ihre Liebe erwiderte.

Ihr Geliebter haßte Gott und wagte es, seine Bosheiten Gott ins Angesicht zu schleudern.

Mit deinen erhabenen Plänen zerstörtest du unser Menschenglück wie ein Schnitter das Nest einer Feldmaus. Ich hasse dich, o Gott, ich hasse dich, als ob du existiertest.[3]

Echt gläubige Menschen verhalten sich eher wie der Prophet Jeremia. Wir wagen es nicht, Gott zu hassen, darum hassen wir statt seiner das Leben. Als Jeremia sich wirklich von Gott im Stich gelassen fühlte, wandte er sich mit seinem Haß gegen sich selbst:

Verflucht der Tag, an dem ich geboren wurde;
der Tag, an dem meine Mutter mich gebar, sei nicht gesegnet.
Verflucht der Mann, der meinem Vater die frohe Kunde brachte:
‚Ein Kind, ein Knabe ist dir geboren!', und ihn damit hoch erfreute.[4]

Haß gegen die kostbarste Gabe Gottes. Auf diese heimtückische Weise haßt der Gläubige Gott.

Vielleicht hassen Sie ihn, weil es Ihnen so vorkommt, als wäre Ihr wichtigster Freund zu Ihrem ärgsten Feind geworden. Er hätte den Gummistöpsel herausziehen können, doch schaute er zu, während das Baby ertrank. Ein Jude aus alter Zeit sagte es schon vor vielen Jahren im Buch der Klagelieder: „Wie ein Feind ist geworden der Herr ... Er hat gehäuft Jammer über Jammer".[5]

Als nächstes nehmen wir Gott in Schutz

Wir verteidigen ihn gegen unsere eigenen Anklagen.

Ihr gläubiger Verstand beeilt sich, Gott vor Ihren beängstigenden Haßgefühlen in Schutz zu nehmen. Und jeder denkende Mensch wird auf gute Gründe stoßen, warum Gott den Stöpsel nicht herauszog, obwohl er uns dadurch vor unserer Not hätte bewahren können.

Wenn Sie intensiv darüber nachdenken, können Sie Ihre Schmerzen als Flecken auf dem großen Bildschirm der ewigen Harmonie betrachten. Menschen, die Gott hassen, sehen die Dinge zu eng; ihr Schmerz macht sie blind für das Gesamtbild. Gläubige verstehen es, die Dinge aus der richtigen Perspektive zu betrachten.

Betreten Sie irgendein großes Einkaufszentrum, so werden Sie den Mischmasch aus grauen, weißen und schwarzen Fliesen sehen, mit denen der Fußboden ausgelegt ist. Sie ergeben, wie es scheint, überhaupt kein Muster. Aber steigen Sie einmal auf die Empore und sehen Sie sich von dort aus den ganzen Fußboden an. Jetzt wird das prächtige Mosaik sichtbar. Die kleine Ecke, die Sie vorher im Auge hatten, sieht nicht mehr wie ein wildes Durcheinander aus, sondern paßt hervorragend in das Gesamtbild.

Sie sollten ein von Rembrandt gemaltes Porträt nicht anhand einer etwas dunklen Ecke beurteilen. Treten Sie zurück. Betrachten Sie das Ganze. Der Schatten dient nur dazu, das Licht heller hervorstrahlen zu lassen.

Mit dem Werk Gottes verhält es sich nicht anders. Die dunklen Schatten unterstreichen nur seinen strahlenden Glanz. Wir werden – vom höheren Standort aus – sehen, daß Gott alles zum Guten zusammenwirken läßt. All unsere Schmerzen werden sein späteres Erbarmen um so gütiger erscheinen lassen.

Es gibt, dessen bin ich mir sicher, einen Balsam in diesem philosophischen Glauben. Er verhilft einigen Menschen zu der Überzeugung, daß auch die schlimmsten ihrer tiefen und unberechtigten Schmerzen in Wirklichkeit nur Mollakkorde im Concerto grosso Gottes sind.

Das würde ich aber meinen Nachbarn von der anderen Straßenseite nicht erzählen. Sie trauern um ihren 12jährigen Sohn, der an Krebs erkrankt ist und im Sterben liegt. Der Krebs fing vor einigen Monaten in seinen Hoden an, dann arbeitete er sich in seinem Leib hoch, wo er ihn bald töten wird. Ich wage es nicht, den Eltern zu sagen, daß der Krebs ihres Sohnes eines Tages auf der Leinwand der Menschheitsgeschichte gut aussehen wird, wie ein Schatten in einem Gemälde von Rembrandt.

Immer wenn ich der Meinung bin, gute Gründe entdeckt zu haben, warum wir Gott niemals zu vergeben brauchen, denke ich an Elie Wiesel. Ich denke daran, wie er einen kleinen Jungen betrachtete, der – beinahe, aber nicht ganz tot – an einem Galgen in Auschwitz baumelte. In seiner unvergeßlichen wahren Geschichte „Nacht" erzählt uns Wiesel, was er sah:

> Eines Tages, als wir von der Arbeit zurückkehrten, sahen wir, daß am Versammlungsplatz drei Galgen errichtet worden waren ... Drei gefesselte Opfer – und eines von ihnen der kleine Knecht, der Engel mit dem traurigen Blick.
> Die drei Opfer ließ man gemeinsam auf Stühle steigen.
> Um alle drei Hälse wurden im gleichen Moment Schlingen gelegt ...

Auf ein Zeichen hin ... wurden die drei Stühle umgestoßen.
Völliges Schweigen im ganzen Lager ...
Dann begann der Vorbeimarsch. Die beiden Erwachsenen lebten nicht mehr ... Aber der dritte Strick bewegte sich noch; da das Kind so leicht war, lebte es noch.
Über eine halbe Stunde blieb es dort, schwebend zwischen Leben und Tod, vor unseren Augen dahinsterbend in langsamer Agonie. Und wir mußten ihm dabei unablässig ins Gesicht schauen.
Hinter mir hörte ich einen Mann fragen:
„Wo ist jetzt Gott?“
Und ich hörte, wie eine Stimme in meinem Inneren antwortete:
„Wo ist er? Er ist hier – er hängt hier an diesem Galgen.“

Was für eine Stimme war es, die Elie Wiesel in seiner Seele sprechen hörte und die ihm sagte, wo Gott war? War es die Stimme seines Verstandes? Nein. Es war die Stimme seines Herzens.

Die Stimme des Herzens war die einzige Stimme, auf die er in jenem grauenvollen Augenblick hören konnte. Wie kalt, wie grausam wäre jede verstandesmäßige Verteidigung Gottes gewesen!

Freilich, einige der Dinge, die mir mein Verstand über Gott sagt, erwecken angesichts meiner Zweifel den Eindruck, vernünftig zu sein. Sie beweisen zwar nicht, daß meine Schmerzen allesamt Teil eines prächtigen Planes sind. Aber sie helfen mir zu glauben, daß Gott mein Freund ist – auch wenn ich mehr leide, als ich es verdient habe.

Lassen Sie mich darüber sprechen.

Danach werde ich mein *Herz* sprechen lassen.

Als erstes erkenne ich, daß Gott mir die Art von Welt gibt, in der ich gern lebe

In Wirklichkeit bin ich gern ein Geschöpf von der Art, die verletzt werden kann. Ich will kein Engel sein. Ich bin gern ein Leib mit Nervenmündungen, die mir Vergnügen bereiten, wenn eine Frau sie sanft streichelt. Aber wenn sie mir durch ihre sanfte Berührung Vergnügen bereiten kann, dann muß ich das Risiko in Kauf nehmen, daß sie mich mit einem gehässigen Wort verletzen könnte.

Gott hat uns auch als freie Geister erschaffen, die in einer Welt freier Geister leben. Und auch damit bin ich einverstanden. Ich möchte diese Welt nicht gegen eine andere eintauschen, in der die Menschen deshalb nett zu mir sind, weil sie es müssen. Aber wenn ich gern unter freien Menschen lebe, dann muß ich das Risiko in Kauf nehmen, daß mir einige unter ihnen ab und zu ein Unrecht zufügen werden.

Schmerz ist ein Teil des Territoriums. Und ich bin gerne hier. Warum sollte ich also Gott vergeben?

Dann stelle ich mir vor, daß Gott mit mir leidet

Mir liegt nicht allzuviel daran, jemandem für mein Leiden zu vergeben, wenn er ebenso leidet wie ich, vielleicht sogar mehr als ich. Wenn ich mich vor Gott beklage: „Wo warst du, als ich dich brauchte?", dann stelle ich mir vor, daß er mir sanft entgegnet: „Ich war bei dir und fühlte deinen Schmerz."

Jesus fragte sich, kurz bevor er am Kreuz verschied, wo Gott sei: „Mein Gott, mein Gott, warum hast du mich verlassen?"[6]

Ob Gott ihn aber wirklich im Stich gelassen hatte? Im Rückblick wissen wir, wo Gott war, als Jesus am Kreuz hing. Er war nicht auf Urlaub. Gott war in Jesus und erlitt den ganzen Schmerz verwundbarer Liebe.

Wenn ich mich frage, wo Gott ist und was er tut, wenn ich verletzt werde, könnte eine mögliche Antwort die sein, daß er in mir ist und meinen Schmerz intensiver empfindet als ich selbst. Er leidet mit mir, vielleicht um einen kleinen Winkel seiner Welt durch mich zu heilen. Vielleicht leidet er mit uns, während er daran arbeitet, eine neue Welt zustande zu bringen, eine Welt, in der Gerechtigkeit und Friede sich küssen und unberechtigte Schmerzen für immer verbannt sein werden. Dieser Gedanke ist hilfreich, wenn ich mich frage, ob ich Gott nicht vergeben soll.

Ich glaube, daß Gott vergibt

Was tut Gott, wenn schlechte Menschen unschuldigen Menschen ohne Grund Schmerz zufügen? *Eine* mögliche Antwort lautet: Er vergibt ihnen.

Ich denke hier an ein Gespräch zwischen zwei Brüdern, Iwan und Aljoscha, in Dostojewskis Roman *Die Brüder Karamasow.* Iwan war Atheist. Aljoscha war gläubig. Iwan hatte seinerzeit Schreckliches miterlebt. Er hatte unter anderem gesehen, wie ein Gutsbesitzer einen kleinen Jungen vor den Augen seiner Eltern von wilden Hunden zerreißen ließ, und zwar einzig und allein deshalb, weil der Junge etwas Obst von den Bäumen des Gutsbesitzers gegessen hatte. Wie können wir aber glauben, daß Gott es zuläßt, daß böse Menschen unschuldigen Kindern derart schreckliche Dinge zufügen?

Aljoscha hatte darauf keine Antwort. Ihm fiel nur *ein* Satz ein: „Es gibt ein ‚Wesen', das alles verzeihen kann, allen und jedem und *für alles*, weil ‚Es' ja selber sein unschuldiges Blut hingab für alle und alles."[7]

Hat Aljoscha seinem Bruder wirklich geantwortet? Nicht direkt. Er warf jedoch eine andere Frage auf, die ernster gemeint war als die, die Iwan gestellt hatte: Weshalb sollte man Gott vergeben, wo doch Gott derjenige ist, der den Menschen die schrecklichen Untaten, für die sie selbst verantwortlich sind, vergeben muß?

Etwas in meinem Inneren neigt zu Aljoschas Antwort.

Das sind einige der Dinge, über die ich nachdenke, wenn ich mich frage, wo Gott sich befindet, wenn Menschen leiden. Sie helfen mir, ihn als mitleidenden Freund der Leidenden anzusehen, statt als jemanden, dem ich vergeben muß.

Damit sind jedoch keineswegs alle Fragen beantwortet. Mein Herz ist immer noch fragend.

Es ist hilfreich, zu wissen, daß der Schmerz ein notwendiger Schatten ist in der von der Sonne beschienenen Welt, in der ich gern lebe. Aber muß er denn wirklich so furchtbar weh tun? Es ist hilfreich, zu wissen, daß Gott mit uns leidet, wenn wir zu Unrecht verletzt werden. Aber könnte er unseren Schmerz nicht ein wenig schneller ausheilen? Es ist hilfreich, zu wissen, daß Gott bereit ist, den Menschen, die uns verletzt haben, zu vergeben. Aber könnte er nicht einige dieser bösen Menschen daran hindern, so viel Schaden anzurichten?

Ich denke, wir haben es vielleicht doch nötig, Gott zu vergeben. Nicht häufig, aber dann und wann. Und nicht um seinet-, sondern um unseretwillen.

Sprechen wir also darüber, wie wir selbst heil werden, indem wir Gott vergeben.

Doris und mir ist einst etwas widerfahren, das mich zwang, mich mit der Tatsache abzufinden, daß ich Gott manchmal vergeben muß. Ich werde hier davon berichten, obwohl ich weiß, daß das, was uns damals widerfuhr, nicht annähernd so schlimm war wie manches, was vielen anderen Menschen widerfahren ist. Ich erwähne es nur, weil es für uns einen Wendepunkt darstellte.

Doris und ich hatten schon früh beschlossen, daß wir, sobald ich mit meinem Studium zu Ende wäre, Kinder bekommen wollten. Aber es klappte nicht. Doris wurde nicht schwanger.

An jedem Ort, wo wir wohnten – in Amsterdam, in Oxford, in Illinois, in New Jersey und in Grand Rapids, Michigan –, suchten wir Frauenkliniken auf. Wir liebten uns, wann immer das Fieberthermometer anzeigte, daß die Zeit dafür gekommen war. Wir spielten unsere Rolle in der unromantischen Komödie der künstlichen Befruchtung. Zwischenzeitlich beteten wir.

Und Doris wurde endlich schwanger – ein wenig spät im Leben zwar, dafür aber wirklich und unbestreitbar schwanger. Unser innigster Wunsch sollte in Erfüllung gehen. Es vergingen vier Monate, dann noch ein Monat und noch einer. Der siebte Monat brach an.

Eines Abends gegen 22 Uhr machte ich gerade in der Küche Kräcker mit Käse fertig, als Doris vom Sofa her mit schläfriger Stimme murmelte, daß sie gleich ins Bett gehen wolle. Aber plötzlich unterbrach sie ihren Satz und rief laut meinen Namen. Ich wußte instinktiv, daß etwas Schreckliches passiert war. So war es auch. In Doris' Körper war ein Damm durchbrochen; sie überschwemmte gerade die Couch mit einer Flut von Fruchtwasser.

Den Arzt anrufen. Mühevoll suchte ich mit zittrigem Zeigefinger die richtigen Löcher in der Wählscheibe und erreichte schließlich unseren Gynäkologen. Von ihm vernahm ich eine Botschaft, die ich partout nicht hören wollte.

„Hör gut zu. Lege Doris ins Auto und bring sie sofort zur Notaufnahme. Aber ich muß dir gleich etwas sagen, damit du es Doris sagen kannst, bevor ihr hier ankommt: Das Baby wird mißgebildet sein."

Irgendwie schaffte ich es, Doris in Windeln einzuwickeln und sie auf den Rücksitz unserer Rostlaube von rotem Plymouth zu legen, die Beine nach oben gekrümmt.

Und ich ließ die schreckliche Wahrheit wie einen widerlichen Brocken in ihren angsterfüllten Geist fallen.

Mißgebildet.

Kannst du damit leben? Ich denke, ja. Und du? Ich weiß es noch nicht.

Unser Arzt wartete auf uns in der Notaufnahme.

Wir sorgten dafür, daß Doris aufgenommen und an den Platz gebracht wurde, der für Frauen vorgesehen ist, die sich auf dem freudigen Weg zum Wunder des Leben-Schenkens befinden.

Nach mehreren Stunden – wir hatten inzwischen Zeit genug gehabt, um uns mit dem, was mit uns geschah, gedanklich auseinanderzusetzen

– zeigten die Abstände zwischen den Wehen an, daß die Stunde der Entbindung gekommen war. Ich begab mich, kopflos vor Entsetzen, in ein kleines Wartezimmer, wo ein Lkw-Fahrer, der zehn Jahre jünger war als ich, darauf wartete, daß ihm seine Frau den dritten fehlerlosen Sprößling schenkte. „O Gott, das verkrafte ich nicht."

Ein paar Stunden später kam der Arzt herein. Er trug einen grünen Kittel, die Schutzmaske hing ihm noch über dem Kinn, und er grinste über das ganze Gesicht, was ich für völlig unangebracht hielt. Aber seine Worte waren wundervoll: „Dem Baby geht es gut", sagte er. „Wir haben uns geirrt. Es scheint alles in Ordnung zu sein. Es ist ein Junge. Komm mit, wir wollen ihn uns ansehen."

Wir sahen ihn uns an. Sohn aus meinen Lenden, Seele von meiner Seele, Fleisch von meinem Fleisch, Haar von meinem Haar, er lag dort mit runzligem Körper, die Augen, die Nase und den Mund in das acht Zentimeter breite, karmesinrote Gesicht hineingequetscht, die winzigen Fingerchen zu Fäusten von der Größe von zwei roten Murmeln gekrümmt. Und er schrie aus Leibeskräften. Ich war das geworden, was ich schon immer sein wollte: der leibliche Vater eines normalen Kindes.

Ich fuhr nach Hause in einem Freudentaumel, der auf die Überzeugung zurückzuführen war, daß mir das Beste widerfahren war, was einem Menschen je widerfahren kann. Ich holte ein paar Stunden Schlaf nach, wachte auf und schmiedete Pläne, einige Freunde anzurufen, um ihnen meine gute Nachricht weiterzusagen.

Aber noch ehe ich die Gelegenheit bekam, überhaupt jemanden anzurufen, rief mich der Kinderarzt vom Krankenhaus aus an. Ich erkannte sogleich an seiner Stimme, daß die Milch des göttlichen Erbarmens plötzlich dabei war, sauer zu werden. Das Baby atme nicht gut. Ich müsse sofort kommen.

Ich fuhr dorthin zurück, wo es, wie ich bereits ahnte, kein zweites Wunder geben sollte.

Während Doris noch im Krankenhaus lag, habe ich unser Baby beerdigt. Doris hatte nicht einmal eine Gelegenheit, das Kind zu sehen. Sie brachte es lebend zur Welt, während ich draußen wartete; während sie drinnen wartete, brachte ich es tot unter die Erde.

Dann begann ich den Schmerz zu empfinden. Den Schmerz über den Verlust dessen, worauf wir so lange gewartet und wonach wir uns mehr als alles andere gesehnt hatten. Aber auch über die quälerische Gemeinheit dieses verrückten Spiels, das uns vor Schmerz schwindlig machte. Warum – nach dieser Nacht der Vorbereitung auf die Liebe zu einem mißgebildeten Kind? Warum – nach der Überraschung, die sogar Ärzte als ein Wunder bezeichnet hatten? Warum erhielt der Tod, nachdem das Wunder vollbracht war, das letzte Wort? Ich fühlte mich, als wäre ich die Zielscheibe eines grausamen göttlichen Scherzes.

Würde ich am Ende Gott hassen? Ich wußte, daß ich niemals den Mut haben würde, meinen Haß offen zutage treten zu lassen, so daß auch Gott ihn sehen könnte. Ich würde wie Jeremia meinen Haß gegen das Leben wenden.

Aber wir wurden schneller heil, als wir es für möglich hielten. Damals habe ich es nicht gewußt, aber heute bin ich mir darüber im klaren, daß unsere Heilung wohl damit zusammenhing, daß wir Gott vergaben.

Wir stützten uns gegenseitig, um stark zu sein, und bald fingen wir an, gemeinsam ein eigenartiges Empfinden für das Gute in unserem Leben zu entwickeln – trotz dieser einen Gemeinheit, die eines schrecklichen Abends über uns gekommen war, als wir meinten, wir hätten ein Recht auf etwas sehr Gutes. Das Gefühl überkam uns einfach, ohne daß wir lange gegrübelt hätten. Wir saßen zusammen auf ihrem Bett, weinten, wunderten uns, hatten uns lieb, trauerten gemeinsam und waren in unserem völligen Allein-gelassen-Sein nicht fähig, einen klaren Gedanken zu fassen.

Wir hatten die gleichen Gefühle und fragten uns nicht, wer von uns tiefer verletzt war. Wir merkten nur, daß wir in unserer Trauer und unserer Leere und unserer Verwirrung eins waren. Und das war gut so. Unser geteilter Schmerz machte unser Leben wieder gut.

In unserer eigentümlichen Euphorie über das Gute im Leben empfand ich Gott wieder als den Geber und nicht als den Zerstörer des Lebens – als den Gott, den ich im leidenden Jesus erkenne, und nicht als einen Gott, der uns sinnloses Leiden zumutet.

Ich wußte, daß ich nicht dieses Gute empfinden und zugleich die Ansicht vertreten konnte, Gott habe mich meines Kindes beraubt. Ich wußte: Wenn mein Herz fragte, warum kleine Babys sterben, würde mein Verstand immer sagen: „Ich weiß es nicht." Aber ich hörte, wie mein Herz mir sagte, daß Gott mit uns sei und den Tod unseres Babys mitempfinde.

Ich verstehe heute ebensowenig wie damals die Rolle Gottes in dem verrückten Spiel, das Doris und ich in jener Märznacht zu spielen hatten. Aber ich bin mir sicher, daß ich sie ihm niemals vorwerfen noch ihn an die Zeit erinnern werde, in der er uns im Stich ließ.

Habe ich Gott vergeben? In gewisser Weise schon.

Aber es ist ein Unterschied, ob wir Gott oder einem Feind vergeben. Wenn Sie Ihren Feinden vergeben, ist es durchaus möglich, daß diese

Menschen weiterhin Ihre Feinde bleiben. Wenn Sie Gott vergeben, finden Sie sich mit seinem Schweigen ab, strecken sich nach dem Guten im Leben aus und glauben, daß er trotz allem Ihr Freund ist.

Anmerkungen:

[1] Harold S. Kushner, *Wenn guten Menschen Böses widerfährt.* Aus dem Amerikanischen von Ulla Galm-Frieboes (Gütersloh: Gütersloher Verlagshaus Mohn, 1988 [2. Aufl.]), S. 139.
[2] John Updike, *Hasenherz.* Aus dem Amerikanischen von Maria Carlsson (Reinbek b. Hamburg: Rowohlt, 1976), S. 229.240.
[3] Graham Greene, *Das Ende einer Affäre.* Aus dem Englischen von Walther Puchwein (Wien; Hamburg: Zsolnay, 1984), S. 223.
[4] Jeremia 20,14f. (Einheitsübersetzung).
[5] Klagelieder 2,5 (Einheitsübersetzung).
[6] Matthäus 27,46.
[7] Fjodor M. Dostojewski, *Die Brüder Karamasow.* Aus dem Russischen von Karl Nötzel (Frankfurt am Main: Insel-Verlag, 1986), 1. Teilbd., S. 422f.

DRITTER TEIL:

Wie Menschen vergeben

Das Vergeben ist eine von der Liebe angezettelte Revolution, die sich gegen die Ungerechtigkeiten des Lebens richtet. Wenn wir vergeben, ignorieren wir die normalen Gesetze, die uns an das Naturgesetz des Sich-rächen-Müssens binden, und befreien uns selbst durch die Liebe von unserer eigenen schmerzvollen Vergangenheit.

Wir lassen die Ethik des Mit-gleicher-Münze-Heimzahlens links liegen, um aus den Ungerechtigkeiten der Vergangenheit eine neue Zukunft zu schaffen. Wir befreien uns selbst von dem Unrecht, das mit unserer persönlichen Lebensgeschichte verflochten ist. Wir lösen unseren Geist von Grollgefühlen. Und vielleicht, wenn wir Glück haben, stellen wir auch eine Beziehung wieder her, die uns andernfalls für immer verloren gegangen wäre.

Das Vergeben ist jedoch ein Wunder, und nur wenige Menschen verfügen über das nötige Charisma, dieses Wunder mit Leichtigkeit zu vollbringen. Unterschätzen Sie niemals die Anforderungen, die das Vergeben an den Durchschnittsmenschen mit seiner bescheidenen Fähigkeit zu lieben stellt. Als einige Skeptiker hörten, wie Jesus Menschen die Vergebung zusprach, fragten sie frei heraus: „Wer außer Gott kann Sünden vergeben?“ Der englische Romancier Charles Williams sagt, das Vergeben sei lediglich ein Spiel. Wir könnten nur damit spielen, meint er, es letztlich aber nicht in die Realität umsetzen.

Es scheint, daß niemandem das Talent zum Vergeben in die Wiege gelegt wurde. Wir alle müssen das Vergeben von Grund auf erlernen, und das geht uns wohl immer gegen den Strich.

Solange jemand anders das Vergeben nötig hat, haben wir gut reden. Aber nur wenige unter uns bringen es übers Herz, Vergebung zu praktizieren, wenn sie selbst vor dem Scherbenhaufen einer Beziehung stehen, die durch die Grausamkeit eines anderen in die Brüche gegangen ist.

Und doch, Menschen vergeben tatsächlich – und zwar gewöhnliche Menschen, keine Heiligen. Und dabei werden sie von schrecklichem Schmerz befreit.

Ich lade Sie ein, zu sehen, wie ganz normale Menschen ihren eigenen Weg finden, anderen zu vergeben. Sie selbst müssen es nicht auf die gleiche Weise tun, zumindest nicht in allen Einzelheiten. Aber es kann hilfreich sein, wenn man weiß, wie andere es tun. Erwarten Sie keine Tricks oder Patentrezepte. Halten Sie Ausschau nach Hinweisen und Anhaltspunkten. Und denken Sie daran: Niemand verspricht Ihnen, daß es leicht sein wird.

Kapitel 11

Langsam

Es braucht Zeit – in einigen Fällen sehr viel Zeit. Manchmal kämpft man so lange damit, daß man, wenn man es endlich geschafft hat, sich nicht mehr an den entscheidenden Augenblick erinnern kann. Man wacht einfach eines Tages auf, denkt an die Menschen, denen man vergeben will, und stellt ein wenig schockiert fest, daß man bereits damit begonnen hat, ihnen zu vergeben. Das erkennt man daran, daß man sich dabei ertappt, ihnen Gutes zu wünschen.

C. S. Lewis, der britische Christ und Gelehrte, der entzückende Phantasiegeschichten für Kinder verfaßte, wurde als Junge von einem Tyrannen, der seinen Lebensunterhalt als Lehrer an einer englischen Privatschule verdiente, tief verletzt. Dieser war Sadist und machte das Leben der ihm anvertrauten Jungen zur Hölle. Lewis konnte diesem Lehrer bis ins Alter nicht vergeben, und sein Versäumnis, ihm zu vergeben, ließ ihm keine Ruhe. Aber kurz – vielleicht nur einige Monate – vor seinem Tod schrieb er folgenden Brief an eine amerikanische Freundin:

> Liebe Mary,
> ... Es ist mir erst vor ein paar Wochen plötzlich aufgegangen, daß ich dem grausamen Lehrer, der meine Kindheit so traurig machte, endlich vergeben habe. Ich versuchte es schon seit Jahren. Ebenso wie du stellte auch ich fest, daß ich jedesmal, wenn ich meinte, es geschafft zu haben, nach ungefähr einer Woche von neuem damit anfangen mußte. Aber diesmal bin ich mir sicher, daß es echt ist ...
>
> Jack

Echt war es zweifellos. Aber vielleicht hätte Lewis, wenn er länger gelebt hätte, es noch ein paarmal tun müssen. Mit der Gewohnheit des Hasses zu brechen ist schwer – schwerer, wie ich meine, als mit irgendeiner anderen Gewohnheit. Und normalerweise müssen wir mit ihr wie mit anderen üblen Gewohnheiten viele Male brechen, ehe wir sie endgültig loswerden.

Neulich aß ich gemeinsam mit zwei alten Freunden zu Mittag, um so den 30. Jahrestag eines großen akademischen Debakels zu begehen. Sie waren die Helden des Stückes, Professoren an dem Seminar, wo ich studiert hatte. Wir hielten sie damals für junge Männer mit einer Vision, die die müden Knochen des Lehrkörpers mit neuem Leben erfüllten. Andere hielten sie jedoch für dreiste Herausforderer einer großartigen orthodoxen Tradition. Es entspann sich, von der Welt draußen so gut wie unbemerkt, ein Kampf um Herz und Geist der Lehranstalt.

Darauf folgte eine nahezu klassische Schlacht zwischen wissenschaftlicher Vitalität und akademischer Leichenstarre. Die Leichenstarre siegte. Meine Freunde wurden gefeuert – und tief verletzt! Sie hielten sich tapfer bis zuletzt, auf die Straße gesetzt wurden sie trotzdem.

30 Jahre später richtete ich an meine früheren Lehrer die einzige Frage, von der ich meinte, sie sei es wert, gestellt zu werden: „Haben Sie den Menschen vergeben, die für Ihre Entlassung verantwortlich waren?"

Einer von ihnen antwortete: „Wenn ich es mir recht überlege, bin ich schon seit längerem dabei, ihnen zu vergeben. Langsam setzte sich bei mir die Erkenntnis durch, daß ich selbst der Vergebung bedurfte, ebenso wie sie. Es dämmerte mir allmählich, daß die anderen Beteiligten ungefähr genauso anständig, aber auch genauso hinterlistig waren wie ich. Und vor rund zehn Jahren ertappte ich mich dabei, ihnen Gutes zu wünschen. Wir wurden nie Freunde, aber auch das hätte anders sein können, wenn unsere Situation eine andere gewesen wäre. Darum schätze ich, daß ich ihnen vergeben habe – und meine, daß auch mir vergeben ist. Es hat lange, viel zu lange, gedauert, aber ich bin froh, daß es erledigt ist."

Je tiefer man verletzt worden ist, desto länger braucht man, um zu vergeben. Kleinere Prellungen heilen schnell. Wer jedoch innerlich in Scheiben geschnitten und gewürfelt worden ist, der sollte lieber mit einem längeren Genesungsprozeß rechnen.

Manchmal vergeben wir so langsam, daß wir die Grenze überschreiten, ohne es zu merken – wie Kinder, die erwachsen werden, ohne daß man genau feststellen könnte, wann es geschah.

Manchmal gleiten wir so langsam ins Vergeben hinein, daß wir kaum merken, wie wir anfangen, uns zu bewegen – oder wie wir ans Ziel gelangen. Aber nach einer langen, dürren Wüste des Bemühens stellt sich allmählich das Gefühl ein, irgendwo unterwegs die Grenze zwischen Haß und Vergebung überschritten zu haben.

Am Anfang dieses Prozesses ist es hilfreich, wenn wir eine klare Entscheidung treffen – entweder so oder so, für diese oder jene Richtung, und damit basta! –, damit wir überhaupt vorwärts kommen.

Ich entsinne mich eines wohlschmeckenden Haßgefühls, das ich vor gut einem Jahr kostete und an dem ich wahrscheinlich heute noch lutschen würde, wenn ich nicht die schwere Entscheidung getroffen hätte, es auszuspucken. Lassen Sie mich davon berichten.

Eines warmen Junitages, mitten am Nachmittag, wurde mein jüngster Sohn John unmittelbar vor unserem Haus von einem Polizisten der kalifornischen Kleinstadt Sierra Madre brutal niedergeschlagen. Der Polizist, eifrig darum bemüht, das Haschisch-Rauchen im Dorf unter Kontrolle zu bekommen, warf sich mit der ganzen Wucht seiner beträchtlichen Körperfülle – er muß um die 250 Pfund gewogen haben – auf meinen schlanken Sprößling, der selbst nur 140 Pfund wiegt und, was der Beamte nicht wissen konnte, an einer Leberkrankheit leidet, so daß harte körperliche Kontakte für ihn lebensgefährlich sind. Jedenfalls wandte der Polizist übermäßige Gewalt an – und verhaftete John anschließend wegen „Widerstands gegen die Staatsgewalt".

Die Klage wurde schnell abgewiesen.

Ich aber konnte meine Bitterkeit nicht so schnell überwinden. Von Zorn erfüllt, ging ich ins Rathaus und wollte den Chef überreden, den Polizisten zu rügen, das heißt, ihm eine kleine Standpauke zu halten, bitte schön, um der rohen Gewalt Einhalt zu gebieten. Ich bot ihm an, eidesstattliche Aussagen einiger Zeugen zu beschaffen. Aber der Polizeichef unseres friedlichen Dorfes sah keinen Anlaß, einen seiner Beamten zu kritisieren. Er sagte zwar zu, die Angelegenheit zu untersuchen, aber er hat mir nie Grund zu der Annahme geliefert, er habe es jemals getan. Die Sache wurde zu den Akten gelegt.

Ich führte mehrere Tage lang einen wütenden Tanz auf, und die Dissonanzen meines Zornes schwollen allmählich zu einem haßerfüllten Crescendo an. Ich hatte mich zu sehr in der Gewalt, um jemandem eins auf die Birne zu geben, aber ich war wirklich voller Haß, der passiven Variante zumindest. In meinem Inneren steckte kein einziges Gramm Wohlwollen für die Polizei von Sierra Madre.

Mein Haß wäre beinahe sofort zu einer Sucht geworden; ich wurde von seinem Virus angesteckt und gab es an jeden weiter, der in meine Nähe kam. Dieser Haß führte aber auch zu einer geistlichen Krise, denn ich war eingeladen, in einer presbyterianischen Kirche in Burbank eine Predigt über die Gnade Gottes zu halten.

Ehe der Sonntag anbrach, vertraute ich mich einer guten Freundin an und erwartete, daß sie meine männlichen Grollgefühle mit weiblicher Entrüstung ergänzen würde. Ich dachte, wir würden ein trauriges, aber wütendes Duett anstimmen.

Sie durchschaute mich jedoch.

„Warum praktizierst du nicht, was du predigst?"

Ich war in eine Falle getappt.

Ich mußte auf der Stelle entscheiden, ob ich von meinem Haß loskommen wollte, ehe er zur Gewohnheit wurde. Darum tat ich es. Ich stieg aus dem Haß aus.

Nur, wie konnte ich sicherstellen, daß es mir sofort gelingen würde? Ich probierte es mit einer Methode, gegen die mein Naturell aufs heftigste protestierte. Ich dachte daran, wie ein Priester im Beichtstuhl auf Anhieb seinem Beichtkind die sofortige Absolution zuspricht. Und ich beschloß, dem Polizisten die Absolution zu erteilen. Das war nicht mein Stil. Ich lasse mir mit der Überwindung meiner geistlichen Krisen gern Zeit. Ich probierte es dennoch.

„Wachtmeister Milando, hiermit vergebe ich dir im Namen Gottes. *Absolvo te* – geh hin in Frieden." Ich sagte es mindestens sechsmal laut vor mich hin.

Nun, es klappte jedenfalls so weit, daß ich in Bewegung geriet. Ich spürte, wie ich mich um ein paar Zentimeter von meinem Haß löste. Ich war auf dem Wege.

Dies war nur der Anfang. Ich bin bei weitem noch nicht damit fertig. Aber ich denke, *eine* klare Entscheidung für das Vergeben war genau das, was ich brauchte, damit ich mich in Bewegung setzte.

Es gibt Menschen, bei denen eine klare Entscheidung ausreicht. Für die meisten unter uns jedoch ist eine solche Entscheidung nur der Ausgangspunkt einer langen Reise des Vergebens.

Kapitel 12

Mit einem Quentchen Verständnis

Ein wenig Verständnis macht das Vergeben wesentlich leichter. Wenn man *alles* verstünde, hätte man natürlich auch nichts zu vergeben. Fällt einem jedoch das Vergeben sehr schwer, so ist es eine Hilfe, wenigstens *etwas* zu verstehen.

Werden wir verletzt, sind wir nahezu blind vor Schmerz. Hinter einer Begegnung mit dem Schmerz steckt meistens mehr, als der Verletzte in dem Moment gewahr wird. Das zu sehen, braucht Zeit; es zu verstehen, braucht mehr Zeit.

Wenn man *etwas* von dem versteht, was in der Person, die einen verletzt hat, wirklich vor sich gegangen ist, kann man sich – manchmal – das Vergeben ein wenig einfacher machen, auch wenn man weiterhin eine dicke Kruste aus Schmerz und Haß per Hand umzupflügen hat.

Aber vorsichtig, Sie werden nicht *alles* verstehen. Der Sie verletzt hat, mußte es nicht tun; er hätte auch anders handeln können. Die Angelegenheit wird Ihnen insofern stets ein Geheimnis bleiben. Eine Übeltat, zu der sich jemand aus freien Stücken entschlossen hat, können Sie niemals völlig ergründen.

Wenn Sie jedoch verstehen können, was ihn zu einer solchen Übeltat bewogen haben könnte, und eine leise Ahnung davon bekommen, weshalb er Sie verletzt hat, haben Sie den ersten Schritt in Richtung auf das Vergeben getan.

Die Person, der zu vergeben es mir zeit meines Lebens am schwersten gefallen ist, war Frau Broutmeier. Frau Broutmeier lebte in einem gelben

Holzhaus, das dem Häuschen, das mein Vater noch vor meiner Geburt eigenhändig für uns gebaut hatte, direkt gegenüberlag. Diese Frau war unglaublich grausam gegen meine Mutter, und die Erinnerung an sie plagte mich viele Jahre lang.

Gleich nach ihrer Hochzeit wanderten meine Eltern – sie stammten aus Friesland, einer Provinz im äußersten Norden der Niederlande – in die Vereinigten Staaten aus. Sie reisten dritter Klasse mit dem Schiff. Nachdem meinem Vater fünf Kinder geboren worden waren, starb er, noch bevor er sein eigenes Haus in der Amity Avenue in Muskegon, Michigan, ganz fertigstellen konnte. Er war erst 33 Jahre alt, also in den besten Jahren. Von den fünf Kindern war ich der Jüngste.

Allein gelassen, mit wenig Erfahrung und ohne Geld, sorgte meine Mutter dafür, daß wir Brot auf dem Tisch und Kleidung auf dem Leibe hatten, indem sie anderer Leute Häuser putzte und in einer gebrauchten Maytag-Waschmaschine, die jeden zweiten Montag kaputtging, anderer Leute Wäsche wusch.

In der Amity Avenue stand vor jedem Haus ein prächtiger Ahorn; diese Bäume waren zu riesig, um erklettert zu werden, warfen aber einen angenehmen Schatten auf die hölzerne Schaukel, die in jedem Haus von der Decke der vorderen Veranda hing. Die Häuser standen alle im rechten Winkel zur Straße – große Bauernhäuser gab es dort nicht –: das Wohnzimmer vorne und die Küche hinten, dazwischen das Eßzimmer. Man hätte von der hinteren Küchentür aus schießen können – die Kugel wäre durchs ganze Haus geflogen, zur Vordertür wieder hinaus, ohne irgend etwas zu treffen. Und wenn es sich gerade so traf, daß sich zwei Häuser unmittelbar gegenüberstanden, konnte es sein, daß man von der Hintertür des einen Hauses bis zur Hintertür des anderen Hauses geradewegs hindurchschauen konnte. Die Häuser schauten einander an, wie zwei Pokerspieler sich anstarren, Erkerfenster in Erkerfenster.

Unser eigenes Haus stand Auge in Auge mit dem der Familie Broutmeier.

Ich sollte erklären, daß die Broutmeiers sich „besser" vorkamen als wir. Was sie „besser" machte, war zum Teil die Tatsache, daß Herr Broutmeier eine feste Anstellung hatte und daß Frau Broutmeier zu Hause blieb und ihren Kindern die Nase putzte. (In unserer Nachbarschaft galt ein Kind als vornehm, wenn seine Mutter nie zuließ, daß es mit einer Rotznase herumlief.) Daß sie „besser" waren, zeigte sich jedoch am deutlichsten an ihrem Akzent: Sie sprachen Englisch wie echte Amerikaner. Sie waren Leute der zweiten Generation. Sie kannten sich aus. Sie wußten, wie man lebt – und vor allem, wie man spricht.

Ihrer Hochnäsigkeit wegen war Frau Broutmeier in meinen Augen ein Scheusal. Auch ihre Nachbarin war ein Scheusal. Die beiden richteten einen gemeinschaftlichen Geheimdienst ein, der ein wachsames Auge hatte auf das subversive Treiben in unserem Hause. Frau Broutmeier und ihre Nachbarin knobelten jeden Tag bei Sonnenaufgang, um zu bestimmen, wer von ihnen meiner von der täglichen Putzarbeit zurückkehrenden Mutter von den Missetaten ihrer schmutzigen Flegel berichten würde.

Einmal überquerten beide die Amity Avenue, um meiner Mutter den wohlüberlegten Rat zu erteilen, sie solle ihre beiden Jüngsten – meinen Bruder Wesley und mich – ins Waisenhaus geben, da ihr sowohl das Geld als auch das Geschick fehle, um uns alle angemessen zu versorgen. Ich erinnere mich noch, wie man mich einst wissen ließ: Frau Broutmeier habe angeordnet, daß ich die Amity Avenue nicht mehr überqueren dürfe, um mit ihren Kindern zu spielen; ich sei meiner Rotznase wegen auf die Nordseite der Straße verbannt. Es kam uns tatsächlich vor, als hätten die Broutmeiers es Tag und Nacht auf uns abgesehen.

Frau Broutmeier und ihre Helfershelferin nutzten den Vorteil, in zweiter Generation Amerikaner zu sein, weidlich aus. Sie zermürbten meine Mutter mit Schmach. Sie vermittelten ihr das Gefühl, es sei eine Schande, wenn eine Frau, die eine ganze Meute kleiner Kinder hat, ihren Mann in so jungen Jahren sterben läßt, und unmoralisch, echte Amerikaner mit einem ausländischen Akzent anzusprechen.

Meine Mutter aber tauchte ihre Schmach in einen Kelch heroischen Zornes. In ihrer tiefsten Seele, wo die göttliche Gabe der Würde in ihr kochte, siedete sie vor Wut. Sie war eine Göttin, die in ihrem Busen Feuer trug.

Eines Samstagabends, als sie völlig fix und fertig war – so, als hätte das Leben die schreckliche Müdigkeit aller sechs Arbeitstage zu einem Bündel zusammengeschnürt und ihr obendrein noch einen letzten Schlag versetzt –, ließ die jüngste Attacke der Broutmeier gegen eines der Kinder das Überdruckventil ihrer Wut mit einem Knall hochgehen.

Wir befanden uns gerade alle sechs in der Küche und warteten darauf, daß ein Topf brauner Bohnen gar wurde, als sie, getrieben von den Furien, die in ihr tobten, vom Herd zurücktrat und mit gesenktem Blick und puterrotem Gesicht, die Hände zu Fäusten geballt, Eß- und Wohnzimmer durchschritt und zur Haustür hinauseilte. Die Schürzenbänder hinter ihr herflatternd, überquerte sie entschlossen die Amity Avenue und stieg die Stufen der Broutmeierschen Veranda hinauf, um auf das Scheusal loszustürmen. Die himmlischen Heerscharen hatten keine Chance, sie zurückzuhalten.

Wir fünf drängelten uns hinter dem Erkerfenster, von wo aus wir alles genauestens beobachten konnten.

Sie trommelte an die Haustür, und als Frau Broutmeier sie einen Spalt öffnete, stieß sie sie weit auf und betrat die Höhle des Löwen. Mit feuerrotem Gesicht und Tränen in den Augen zeigte die junge Witwe Smedes mit dem Finger auf die schockierte Broutmeier und begann wütend ihre geliebte Brut zu verteidigen.

Frau Broutmeier zog sich ins Eßzimmer zurück und bezog Position hinter einem runden Eichentisch, auf dem eine blaue holländische Teekanne stand. Meine Mutter benutzte den Tisch als Kanzel und trommelte mit den Fäusten darauf herum, während sie ihre wütende, inspirierte, aber nicht überlieferte Prophetie gegen die Broutmeier und zugunsten ihrer eigenen Kinder losließ. Frau Broutmeier stotterte etwas von Polizei – daß sie sie rufen wolle und daß sie von einer Verrückten angegriffen werde.

Das Wort „Verrückte" schien meine gedemütigte Mutter zur Besinnung zu bringen. War sie denn verrückt? Vielleicht. Sie wußte es nicht einmal. Wenn sie verrückt war, war es eine noch größere Schmach. Nur raus hier! Sie verließ das Haus durch die Eingangstür.

Mit hängendem Kopf und bleichem Gesicht überquerte sie wieder die Amity Avenue und betrat unser Haus über die vordere Veranda. Sie ging durchs Wohnzimmer, an uns Kindern vorbei, die wir uns noch am Fenster drängelten; dann, ohne uns anzusehen oder einen Ton zu sagen, schritt sie geradewegs durch das Eßzimmer und die Küche ins Badezimmer, wo sie sich übergeben mußte. Danach weinte sie. Ich weiß nicht mehr, wann sie herauskam oder was sie dann zu uns sagte.

Woran ich mich erinnern kann, ist, daß wir uns sicher waren, daß Frau Broutmeier uns alle erledigt hatte. Der Kelch unserer Schmach war voll. In dieser Nachbarschaft würden wir nie wieder Freunde haben.

Ich habe Frau Broutmeier während meiner ganzen Kindheit gehaßt. Ich wünschte, ihr Haus würde abbrennen. Ich hoffte, ihre Kinder würden in der Schule versagen und in große Schwierigkeiten geraten. Ich wünschte sie alle zum Teufel. Der Kelch meines aggressiven Hasses war randvoll.

Habe ich ihr vergeben?

Ich bin noch dabei, ihr zu vergeben. Zu lange genoß ich meinen Haß; doch setzte der Heilungsprozeß vor langer Zeit ein und wird bald abgeschlossen sein.

Ich hätte ihr allerdings niemals vergeben können, wenn ich nicht auch versucht hätte, sie zu verstehen.

Ich lernte etwas über Amerikaner, die von Einwanderern abstammten. Die Broutmeiers waren Einwanderer in zweiter Generation und hatten Probleme der zweiten Generation. Gegenüber Amerikanern der dritten Generation, den „richtigen" Amerikanern, die ihnen wiederum überlegen waren, kamen sie sich zweitklassig vor. Ich erfuhr, daß es einer ungebildeten Frau voller Stolz und Ehrgeiz möglich war, eine Familie wie die unsere als eine Sippe von Untermenschen zu betrachten, mit denen sie sich nur zu vergleichen brauchte, um sich einbilden zu können, sie stehe mehr oder weniger auf einer Stufe mit denen, die ihrerseits auf sie herabsahen. Ich begriff, daß unsere „Minderwertigkeit" ein Schemel war, auf den sie kletterte, um sich denen, die auf der gesellschaftlichen Leiter eine Sprosse höher standen, gleichstellen zu können. Kurzum, ich erkannte, daß sie eine schwache, notleidende, aber ansonsten anständige Frau war, die die Grausamkeit als Mittel benutzte, mit dem Leben fertig zu werden.

Dennoch verstehe ich bei weitem nicht alles. Ich verstehe nicht, wie Frau Broutmeier sich *aus freien Stücken* entschließen konnte, so grausam zu sein. Sie wurde weder von Dämonen getrieben noch vom Schicksal dazu bestimmt, das Leben meiner Mutter unglücklich zu machen. Darum bleibt ihre Grausamkeit für mich unfaßbar, auch wenn ich für bestimmte Umstände Verständnis aufbringe. Sie entschloß sich aus freien Stücken, eine anständige Frau, eine Nachbarin, die dringend eine Freundin brauchte, zu verletzen. Entscheidungen dieser Art kann man nie vollständig begreifen.

Das Verständnis, das Sie für Ihre Feinde aufbringen, trägt dazu bei, sie wieder auf ihre normale Größe schrumpfen zu lassen. Denn beim ersten stechenden Schmerz eines unberechtigten Angriffs zeichnen wir von dem, der uns angreift, eine überdimensionale Karikatur. Wir sehen ihn als doppelt so groß, doppelt so mächtig und doppelt so böse an, als er in Wirklichkeit ist. Wir betrachten ihn als durch und durch bösartig.

Es kann ebenfalls hilfreich sein, *sich selbst* ein wenig besser zu verstehen – wie aus folgender Geschichte hervorgeht:

Eines Abends, gleich nach der Tagesschau, platzte Lena Brünings Ehemann Bernd damit heraus, daß er in eine sehr viel jüngere Frau verliebt sei. Das Verhältnis bestehe schon seit drei Jahren, und er wolle diese Frau heiraten.

Wie bitte? Seit drei Jahren? In diesen drei Jahren hatte Lena mit ihm geschlafen, ihn gepflegt, wenn er krank war, ihn vor seinen neugierigen Eltern in Schutz genommen, seinen Terminkalender geführt und ihn stets rechtzeitig zur Arbeit geschickt! Hatte sie etwa, indem sie dafür sorgte, daß er gut aussah und angenehm duftete, den Weg dafür geebnet, daß Bernd und „sein Flittchen“ zusammenkamen?

Lena hatte ihre Ehe durch lauter Tugendhaftigkeit zugrunde gerichtet. Während sie vertraute, übte er Verrat. Während sie gab, nahm er, was ihm nicht gehörte. Während sie bei der Wahrheit blieb, log er ihr etwas vor. Ihre Treue vergalt er mit Untreue. Ihr einziger Fehler war die Blindheit ihrer reinen Liebe. Ihre Tugend hatte sie zum Trottel gemacht.

In der Gewißheit, daß „jeder Dummkopf von Richter“ die Rechtmäßigkeit ihrer Klage einsehen werde, nahm sich Lena einen Rechtsanwalt und reichte die Scheidung ein. Daraufhin engagierte Bernd jedoch einen gewieften Juristen, der Lena nackt über den Stacheldrahtverhau seiner Verhöre zog und ihr zuletzt so sehr das Wort im Munde umdrehte, daß ihre Aussagen sich wie eine Selbstbezichtigung anhörten. Es fing allmählich an, so auszusehen, als wäre Lena die hinterhältige Missetäterin und Bernd das unschuldige Opfer.

Aber je schlechter das Licht, in dem Bernds Anwalt Lena erscheinen ließ, desto reiner fühlte sie sich.

Sie verbrachte die nächsten drei Jahre damit, ihre Seele mit Zeitlupenwiederholungen von Bernds Angriff auf ihre unschuldige Hingabe zu peinigen. Dabei fühlte sie sich trotz ihrer Gewißheit, im Recht zu sein, unsicher genug, um sich an einen Lebensberater zu wenden. Sie erwartete, daß dieser sie mit den Mitteln der Psychologie in ihrem Groll bestärken würde. Statt dessen wurde ihr Haß unterhöhlt. Sie gewann neue Einblicke in das eigene Ich, und dabei verlor das bittere Vergnügen ihres Hasses seine Wirkung. Mit einem Wort: Lena hörte auf, sich wie ein Unschuldsengel vorzukommen.

Nicht Bernd betrog sie; sie betrog sich selbst. Sie hatte es in Wirklichkeit die ganze Zeit gewußt; aber sie hatte es nicht gewagt, es vor sich selbst zuzugeben. Die Wahrheit war zu schmerzlich, darum leugnete sie die unstrittigsten Beweise. Nicht so sehr töricht, sondern feige, wie sie war, trug sie die Scheuklappen, die ihr die eigene Furcht angelegt hatte. Jetzt gingen ihr zum ersten Mal die Augen auf über ihre eigene Unaufrichtigkeit.

Ferner erkannte sie, daß sie nicht die sich selbst aufopfernde Liebende gewesen war, für die sie sich gehalten hatte. In Wirklichkeit war ihr die Geborgenheit wichtiger als Bernd selbst, und sie verließ sich darauf, daß sein Eheversprechen ihr diese Geborgenheit verschaffen würde. Sie setzte alles auf seine Moralvorstellungen. Bernd gehörte zu den Menschen, die sich lieber mit dem Spatzen in der Hand begnügen, als nach der Taube auf dem Dach zu schielen. Sie brauchte ihn nur daran zu erinnern, ein lieber Junge zu sein, und schon hätte sie ihn da, wo sie ihn haben wollte.

Als sie sich selbst so sehen konnte, wie sie wirklich war – mit ihren guten, aber auch mit ihren weniger guten Seiten –, öffnete sie der Vergebung einen Spaltbreit die Tür.

Lenas Verständnis ihrer selbst ließ den Akt des Vergebens nunmehr als ein kleineres Wunder erscheinen, das sie zu vollbringen imstande war. Sie ertappte sich dabei, Bernd Gutes zu wünschen. Und sie fühlte sich frei, beim nächsten Mal ehrlicher zu sein.

Wenn erst ein wenig Zeit vergangen ist und wir etwas mehr Einblick gewonnen haben, fangen wir an, sowohl uns selbst als auch unsere Feinde in bescheideneren Konturen zu erblicken. Wir sind in Wirklichkeit nicht so unschuldig, wie wir es uns in dem Moment, als wir verletzt wurden, einbildeten. Und im Normalfall müssen wir keinem gigantischen Scheusal vergeben, sondern einem schwachen, notleidenden und ziemlich dummen Menschen.

Wenn Sie Ihren Feind, aber auch sich selbst im Lichte der Schwachheit und Dummheit Ihres gemeinsamen Menschseins betrachten, machen Sie das Wunder des Vergebens ein wenig leichter.

Kapitel 13

Aller Verwirrung zum Trotz

Das Vergeben ist der Weisheit höchste Kunst; aber wir, die wir daran arbeiten, sind größtenteils Pfuscher und Stümper. Wir bewegen uns gewöhnlich gegen den Strom unserer Verwirrung auf das Vergeben zu.

Daß wir verwirrt sind, ist nicht allein unsere Schuld. Das Material, das uns zur Verfügung steht, ist häufig ein einziges Durcheinander. Was genau geschah, ist oft unklar. Wer tat wem was an? Wie schlimm war es wirklich?

Jedes Zerwürfnis ist freilich im Kern auf die gleiche, einfache Formel zurückzuführen: Ein Mensch hat einen anderen Menschen verletzt. Der Bösewicht tut etwas Schlimmes, und der Held des Stückes hat darunter zu leiden. Dennoch entdecken wir häufig, daß sich um diesen einfachen Kern aus unberechtigtem Schmerz ein fast unentwirrbares Knäuel von Verletzungen und Haß gebildet hat.

Wir werden ebenfalls durch einen *emotionalen* Morast am Weiterkommen gehindert. Man könnte genausogut ein Kind auffordern, die Höhe der Staatsschulden auszurechnen, als von zwei Menschen, die im gegenseitigen Haß verstrickt sind, zu verlangen, daß sie ihre Schmerzen selbst aus der Welt schaffen! Wenn wir dem Vergeben entgegentappen, haben wir oft genug ein ganzes Gewirr von Gefühlen und Mißverständnissen zu überwinden.

Nur um zu zeigen, wie anständige Menschen durch den von ihnen selbst aufgewirbelten Staub der Verwirrung ins Vergeben hineinstolpern können, möchte ich Ihnen von einem traurigen kleinen Drama erzählen, in dem ich eine führende, aber ziemlich lächerliche Rolle spielte.

Ich hatte eine neue Stelle in einer neuen Stadt angenommen, in der ich keine Freunde hatte, und fühlte mich hinsichtlich meiner Erfolgschancen recht unsicher. Ich kannte nur zwei Menschen in dieser Stadt, Ted und Doreen, alte Bekannte, von denen ich hoffte, wir würden sofort gute Freunde werden. Freunde wie sie hatte ich dringend nötig.

Schon kurz nach unserer Ankunft sahen sich Ted und Doreen in der Lage, Doris und mir einen großen Gefallen zu tun. Ich hatte meine neue Arbeit kaum aufgenommen, als Doris ins Krankenhaus eingewiesen wurde. Folglich stellte sich manchmal die Frage: Wohin mit den Kindern nach der Schule? Doreen kam uns warmherzig und großzügig zu Hilfe. Wir waren, wie ich meinte, auf dem besten Weg, Freunde zu werden.

Dann jedoch schloß Doreen leise, aber wirkungsvoll die Tür. Die freundschaftliche Beziehung wurde eingefroren, die Wärme abgestellt!

Was hatte ich getan? Wie hatte ich sie gekränkt? Ich wandte mich an Ted.

„Erzähl mir doch, wodurch ich Doreen verletzt habe!"

„Frag mich lieber nicht. Laß gut sein!"

Ich konnte es aber nicht einfach gut sein lassen. Ich mußte unbedingt alles wieder in Ordnung bringen. Ich entwickelte ein beinahe zwanghaftes Bedürfnis, meine Schuld zu bekennen. Ich fragte noch einmal – und erhielt zur Antwort wiederum eisiges Schweigen.

Ich schrieb Doreen einen Brief, in dem ich meinen Kummer darüber zum Ausdruck brachte, daß ich sie – wie auch immer – verletzt hatte, und um Vergebung bat.

Keine Antwort. Ich existierte nicht.

Jetzt war ich an der Reihe. Ich war verletzt, und meine Verletzung verwandelte sich schnell in Haß. Ich war nicht mehr der zu Kreuze kriechende Büßer, der einem anderen ein Unrecht zugefügt hatte. Ich war zum Opfer geworden, denn jetzt hatte Doreen ein Unrecht *an mir* begangen. Und ich gebe zu, daß mir der herbe Groll besser mundete als abgestandene Zerknirschung.

Die Situation war aber recht verworren.

Wer von uns beiden war wirklich dran, dem anderen zu vergeben – und wer hatte es nötig, Vergebung zu empfangen? Und wenn wir es beide nötig hatten, zu vergeben *und* Vergebung zu empfangen, wer von uns hatte es nötiger? Würden wir jemals alles wieder ins rechte Lot bringen können?

Kluge Menschen sind tatsächlich dumm genug, um Maulwurfshügel dieser Art in Berge zu verwandeln, die nur von frei Vergebenden bezwungen werden können.

Die Vergebung stellte sich dennoch ein. Sie kam stoß- oder vielmehr tröpfchenweise. Sie sickerte in mickrigen Rinnsalen durch den Abfluß unseres beiderseitigen Grolls. Aber zuletzt war sie da.

Doreen und mir war es möglich, uns auf die Vergebung zuzubewegen, weil wir unsere Gefühle im Hinblick auf unser Zerwürfnis *einer dreifachen Gewichtsverlagerung* unterzogen.

Als erstes *reduzierten wir unseren Einsatz.* In der ersten Phase unseres kleinen Zerwürfnisses investierten wir ungeheure emotionale Kräfte in trivialen Missetaten. Dabei taten wir so, als ginge es bei diesem Kräftemessen um unser persönliches Selbstwertgefühl. Wir steigerten unseren Einsatz weit über den eigentlichen Streitwert hinaus. Aber die Zeit – jene unbesungene Kollegin der Liebe – gab uns eine Möglichkeit, unser Anlagekapital zu verringern.

Was hatte Doreen am Ende getan? Und was hatte ich getan? Nichts Besonderes, vermute ich. Die Gefühle, die unser Handeln ausgelöst hatte, standen in keinem Verhältnis zur Bedeutung unserer jeweiligen Missetaten. Darum ließ jeder die Fehler des anderen auf ihre wahre Größe zusammenschmelzen. Und als wir den Maßstab unserer gegenseitigen Anklagen verkleinerten, schmolz nicht nur unser Zorn, sondern auch unser Schmerz.

Als zweites *reduzierten wir die Erwartungen, die wir in die Vergebung gesetzt hatten.* In Wirklichkeit hatten Doreen und ich nicht mehr den Wunsch, gute Freunde zu sein. Alles, was wir jetzt voneinander verlangten, war Wohlwollen und ein wenig Achtung. Nachdem wir einmal begriffen hatten, daß wir nicht gezwungen waren, im Anschluß an die gegenseitige Vergebung gute Freunde zu sein oder in der Weise zusammenzukommen, wie ich es mir früher vorgestellt hatte, gingen unsere Besorgnis und unser Groll so schnell zurück wie eine Frühjahrsüberschwemmung, wenn sie in den weichen Boden sickert. Wir empfanden die Vergebung nicht mehr als Bedrohung; wir konnten vergeben, ohne daß wir verpflichtet waren, einander wie gute Freunde zu umarmen. Es reichte aus, daß wir uns nicht unbehaglich fühlten, wenn wir uns im gleichen Zimmer befanden, am gleichen Tisch saßen oder uns auf einer Feier begegneten.

Als drittes *reduzierten wir unser Verlangen, einander alles mit gleicher Münze heimzuzahlen.* Wir gaben den Versuch auf, darüber Buch zu führen, wer wem was angetan hatte und wie schlimm die sich daraus ergebenden Schmerzen waren. Wir lernten es, alte Rechnungen nicht begleichen zu wollen, und es zu ignorieren, wenn unsere Missetaten sich nicht die Waage hielten. Wir fanden uns damit ab, daß es weder ihr noch mir möglich war, für einen ausgeglichenen Spielstand zu sorgen.

Die ganze Fülle des Vergebens stellte sich keineswegs im Nu ein. Sie kam nach und nach – durch eine unerwartete Begegnung hier, eine freundschaftliche Geste dort, durch den Tausch von Grüßen und eine Andeutung, daß positivere Gefühle zu fließen begonnen hätten. Wir quälten uns mit dem Vergeben ganz schön ab.

Ein Triumph für die Kunst des Vergebens war dies nicht, das gebe ich zu. Indessen kommt Heilung oftmals auf den Flügeln von Bagatellen daher. Und am Ende steht nicht immer die Ekstase. Wir gehen zu den gleichen Empfängen und freuen uns, wenn wir einander frohe Weihnachten wünschen. Manchmal sind geringe Gnadenerweise dieser Art ausreichend.

Wir müssen keine Virtuosen im Spiel des Vergebens sein, damit es klappt.

Kapitel 14

Mit bleibendem Zorn

Bleiben nach dem Vergeben Reste des Zorns zurück?

Ja, oft. Das läßt sich nicht vermeiden.

Einige Menschen glauben, sie dürften, wenn sie erst einmal vergeben haben, in ihrem Herzen keinen Zorn mehr empfinden.

Ich bin da anderer Meinung. Ich denke, Zorn und Vergebung können in demselben Herzen nebeneinander bestehen. Niemand muß sich deswegen vorwerfen lassen, beim Vergeben versagt zu haben, weil er immer noch darüber böse ist, daß ihm ein schmerzliches Unrecht zugefügt wurde.

Es ist furchtbar unrealistisch, sich einzubilden, man könnte sich durch einen einzigen Akt des Vergebens aller zornigen Gefühle entledigen.

Zorn ist die ausführende Gewalt des menschlichen Anstands. Wer nicht zornig wird und bleibt, wenn etwas Schlimmes passiert, dem fehlt ein Stück Menschlichkeit.

Bedenken Sie: Sie können die Vergangenheit nicht aus Ihrem Gedächtnis löschen. Sie können bestenfalls den Schmerz, den die Vergangenheit zurückgelassen hat, heilen.

Wird Ihnen ein Unrecht zugefügt, so wird dieses Unrecht zu einer der unzerstörbaren Realitäten Ihres Lebens. Wenn Sie vergeben, heilen Sie sich selbst von Ihrem Haß gegen die Person, die diese Realität geschaffen hat. Sie verändern jedoch weder die Fakten noch machen Sie sämtliche Folgen dieser Fakten rückgängig. Die Toten bleiben tot; die Verwundeten bleiben – häufig – verkrüppelt. Weder die Realität des Bösen noch der Schaden, den es bei uns Menschen anrichtet, wird wie durch ein

Wunder aus der Welt gezaubert. Das Böse kann uns durchaus noch zum Zorn reizen.

Ein Mann *vergißt* nicht, daß sein Vater ihn während seiner Kindheit mißbrauchte. Eine Frau *vergißt* nicht, daß ihr Chef sie im Hinblick auf ihre Zukunftsperspektiven im Unternehmen anlog. Man *vergißt* nicht, daß man von einem Menschen, den man liebte, ausgenutzt und dann fallengelassen wurde, als die Beziehung ihm nichts mehr zu bringen schien. Ich wage zu behaupten, daß Jesus nicht vergessen hat, daß er einst von einem Mann namens Judas verraten wurde. Überlebende des Holocausts vergessen nicht, daß sie damals die Hölle auf Erden durchlebten.

Wie könnte man anders an das Geschehene zurückdenken als im Zorn?

Können Sie auf den schmerzerfüllten Augenblick – oder auf die schmerzvollen Jahre – zurückschauen, ohne den leidenschaftlichen, wütenden Wunsch zu verspüren, daß das, was Ihnen so furchtbar weh getan hat, niemals geschehen wäre? Wahrscheinlich gibt es Menschen, die das können. Doch glaube ich nicht, daß Sie damit rechnen sollten, Ihren schrecklichen Erinnerungen auf eine so ruhige Art entfliehen zu können. Sie werden weiterhin zornig sein, jedoch ohne Haß.

Wer sich auf die Reise des Vergebens begibt, verliert – wenn auch nur langsam – seinen leidenschaftlichen Groll. Der Groll verfliegt, zurück bleibt der Zorn. Dort, wo das Vergeben anfängt, sein befreiendes Werk zu vollbringen, wird im Laufe der Zeit die weißglühende Flamme des Grolls gelöscht.

Ein Mann ertappt sich dabei, seiner Ex-Frau alles Gute für ihre neue Ehe zu wünschen. Ein Vater staunt darüber, wie sehr ihm daran liegt, daß seine rebellische Tochter glücklich wird. Wir wünschen einem Menschen, der uns in seiner schwachen Menschlichkeit verletzt hat, Glück und Segen – auch wenn die Verletzung unberechtigt war und sehr tief ging.

Was geht hier vor sich? Ihre Grollgefühle lassen allmählich nach – in etwa so, wie Ihre Kopfschmerzen nachlassen, wenn Sie drei Aspirintabletten schlucken. Sie sind nun zornig, ohne Groll zu empfinden – ein Zeichen dafür, daß Ihre Vergebung echt ist.

Zorn minus Groll = Hoffnung. Ein unvermindert anhaltender Groll wird Sie allmählich ersticken. Zorn hingegen kann Sie motivieren, etwas zu unternehmen, damit das an Ihnen begangene Unrecht nicht wiederholt wird. Groll hält Ihren Schmerz am Leben und läßt Ihre Seele dahinsiechen; Zorn treibt Sie einer besseren, hoffnungsvollen Zukunft entgegen.

Es gibt drei Möglichkeiten, das Gift des Grolls abzuziehen und gleichzeitig von der Energie Ihres Zorns Gebrauch zu machen. Vielleicht lohnt es sich für Sie, sie auszuprobieren.

Bringen Sie als erstes Ihren Groll deutlich zum Ausdruck. Machen Sie präzise Angaben; nageln Sie den Gegenstand Ihrer Wut fest. Es ist auf keinen Fall hilfreich, Ihren Groll gären zu lassen. Auch hilft es nicht, Menschen damit zu bewerfen. Sie sollten statt dessen Ihren Groll in Gegenwart einer Person bekennen, die Ihnen helfen kann, ihn loszuwerden. Sie können ihn in aller Stille vor Gott ausbreiten – oder vor jemandem, der in Ihren Augen Gott vertritt.

Als nächstes sollten Sie es Gott überlassen, mit den Menschen fertig zu werden, die Sie in Ihrem Haß am liebsten verprügeln möchten. Wenn diese der Belehrung bedürfen, überlassen Sie es Gott, sie zu belehren. Wenn sie vor ihrer eigenen Dummheit gerettet werden müssen, überlassen Sie es Gott, sie zu retten. Wenn sie es nötig haben, aus ihrer stumpfsinnigen Gottlosigkeit befreit zu werden, überlassen Sie es Gott, sie daraus zu befreien. Was Sie in erster Linie brauchen, ist Heilung von der Infektionskrankheit des Grolls, die durch die tiefen Wunden hervorgerufen wurde, die diese Leute Ihrem Leben zugefügt haben.

Als letztes könnten Sie es auch mit dem Gebet versuchen: Beten Sie doch um Frieden für die Menschen, die Sie hassen!

Wenn Sie das tun, werden Sie möglicherweise ein weiteres Geheimnis des Vergebens entdecken: Sie müssen Ihren Zorn nicht unterdrücken, sondern nur Ihren Groll aufgeben. *Um Ihrer selbst willen.* Groll ist ein seelischer Schmerz, der der Heilung bedarf. Zorn ist Energie, die in eine bestimmte Richtung gelenkt werden muß. Sind Sie einmal vom Groll geheilt, dann lassen Sie den Zorn sein erneuerndes Werk vollbringen. Vergebung und Zorn können zu einem guten Zweck gemeinsame Sache machen.

Kapitel 15

Schritt für Schritt

Umfassendes Vergeben geht über unsere Kräfte.

Kürzlich hat mich ein Mann aufgesucht. Er wollte einen Weg finden, seiner 21jährigen Tochter Barbara zu vergeben. Sie, eine sehr sensible junge Frau, leidet seit einigen Jahren an ziemlich heftigen Depressionen.

Sie bleibt jeden Tag bis Mittag im Bett. Den Rest des Tages verbringt sie auf einer Couch vor dem Fernseher und sieht sich am laufenden Band Seifenopern und alte Situationskomödien an. Ab und zu steht sie während der Werbespots auf, aber nur, um sich mit einfachen Fertiggerichten vollzustopfen.

Schlimmer noch: Barbara verhält sich mürrisch und gehässig gegenüber jedem, der ihr nahe genug kommt, um sich mit ihr zusammen vor den Fernseher zu setzen. Immer wenn Arthur seine Hilfe anbietet oder behutsam andeutet, Barbara müsse sich selbst helfen, faucht sie ihn an wie ein in die Enge getriebener Leopard. Schlägt jemand taktvoll eine psychiatrische Behandlung vor, setzt sie sich schreiend zur Wehr gegen eine Familie, die ihr angeblich vorwirft, verrückt zu sein.

Auf diese Weise hat sich Barbara in eine dicke Decke aus Wut und Groll gewickelt – und ihre ganze Familie mit.

Sie braucht dringend Hilfe.

Aber Arthur nicht minder. Barbaras schroffe Ablehnung seiner langmütigen Liebe hatte ihn völlig zermürbt. Weil sie ihn zum Dank für seine väterliche Fürsorge immer wieder mit Gift anspie, war sein Herz im Würgegriff der Schlange des Grolls. Er fühlte sich betrogen und sah keine Möglichkeit, etwas daran zu ändern.

Warum müsse gerade er eine volljährige Tochter haben, die ihn mit leidenschaftlicher Wut hasse? Warum bleibe es gerade ihm nicht erspart, seinen erfolgreichen Freunden, die mit den Erfolgen ihrer Kinder prahlen könnten, erklären zu müssen, weshalb seine Tochter mit ihrem Leben nichts anzufangen wisse? Warum habe gerade seine Tochter solch eine bodenlose Gemeinheit begangen?

Wer war daran schuld? Arthur hatte den leisen Verdacht, daß er selbst der Schuldige sei. Irgendwo, irgendwie müsse er seine väterlichen Pflichten vernachlässigt haben. Diesen Verdacht unterdrückte er jedoch. Er weigerte sich, die Verantwortung zu übernehmen. „Mir fällt nicht ein, mich deswegen schuldig zu fühlen", brummte er vor sich hin – und das 30mal am Tag.

Und doch fühlte er sich schuldig. Sein gegen Barbara gerichteter Zorn wurde immer heftiger, weil sie ihm so viel Schuld aufgebürdet hatte, obwohl ein Teil seiner selbst von seiner Unschuld überzeugt war.

Dann hörte er mich eines Tages über das Vergeben als Weg zur Heilung sprechen. Und er fragte sich, ob er hier nicht vielleicht ein schnellwirkendes Heilmittel für sein verwundetes Herz entdeckt habe.

Er wollte wissen, wie er seiner Tochter vergeben könne.

„Was genau möchten Sie ihr denn vergeben?" fragte ich. „Möchten Sie ihr etwa ihr ganzes Leid vergeben? Wollen Sie ihr vielleicht ihren Selbsthaß vergeben? Oder daß sie sich Tag und Nacht selbst verurteilt, weil sie weiß, wieviel Schmerz sie Ihnen zufügt? Oder möchten Sie ihr lieber ihre Depressionen verzeihen?

Muß Barbara überhaupt deshalb vergeben werden, weil sie Ihre Erwartungen enttäuscht hat und nicht die erstklassige junge Frau geworden ist, die Sie brauchen, um Ihren erfolgreichen Freunden zu imponieren?"

Arthur war benommen. Ihm war, als hätte er einen Arzt um Rat gefragt und wäre von diesem verprügelt worden. Ich hatte ihn aber durchschaut. Ich hatte mich selbst in Arthur wiedererkannt und war auf keinen Fall bereit, mir Sand in die Augen streuen zu lassen.

Arthur wollte das Vergeben als billiges, schnellwirkendes Medikament verwenden, um Schmerzen zu behandeln, die das Vergeben nicht lindern kann. Es kann niemals die narzißtischen Ressentiments heilen, die wir hegen, wenn andere die Erwartungen, die wir in sie setzen, enttäuschen. Niemand kann je einem anderen sein „So-Sein" vergeben. Das Vergeben wurde nicht von Gott ersonnen, um ein derart ungerechtes Manövrieren zu ermöglichen.

Vielleicht wird Arthur seiner Tochter vergeben können, daß sie ihn beschimpft hat, als er ihr das Angebot machte, sie zum Therapeuten zu fahren. Wahrscheinlich kann er ihr vergeben, daß sie ihm kürzlich beim

Abendbrot sagte, daß sie ihn hasse. Vielleicht verfügt er tatsächlich über die nötige Kraft, ihr jede einzelne *Tat* zu vergeben, durch die sie ihn so unglücklich gemacht hat.

Aber daß Barbara depressiv ist, das kann er ihr nicht vergeben.

Wenn wir versuchen, Menschen zu vergeben, daß sie uns zur Last fallen oder nicht so sind, wie wir sie gerne hätten, überlasten wir die Schaltkreise der Vergebung. Es gibt andere Mittel, mit den Fäden der Tragik fertig zu werden, die in das Gewebe unseres Lebens eingearbeitet sind. Zu diesen Mitteln zählen Mut, Mitleid, Geduld und Hoffnung. Es fällt uns – weiß Gott – schwer genug, sie anzuwenden.

Doch bin ich mir sicher, daß ich Arthur nicht im geringsten geholfen hätte, wenn ich ihn in dem Glauben bestärkt hätte, er solle oder könne seiner Tochter ihr So-Sein vergeben, obwohl sie zur traurigen, notleidenden Hauptfigur seiner echten, aber egoistischen Tragödie geworden ist.

Ich glaube, daß es ein Naturgesetz des Vergebens gibt. Es fordert von uns einen Tribut, wenn wir versuchen, Menschen deshalb zu vergeben, weil sie so sind, wie sie sind: *Wer anderen ihr So-Sein vergibt, mehrt nur den eigenen Schmerz.*

Wenn wir uns umfassendes Vergeben genehmigen, nimmt unser Schmerz zu. Der Grund dafür ist nicht schwer zu erkennen. Wenn wir versuchen – und es kann uns niemals gelingen! –, einem anderen sein So-Sein zu vergeben, häufen wir Ressentiment auf Ressentiment. Wir geben dem anderen nicht nur dafür die Schuld, daß er uns ein Unrecht zugefügt hat, sondern auch noch dafür, daß wir es nicht schaffen, ihm zu vergeben.

Am Ende bemitleiden wir uns selbst mehr als je zuvor und fühlen uns auch noch schuldiger, weil wir uns jetzt – von allem anderen einmal abgesehen – darüber schämen, daß wir nicht vergeben können. Unser Schmerz nährt sich selbst. Er nimmt wie ein unsichtbares Karzinom zu.

Mit einem Wort: Beim heilenden Vergeben dreht sich alles um das, was andere tun, und nicht um das, was sie sind. Für die meisten Menschen gilt: Die heilende Kunst des Vergebens muß Schritt für Schritt ausgeübt werden.

Gewöhnliche Menschen vergeben am besten, wenn sie es nach und nach und im Hinblick auf bestimmte Taten tun. Wenn sie versuchen, in grandiosem Stil zu vergeben, fahren sie sich fest – weil umfassendes Vergeben fast immer geheuchelt ist. Wer überhaupt etwas vergibt, vollbringt schon ein kleines Wunder. Unbegrenzt vergeben zu wollen ist albern. Das kann keiner – außer Gott.

Und die wichtigste Spielregel für Menschen, die vergeben wollen, lautet: Denken Sie daran, daß Sie *nicht* Gott sind.

Kapitel 16

Aus freien Stücken – oder überhaupt nicht

Wir sind niemals freier als dann, wenn wir in die Vergangenheit zurückgehen und einer Person vergeben, die uns weh getan hat.

Erzwungenes Vergeben ist ein Ding der Unmöglichkeit. Niemand vergibt aus einem inneren Zwang heraus. Wirklich vergeben kann man auch nicht aus Pflichtgefühl heraus. Wenn wir einer Person, die uns ein Unrecht zugefügt hat, vergeben, gehen wir wesentlich weiter, als die Pflicht von uns verlangt – wir betätigen dabei unseren freien Willen.

Es ist darum albern, wenn eine Mutter ihre Tochter immer wieder auffordert, ihrem Bruder zu vergeben, nachdem dieser ihr Tagebuch gelesen und die dort entdeckten Geheimnisse ausgeplaudert hat. Und sinnlos, wenn ein Prediger seine Gemeinde beredet, ihren Feinden zu vergeben, indem er unversöhnlichen Seelen mit dem Gericht Gottes droht.

Die nörgelnde Mutter und der redegewandte Prediger werden mit ihrer Taktik keinen Erfolg haben. Entweder wir vergeben aus freien Stücken oder wir vergeben in Wirklichkeit überhaupt nicht.

Unser Vergeben geschieht *nicht* aus freien Stücken, wenn wir von dem inneren Bedürfnis getrieben werden, die Person, der wir vergeben, zu beherrschen. Wer einen anderen durch Vergeben manipuliert, macht alles nur noch schlimmer. Viele versuchen es trotzdem.

Es gibt drei Arten von Menschen, die andere durch Vergeben manipulieren.

Die *Schießwütigen* feuern ihre Vergebung bei jeder sich bietenden Gelegenheit sofort ab. Jedesmal, wenn jemand ihnen irgendeine unbedeutende Unannehmlichkeit bereitet, machen sie ihn mit mörderischer Großmut fertig.

Wenn Sie zu Ihrer Verabredung mit Harald eine halbe Stunde zu spät kommen, vergibt er Ihnen, noch bevor Sie erklären können, daß Sie gerade in dem Augenblick, als Sie Ihre Wohnung verlassen wollten, durch ein Ferngespräch davon abgehalten wurden. Wenn Sie Gudruns Geburtstag vergessen, vergibt sie Ihnen mit der ernsten Miene eines Richters, der ein Todesurteil verkündet. Wenn Resis Sohn sein Zimmer nicht aufräumt, vergibt sie ihm, ohne eine Erklärung zu verlangen.

Der Schießwütige vergibt auf die gleiche Weise, wie ein erfahrener Boxer eine Linke losläßt, sobald er ein Zucken im Auge seines Gegners bemerkt.

Durch derart wahlloses Vergeben verletzt, würden Sie vermutlich am liebsten entgegnen: „Das mußt du mir nicht vergeben; das, was ich angestellt habe, war nicht so schlimm, daß ich deine Vergebung mit ihrer eindeutigen Schuldzuweisung verdient hätte." Aber Sie sind in eine Falle getappt. Der Schießwütige hat nämlich das Bedürfnis, Macht auszuüben, darum schüchtert er andere mit seiner Vergebung ein.

Dann gibt es den *Pirschjäger,* der Schuld wittert und aufspürt und sich an sie heranpirscht – wie ein Jagdhund, der die Fährte eines Hasen aufnimmt. Diese Spürhunde wollen dem Schuldigen auf die Schliche kommen, ihn als Übeltäter brandmarken und ihn zuletzt mittels Vergebung zurechtweisen.

Simon Hamon ist so ein Pirschjäger. Er ist Bürovorsteher bei einer Firma, die sehr großen Wert auf akkurate Aktenführung legt. Er wandelt ständig im finstern Tal der Furcht, jemand aus der obersten Etage könnte sein Büro bei einem Computerbedienungsfehler ertappen. In seinem Büro sind jedoch zehn Angestellte beschäftigt, von denen jeder mindestens einmal täglich den Computer füttert. Simon kann die eingespeiste Kost unmöglich kontrollieren, und das Gesetz der menschlichen Fehlbarkeit bietet die Gewähr dafür, daß einer der Zehn hin und wieder ein falsches Menü eingibt. Wenn das passiert, verwandelt sich der Bürovorsteher in einen Pirschjäger. Er geht auf eine heimliche Hetzjagd, schnüffelt nach Hinweisen und entlarvt den Schuldigen.

Simon will Spannung, Tränen und knirschende Zähne.

Selbstverständlich vergibt er – jedesmal. Aber seine Vergebung hat Nachwirkungen: Verurteilung und Beschämung. Er verzeiht und läuft davon und hinterläßt einen Groll, der durchs ganze Büro zirkuliert – wie im Sommer die heiße Luft, wenn der Ventilator eingeschaltet wird.

Dann gibt es noch die *Fallensteller,* die andere dazu verleiten, genau das zu tun, was ihnen vergeben werden muß. Fallensteller locken andere in eine Falle, vergeben ihnen und veranlassen ihre Opfer alsdann, noch einmal das gleiche zu tun – damit sie ihnen wieder vergeben können.

Irma ist eine Fallenstellerin. Ihrem Ehemann Clint hat sie mindestens tausendmal vergeben. Aber jedesmal, wenn sie ihm vergibt, hebt sie die Grube, in die sie ihn ein ums andere Mal hinabstößt, noch tiefer aus.

Clint ist ein Trinker. Meistens trinkt er am späten Nachmittag irgendwo, wo Irma ihn nicht entdecken kann. Dann kommt er nach Hause, gibt einen Grunzlaut von sich, läßt sich aufs Sofa plumpsen und verschläft den ganzen Abend.

Am Wochenende jedoch fängt er schon früh mit dem Trinken an, und am Samstagnachmittag um fünf Uhr, auf dem Höhepunkt einer überaus lauten Auseinandersetzung, verpaßt er Irma ein paar Ohrfeigen. Er kann sich am Sonntagmorgen nie daran erinnern. Irma vergißt es aber nie.

Wie ein urlaubsreifer Priester, der am Sonntagvormittag seine Liturgie hinunterleiert, tischt ihm Irma all die Gemeinheiten auf, die er tags zuvor gesagt hat, zeigt ihm die eine oder andere Beule, versichert ihm, er sei über jeden Schatten eines Zweifels hinaus verachtenswerter als ein Wurm – und vergibt ihm mit der Unvermeidlichkeit eines abschließenden Werbespots. Sie vergibt ihm jedesmal. Aber sie „vergibt" so, wie eine Maschinenschreiberin am Ende einer Zeile den Wagen zurückknallt.

Jedesmal, wenn Irma ihm vergibt, wird Clint daran erinnert, daß er die schlimmste Laus ist, die jemals durch die Ritzen der Menschheit dahergekrochen kam. Das mindeste, was er daraufhin tun kann, ist, sich selbst zu bestrafen.

Wie quält sich ein Säufer selbst? Er betrinkt sich natürlich. Damit er wieder einmal von Irma verdroschen und beschimpft wird, wie er es verdient hat. Und damit sie ihm wieder vergeben kann.

Irma verachtet Clint, und ihre Vergebung ist ein Käfig, in dem sie ihren pichelnden Ehemann genau dort festhält, wo sie ihn haben will. Menschen, die andere durch ihre Vergebung manipulieren, verfahren immer so.

Wenn unsere Vergebung befreiend wirken soll, müssen wir sie völlig frei gewähren. Es muß sich um einen Akt freiwilliger Liebe handeln; ein hinterhältiges Powerplay kommt nicht in Frage. Forciertes Vergeben macht die Angelegenheit für alle Beteiligten nur noch schlimmer.

Ein wichtiges Merkmal freien Vergebens ist die Achtung vor der Person, der vergeben wird. Diese Person ist ein großartiges Geschöpf. Niemand vergibt seinem Hund oder seinem Personalcomputer. Man vergibt einzig und allein einem herrlichen Wesen, das man als „Person" bezeichnet. Die Achtung vor einer Person bedeutet in der Praxis, daß wir ihr gestatten, mit unserer Vergebung nach Gutdünken umzugehen.

Ihre Vergebung ist nur dann wirklich frei, wenn Sie dem anderen die Freiheit lassen, Dinge zu tun, die Sie überhaupt nicht für richtig halten. Wer das Geschenk der Freiheit zurückhält, der will das Vergeben nur benutzen, um einen anderen zu beherrschen und zu manipulieren.

Wenn Sie den Versuch unternehmen, andere durch Manipulieren zu dem hinzuführen, was Sie sich unter einem Happy-End vorstellen, dann ist Ihre Vergebung nicht frei, nicht bedingungslos. In Wirklichkeit haben Sie überhaupt nicht vergeben.

Ihre Vergebung wird nur dann echt sein, wenn Sie genug Achtung vor dem anderen haben, um ihn die Verantwortung für seinen Umgang mit Ihrer Vergebung selbst tragen zu lassen. Dies ist das Risiko, das jeder, der am Spiel des Vergebens beteiligt ist, eingehen muß.

Freies Handeln ist auf die eine oder andere Weise immer riskant. Gerade das Vergeben stellt eines der größten mit der Freiheit verbundenen Risiken dar. Echtes Vergeben kann jedoch auf keinem anderen Weg erfolgen.

Kapitel 17

In der Kraft einer grundlegenden Gewißheit

Ruth versucht schon seit Jahren, ihrer Mutter zu vergeben. Gott allein weiß, wie schwer es ihr fällt. Schon als Kind merkte sie, daß sie unerwünscht war. Sie kann sich nicht erinnern, jemals von ihrer Mutter in die Arme genommen worden zu sein. Soweit sie es weiß, haben ihre Eltern nie mit ihr geschmust; auch wurde sie nie liebevoll zu Bett gebracht, nie geküßt. Alles, woran sie sich erinnert, ist, daß man auf Armeslänge an sie heranzutreten pflegte, um ihr große Mengen an teurem Spielzeug zuzustecken.

Als Ruth acht Jahre alt war, scheiterte die Ehe ihrer Eltern. Ihre Mutter hätte gern die Scheidung eingereicht. Da war jedoch Ruth – was würde aus der kleinen Ruth werden? Darum harrte sie um ihres unerwünschten Kindes willen bei einem Mann aus, den sie nicht liebte. Doch ärgerte sie sich um so mehr über Ruth, weil diese ihr eine zweifache Last auferlegt hatte: erst sich selbst und dann ihren Vater.

Ihrerseits haßt Ruth ihre Mutter, weil diese ihr die Liebe verweigerte, die sie in einer normalen Familie erfahren hätte, und sie wie eine Fremde oder Feindin behandelte. Ruth hat ihre Mutter furchtbar lange gehaßt. Der Hund ihres Hasses knurrt seit Jahren unaufhörlich in der Tiefe ihres Herzens. Sie wünscht, ihre Mutter würde sterben und sie alles vergessen lassen. Doch weiß sie, daß ihr Haß ihre Mutter überleben wird.

Ruths Haß gegen ihre Mutter macht hier noch nicht halt – er hat einen Widerhaken, an dem Ruth selbst hängengeblieben ist. Sie kann sich in ihrem tiefsten Herzen des Gefühls nicht erwehren, ihre Mutter habe von

Anfang an recht gehabt: Wahrscheinlich ist sie niemals liebenswert gewesen. Aus diesem Grunde haßt sie sich selbst mit der gleichen Intensität, mit der sie ihre Mutter haßt.

Wie kann Ruth das verknotete Knäuel des Hasses entwirren, das sie an ihre Mutter bindet und sie ihr zugleich entfremdet?

Ich glaube, daß Ruth erst dann imstande sein wird, ihrer Mutter – oder sich selbst – zu vergeben, wenn sie weiß, daß ihr vergeben ist. Um mit dem Schmerz fertig zu werden, der ihr aus der Schuld ihrer Mutter erwächst, muß sie zuvor den Schmerz auf sich nehmen, der bei der Bewältigung eigener Schuld entsteht. Erst wenn sie die Gewißheit hat, daß ihr bedingungslos und uneingeschränkt vergeben worden ist, wird sie frei sein, sich selbst zu vergeben. Und sie muß sich selbst vergeben, ehe sie die Freiheit finden kann, ihrer Mutter zu vergeben.

Die Gewißheit, daß einem vergeben ist – was ist das für ein Gefühl?

Vergebung ist die Grundlage jedes anderen positiven Gefühls.

Vergleichen Sie doch einmal das Gefühl, daß einem vergeben ist, mit irgendwelchen anderen tollen Gefühlen. Denken Sie beispielsweise an das Gefühl, endlich etwas geschafft zu haben, was Ihnen seit längerem nicht gelingen wollte: „Ich hab's geschafft! Ich hab's geschafft!" Ein prächtiges Gefühl, nicht wahr? Denken Sie an das Gefühl, mit einer Person, die Sie wirklich lieben, intime Gemeinschaft zu haben. Oder an das Gefühl der Erleichterung, wenn Sie einen vertrauten Orientierungspunkt entdecken, nachdem Sie sich verfahren haben und Ihnen das Benzin fast ausgegangen wäre. Gefühle dieser Art sind allesamt herrlich, aber keines davon ist wirklich grundlegend. Sie bestimmen nicht endgültig darüber, ob wir uns freuen können oder nicht.

Die grundlegende Gewißheit hingegen beeinflußt unser ganzes Leben.

Die Gewißheit, daß mir vergeben ist, ist das Fundament meines Daseins. Mein ganzes Leben ist darauf aufgebaut. Es handelt sich um ein Gefühl absoluten Angenommenseins, das aus meinem tiefsten Inneren hervorquillt und mir durch keine Sünde, die ich begehen könnte, wieder genommen werden kann. Ich fühle mich ohne jede Einschränkung bestätigt, geliebt und angenommen. Mein ganzes Dasein ist zur Ruhe gekommen, weil ich die Gewißheit habe, daß mich nichts mehr von der Quelle der Liebe scheiden kann – obwohl ich niemals genug Gutes leisten könnte, um dieses Vorrecht zu verdienen. Jetzt weiß ich, daß mich nichts und niemand mehr wirklich verletzen kann.

Der Mensch bleibt beim Empfang dieser grundlegenden Gewißheit passiv. Sie tritt jedoch nur ein, solange man dafür offen ist. Man kann sie nicht herbeizaubern; man kann nur dafür empfänglich bleiben.

Dieser Gewißheit kann man sich allerdings auch verschließen. Wie? Die grundlegende Gewißheit verpaßt ganz sicher, wer allzusehr darauf bedacht ist, geistliche Erfolgserlebnisse zu verbuchen.

Wir alle würden uns am liebsten einen Platz an der Sonne erwerben, wo wir uns Seite an Seite mit den Glückspilzen niederlassen könnten, die es im Leben zu etwas gebracht haben und auf ihren Erfolg stolz sind. Wir wollen erhobenen Hauptes einherschreiten, im hochverdienten Bewußtsein unseres eigenen großen Wertes. Warum denn nicht? Ist doch ganz natürlich!

Manchmal haben wir es aber nötig, uns mit ehrlicheren Augen zu betrachten.

Wir tun gut daran, unsere Gefühle von Zeit zu Zeit in die dunkleren Regionen unserer Seele zurückzuverfolgen, in denen wir weder besonders hübsch noch besonders rein sind. Wir sind eine gemischte Rasse: Schatten und Licht, Schwächen und Stärken, Schmutziges und Sauberes, Haß und Liebe, alles findet zur gleichen Zeit in unserem Leben Platz. Wir sind die *Zweideutigkeit* in Person. Nur wer diese tiefsitzende Zweideutigkeit zugibt, ist für die grundlegende Gewißheit offen, daß ihm vergeben ist.

Das Fixiertsein auf geistliche Erfolgserlebnisse kann uns dazu verleiten, idiotische Umwege einzuschlagen, die uns um die grundlegende Gewißheit herumführen. Ich kenne einen Mann, der so sehr darauf versessen ist, gut zu sein, daß er nicht den geringsten Fehler zugeben kann. Er beklagt sich zwar oft darüber, was für ein armer Sünder er sei, doch ergeht er sich dabei stets in fromm klingenden Gemeinplätzen, mit denen er andere überlisten will, ihm zu versichern, wie überaus tugendhaft er sei. Aber wenn seine Frau sich beschwert, weil er vergessen hat, den Müll hinauszubringen, wäre er bereit, einen Rechtsanwalt zu engagieren, um sich gegen diese „Anschuldigung“ zu wehren.

Warum? Der Grund ist leicht zu erkennen: Sein leidenschaftliches Verlangen nach geistlichem Erfolg erlaubt es ihm nicht, in irgendeiner Hinsicht zu versagen. Sein Bedürfnis, so furchtbar gut zu sein, rührt daher, daß er eine Heidenangst davor hat, auch nur ein bißchen böse zu sein. Damit verspielt er aber seine Chancen, zu der grundlegenden Gewißheit zu gelangen, daß ihm vergeben ist.

Lassen Sie mich wieder für mich selber sprechen. Wenn ich mir ängstliche Gedanken um meinen Selbstwert mache, werde ich zum bewaffneten Wachtposten seiner kaiserlichen Hoheit, meines Ego. Wenn jemand mein Selbstwertgefühl angreift, biete ich meine letzten Reserven auf, um mich zu verteidigen. Ich werde hart, verbissen, verängstigt; ich stehe angriffsbereit.

Ich kann es mir nicht erlauben, mich so zu fühlen, als sei mir vergeben.

Nach einigen schrecklichen Stunden der Leere jedoch, in denen ich merke, daß es sinnlos ist, meine Rechtschaffenheit weiter zu verteidigen, stellt sich wieder die Gewißheit ein, daß mir vergeben ist – und dann bin ich frei, freudig und voller Hoffnung. Ich bin frei zu vergeben – befreit durch die grundlegende Gewißheit der Vergebung.

Meine Lieblingsgeschichte über die Freiheit zu vergeben erzählt Corrie ten Boom in einer ihrer Autobiographien. Corrie wurde, ein paar Tage, nachdem die Alliierten Deutschland erobert hatten, aus einem Konzentrationslager der Nazis befreit. Es dauerte wesentlich länger, bis sie von ihrem siedenden Haß befreit wurde. Sie begab sich indessen auf eine Reise des Vergebens, die sie durch all den Schmerz führte, mit dem ihr Gedächtnis angefüllt war – und blieb erst stehen, als sie an eine Stelle gelangt war, wo sie sogar auch den Nazis vergeben konnte, die ihr das Leben in den Lagern zur Hölle gemacht hatten.

Sie glaubte, in der Vergebung die einzige Macht erkannt zu haben, die imstande wäre, die europäischen Völker von ihren vielfältigen Verletzungen und ihrem Haß zu heilen. Sie verkündete deshalb überall, wohin sie kam, daß Vergeben eine echte Möglichkeit ist. Sie predigte darüber in Holland, in Frankreich und dann auch in Deutschland. Eines Sonntags predigte sie in München über das Vergeben; ihre vielen deutschen Zuhörer waren eifrig darauf bedacht, Vergebung zu empfangen.

Nach dem Gottesdienst entspann sich draußen vor der Kirche ein packendes Drama des menschlichen Geistes. Ein Mann kam auf Corrie zu und streckte ihr die Hand entgegen, in der Erwartung, sie werde sie ergreifen. „Ja, Frau ten Boom, auch ich bin so froh, daß Jesus uns all unsere Sünden vergibt, genauso wie Sie es sagen."

Corrie erkannte ihn wieder. Sie dachte daran, wie sie gemeinsam mit anderen weiblichen Gefangenen gezwungen worden war, sich zu duschen, während dieses Ungeheuer – ein anzüglich grinsender, spöttischer „Übermensch", der hilflose, nackte Frauen bewachte – zusah. Er streckte die Hand so weit vor, daß er sie beinahe berührt hätte. Ihre Hand erstarrte an ihrer Seite.

Sie konnte ihm nicht vergeben. Sie war wie benommen, und ihre eigene Schwachheit jagte ihr einen Schrecken ein. Was sollte sie tun – sie, die sich so sicher gewesen war, daß sie ihren tiefen Schmerz und ihren verzweifelten Haß überwunden und erfolgreich vergeben hatte – was sollte sie tun, da sie mit einemmal einem Menschen gegenüberstand, dem sie nicht vergeben konnte?

Sie betete. „Jesus, ich kann diesem Mann nicht vergeben. Vergib mir." Auf eine wundervolle Weise, auf die sie gar nicht gefaßt war, erhielt sie sofort die Gewißheit, daß ihr vergeben war. Vergeben, daß sie nicht vergeben konnte.

Im gleichen Augenblick – in der Kraft dieser grundlegenden Gewißheit – schnellte ihre Hand hoch. Sie nahm die ihr entgegengestreckte Hand ihres Feindes und befreite ihn. In ihrem Herzen löste sie ihn von seiner fürchterlichen Vergangenheit. Und löste dabei sich selbst von der eigenen.

Die Verknüpfung der Gewißheit, daß einem vergeben ist, mit der Kraft, anderen zu vergeben, ist der Schlüssel zu allem weiteren.

Lassen Sie mich auf meine Bekannte Ruth zurückkommen, jene begabte Frau, die so lange hat leiden müssen, weil sie ihrer Mutter nicht vergeben kann. Ruth kann ihrer Mutter deshalb nicht vergeben, weil ihr die Gewißheit fehlt, daß ihr selbst vergeben ist.

Die Freiheit zu vergeben entspringt der grundlegenden Gewißheit, von jeglicher Verdammnis – einerlei, ob göttlichen oder menschlichen Ursprungs – frei zu sein. Diese grundlegende Gewißheit bietet dem Haß keinen Nährboden. Wenn wir die grundlegende Gewißheit erlangen, stirbt der Haß eines natürlichen Todes. Und wenn unser Haß gestorben ist, haben wir die Freiheit zu vergeben.

Erinnern Sie sich an Roger Sewall? Roger war der junge Mann, der bei einem Verkehrsunfall mit Fahrerflucht so grausam getötet wurde.

Während Phyllis, Rogers Mutter, auf den Prozeß gegen den Mann wartete, der ihren Sohn getötet hatte, ergoß sich ihr Schmerz in ein Tagebuch, das ihr helfen sollte, das schreckliche Knäuel ihres Zornes zu entwirren. Phyllis gestattete mir, dieses Tagebuch zu lesen, und erteilte mir die Genehmigung, das dort Geschriebene weiterzuverwenden.

Zunächst wird ihr Schmerz deutlich – und ihr Haß.

„Ich kann meine Gefühle kaum beschreiben. Ich bin immer noch empört. Ich bin auf [Charid] wütend, weil er Drogen nahm ... Ich möchte, daß er Schmerzen hat. Ich möchte, daß er um seiner Schuld willen leidet und dabei unseren Schmerz empfindet. Ich möchte, daß er jahrelang von Alpträumen gequält wird und lauter schlaflose Nächte hat ... Gott, ich will ihm nicht vergeben."

Phyllis ist eine zutiefst geistliche Person. Sie konnte unmöglich einen solchen Haß empfinden, ohne selbst in innere Nöte zu geraten. Von der eigenen Not getrieben, näherte sie sich langsam der grundlegenden Gewißheit.

„Was sind wir doch für törichte Kinder! ... Wir wenden uns immer wieder von Dir ab ... Dennoch streckst Du Dich nach uns aus ... und sagst: Ich vergebe euch."

Jetzt nimmt sie die Vergebung für sich in Anspruch.

„Ich ... empfange ... ich empfange die Vergebung, die Du für uns bereithältst seit dem Tag, an dem *Dein* Sohn starb."

Aber sie muß noch eine Weile kämpfen.

„Kann ich so vergeben? Nein, ich kann es nicht ... Hilf mir, Gott. Hilf mir, zu sagen ..."

Es war ihr nicht möglich, den Satz zu beenden; sie konnte nicht schreiben: „Ich vergebe."

Einige Monate später. Weitere Tränen, noch mehr Zorn. Und dann, in der Kraft, die der grundlegenden Gewißheit entspringt, brachte sie ihren Kampf zum Abschluß.

„Ich vergebe Sid Charid."

Und sie vergab ihm wirklich.

Ich weiß nicht, ob Phyllis' Tat jemals im Leben des Mannes, dem sie vergab, einen Unterschied machte. Ich weiß nicht, ob er jemals imstande sein wird, sich selbst zu vergeben. Ich weiß nur, daß Phyllis sich in dem Augenblick, als sie dem Mann vergab, der ihren Sohn getötet hatte, auf eine eigene Reise des Vergebens begab. Es kann sein, daß sie seither viele Male wieder anfangen mußte. Tatsache ist jedoch, daß sie auf dem Weg ist.

VIERTER TEIL:

Vergeben – aber warum?

Es spricht sehr viel dafür, daß wir den Menschen, die uns ein Unrecht zugefügt haben, lieber *nicht* vergeben sollten. Warum sollte irgendein Haudegen sich mit Brachialgewalt einen Weg durch unser Leben bahnen, uns blutig zusammenschlagen und dann noch von uns erwarten dürfen, daß wir ihm alles verzeihen und so tun, als sei nichts gewesen?

Das Vergeben ist ein grober Verstoß gegen die geradlinige Ethik des „Wie du mir, so ich dir". George Bernard Shaw nannte es den „Zufluchtsort eines Bettlers". Und jeder, der das Vergeben anpreist, sollte sich ein für allemal ins Stammbuch schreiben, daß das, was er von uns verlangt, jedem anständigen, sich nach gerechter Behandlung sehnenden Menschen gegen den Strich geht.

Wir müssen die von Skeptikern geäußerte Vermutung ernst nehmen, daß das Vergeben nichts als eine fromme List sei, mit deren Hilfe verletzte Menschen dazu verleitet werden sollen, ein Unrecht, das sie nicht verdient haben, zu ertragen.

Es sei daran erinnert, daß wir davon sprechen, Unerträgliches zu vergeben. Es geht uns hier nicht um die kleinen Prellungen, die jeder von uns im Gedränge des menschlichen Lebens hinnehmen muß. Wir sprechen davon, Menschen zu vergeben, die uns Schlimmes angetan, uns tiefe und unberechtigte Wunden zugefügt und uns niedergeschlagener zurückgelassen haben, als ein Wesen, das im Ebenbild Gottes geschaffen ist, sich jemals fühlen müßte.

Wir müssen auf die Stimme derer hören, die dagegen protestieren, daß wir solchen Menschen unterschiedslos vergeben.

Wenn wir auf diese Stimme genau achtgeben, erkennen wir in ihr das Echo der Stimme unseres eigenen Herzens.

Denn ein ehrliches Herz wird stets darüber empört sein, wenn billige Quacksalbermedizin zur Heilung unberechtigter Verletzungen verabreicht wird. Es wird lieber auf das Vergeben verzichten, als das Opfer ohne Schutz zu lassen und den Schuldigen zu neuen Übeltaten zu ermutigen.

Darum wollen wir die Frage stellen: Warum überhaupt vergeben?

Unsere Antwort lautet: Das Vergeben ist der einzige Weg zu einer besseren Gerechtigkeit in unserer ungerechten Welt. Es ist die unerwartete Revolution der Liebe gegen unberechtigten Schmerz. Und nur das Vergeben bietet die sichere Hoffnung, daß die Wunden, die wir als so ungerecht empfinden, geheilt werden.

Setzen wir also unsere Betrachtungen fort, damit Sie die Fairneß des Vergebens am Probierstein des eigenen Herzens prüfen können.

Kapitel 18

Das Vergeben macht das Leben fairer

Lohnt es sich, für Shylock eine Lanze zu brechen? Er ist, wie alle Bösewicht-Hasser wissen, das klassische Beispiel eines Menschen, der nicht verzeihen kann. Aber wer betrachtet die Angelegenheit aus Shylocks Perspektive?

Shylock ist eine der Hauptfiguren in Shakespeares *Der Kaufmann von Venedig.* Man hatte ihn wirklich sehr schlecht behandelt, und das ohne triftigen Grund. Hören Sie, wie er sich beklagt. „Antonio", sagt er,

> „hat mich geschmäht ...,
> über meine Verluste gelacht,
> sich über meine Gewinne lustig gemacht,
> mein Volk verachtet,
> meine Geschäfte vereitelt,
> meine Freunde abgekühlt,
> meine Feinde angeheizt."[1]

Und wozu? Warum hat Antonio Shylock wie den letzten Dreck behandelt? Hatte Shylock ihm ein Unrecht zugefügt? Gab es etwas, was er ihm mit gleicher Münze heimzahlen wollte? Nein. Antonio wurde vom bösen Geist des Antisemitismus zu seinem Verhalten verleitet. Shylock wurde einzig und allein deshalb so brutal mißhandelt, weil er Jude war.

Warum sollte Shylock Antonio einfach verzeihen, als sei nichts gewesen? Er verlangt ja nur das, was ihm zusteht. Antonio hat sich auf einen Handel eingelassen. Möge der Übeltäter zahlen, was er schuldig ist! Ein Pfund von seinem Fleisch, bitte schön – wie versprochen!

Shylocks naives Gerechtigkeitsempfinden macht ihn recht schwer von Begriff. Es bedarf keines Genies, um den Spieß umzudrehen: Er soll sein Pfund Fleisch nehmen, kein Gramm mehr, aber nur Fleisch, kein Tröpfchen Blut. Die Ungläubigen gewinnen das Spiel. Wir haben jedoch nicht gefragt, ob Shylock gescheit, sondern nur, ob seine Sache gerecht ist.

Ich habe Shylock nur erwähnt, um die Frage nach der Fairneß des Vergebens aufzuwerfen.

Simon Wiesenthal erzählt eine andere Art von Geschichte, die wir um jeden Preis hören müssen. Diese Geschichte über seine eigene furchtbare Krise des Vergebens in einem deutschen Konzentrationslager läßt uns ein wenig erzittern, da er wiederum die Frage stellt, ob das Vergeben wirklich gerecht ist. Wiesenthal war kein rachsüchtiger Shylock, der vor Freude schmatzte, wenn er an das Pfund Fleisch dachte, das ihm von Rechts wegen zukam. Im Gegenteil, er war ein anständiger Mensch, Architekt von Beruf, der, in die Klauen der Nazis geraten, keine größere Hoffnung hegte, als den Holocaust zu überleben – und kaum noch zu glauben wagte, daß diese Hoffnung in Erfüllung gehen würde.

Wir finden ihn eines Nachmittags in einem Konzentrationslager in Polen. Wiesenthal ist an diesem Tag die Aufgabe zugewiesen worden, aus einem Reservelazarett, das die Deutschen für an der Ostfront verwundete Soldaten eingerichtet hatten, die Abfälle zu entfernen. Plötzlich kommt eine Krankenschwester auf ihn zu, nimmt ihn beim Arm, befiehlt ihm, mit ihr mitzugehen, und führt ihn eine Treppe hinauf, an einer Reihe stinkender Verwundeter vorbei und ans Bett eines jungen Soldaten, der, den Kopf in gelbe, mit Eiter befleckte Binden gewickelt, im Sterben liegt. Es handelt sich um einen etwa 22jährigen SS-Angehörigen.

Der Soldat, sein Name ist Karl, umklammert Wiesenthals Hand und krallt sich daran fest, als fürchte er, Wiesenthal werde weglaufen. Er sagt ihm, daß er unbedingt mit einem Juden sprechen wolle. Er müsse die entsetzliche Tat, die er begangen habe, beichten, damit er Vergebung empfange. Sonst könne er nicht in Frieden sterben.

Was hat er denn getan?

Er befand sich gerade in einem russischen Dorf, wo mehrere hundert Juden zusammengetrieben worden waren. Seine Gruppe erhielt den Befehl, gefüllte Benzinkanister in den Eingang eines gewissen Hauses zu schaffen. Dann wurden etwa 200 Juden in das Haus hineingetrieben, bis sie so dichtgedrängt standen, daß sie sich kaum noch bewegen konnten. Als nächstes warfen die Soldaten Handgranaten durch die Fenster, um das Haus anzuzünden. Sie hatten den Befehl, jeden zu erschießen, der versuchen sollte, aus dem Fenster zu springen.

Der junge Soldat erinnert sich: „Hinter einem Fenster im zweiten Stock sehe ich einen Mann, der ein kleines Kind auf dem Arm trägt. Seine Kleider brennen. Neben ihm steht eine Frau, sicher die Mutter des Kindes. Mit der freien Hand hält der Mann dem Kind die Augen zu – dann springt er hinunter auf die Straße. Sekunden später folgt die Mutter. Wir schießen ... o Gott! ... Ich werde es nie vergessen – es verfolgt mich."

Der junge Mann hält inne, dann fährt er fort: „Ich weiß, was ich Ihnen erzählt habe, ist furchtbar ... Ich hatte immer wieder das Bedürfnis, mit einem Juden darüber zu sprechen ... und ihn um Vergebung zu bitten. Ich weiß, was ich verlange, ist fast zu viel für Sie. Aber ohne Antwort kann ich nicht in Frieden sterben."

Stille! Die Sonne steht hoch am Himmel. Gott ist irgendwo. Aber hier befinden sich zwei Fremde unter sich, gefangen in der Krise des Vergebens. Ein Mitglied der Herrenrasse fleht ein Mitglied der dem Tod geweihten Rasse um Vergebung an.

Wiesenthal erzählt, was er tat: „Ich stehe auf, sehe in seine Richtung, auf seine gefalteten Hände ... Ich habe mich entschieden. Ohne ein Wort verlasse ich das Zimmer." Der Deutsche mußte sterben, ohne daß ein Jude ihm vergab.

Wiesenthal überlebte das Konzentrationslager. Aber er konnte den SS-Mann nicht vergessen. Ihn plagte lange Zeit die Frage, ob er dem Soldaten hätte vergeben sollen. Er erzählt die Geschichte in seinem Buch „Die Sonnenblume"[2], das er mit der schrecklichen Frage an jeden Leser beschließt: „Was hätten Sie getan?"

Ich weiß nicht, was ich getan hätte. Man kann nie genau wissen, wie man sich verhalten würde, wenn man in der Krise eines anderen steckte. Doch möchte ich, daß Simon Wiesenthals Geschichte uns zwingt, darüber nachzudenken, wie empörend wir uns verhalten, wenn wir irgend jemanden, und sei es uns selbst, zum Vergeben drängen.

Hätte Wiesenthal dem Deutschen vergeben sollen? Oder wäre das nicht richtig gewesen?

42 bekannte Persönlichkeiten ließen Wiesenthal ihre Antwort schriftlich zukommen. Die meisten unter ihnen stimmten Josek, einem Mitgefangenen, zu, der Wiesenthal erklärt hatte:

> Du hättest kein Recht gehabt, ihm im Namen von Menschen zu verzeihen, die dich gar nicht dazu ermächtigt haben. Was man dir selbst angetan hat, kannst du, wenn du willst, vergeben und vergessen. Darüber bist du nur dir selbst Rechenschaft schuldig. Aber es wäre eine große Sünde gewesen, fremdes Leid auf dein Gewissen zu nehmen.

Das Vergeben – eine große Sünde! Warum? Weil niemand das Gewissen eines Verbrechers entlasten darf, wenn er diesem Verbrecher nicht selbst zum Opfer gefallen ist.

Dennoch dürfen wir nicht zulassen, daß die Gerechtigkeit, die Wiesenthal anderen Opfern widerfahren ließ, uns von der Frage ablenkt, ob dem SS-Mann und Wiesenthal selbst Gerechtigkeit widerfahren ist.

Einige der Autoren, die Wiesenthals Geschichte kommentierten, sagten es frei heraus: Der SS-Soldat verdiente es nicht, daß man ihm vergab. Der Philosoph Herbert Marcuse äußerte einen Gedanken, der, wie ich vermute, den meisten Mitwirkenden durch den Sinn gegangen war:

> Man kann und sollte nicht sorglos drauflos töten und foltern und dann, wenn der Augenblick gekommen ist, einfach um Verzeihung bitten und sie erhalten dürfen.

Aber niemand hat die Argumente gegen das Vergeben so leidenschaftlich vorgetragen wie die Romanschriftstellerin Cynthia Ozick:

> Oft werden wir gebeten, uns nach dem Diktum zu richten: Vergeltung verroht, Vergebung veredelt. Doch kann auch das Gegenteil zutreffen. Die Rabbiner sagten: „Wer sich des Grausamen erbarmt, zeigt sich zuletzt dem Unschuldigen gegenüber gleichgültig." Vergebung kann verrohen ... Die Vergebung hat ein freundliches Gesicht, aber den Geschlachteten gegenüber ist sie stahlhart ... Möge der SS-Mann ohne Absolution sterben! Soll er doch zur Hölle fahren!

Warum *sollte* er in Frieden sterben? Warum *sollte* er durch das Wort eines Juden von seiner Sünde freigesprochen werden? Warum sollte irgendwo irgend jemand diesem Mörder vergeben und ihn dadurch ungeschoren davonkommen lassen – so, als hätte er nie abgedrückt? Hatte er es nicht *verdient*, ohne Vergebung zu sterben?

Wäre Wiesenthal selbst Gerechtigkeit widerfahren, wenn er dem Deutschen vergeben hätte? Die Nazis hatten auch ihm ein furchtbares Unrecht angetan. Obwohl er ein sittlich untadeliger Mensch war, hatten sie ihn in ein Konzentrationslager gesperrt und zusammen mit allen anderen Insassen zum Tode verurteilt. Jetzt, in einem unvorhergesehenen Augenblick, lag das Schicksal eines Nazis in seiner Hand. Warum sollte er die Herrenrasse nicht die Schneide seiner stillen Verachtung spüren lassen? Hätte er nicht *sich selbst* eine furchtbare Ungerechtigkeit zugefügt, wenn er dem Deutschen mit sanfter Stimme seine Vergebung zugesprochen hätte?

Einige Menschen benötigen keine Geschichte wie die Simon Wiesenthals, um sie zu überzeugen, daß das Vergeben ungerecht ist. Sie haben diese Ungerechtigkeit an sich selbst zu spüren bekommen, im Schmelzofen der eigenen Seele.

Da ist beispielsweise Jane Graafschap. Jane und ihr Ehemann Ralf hatten es endlich geschafft, ihre drei Kinder sicher durch den Irrgarten der Pubertät zu lotsen. Eines nach dem anderen waren sie flügge geworden. Jane war froh, daß sie jetzt aus dem Hause waren; jetzt würde sie endlich in der Lage sein, ein eigenständiges Leben zu führen, ihrem gelernten Beruf nachzugehen und Karriere zu machen.

Ihre Pläne wurden durch eine Familientragödie durchkreuzt. Ralfs jüngerer Bruder und dessen Ehefrau verunglückten tödlich und hinterließen drei Kinder im Alter von acht, zehn und zwölf Jahren. Ralf, der sich stets seiner Pflicht bewußt war, fühlte sich berufen, den verwaisten Kindern seines Bruders ein Zuhause zu bieten. Jane war entweder zu mitleidig oder zu müde, um sich zu wehren – sie weiß es nicht mehr. Jedenfalls nahm sie die Kinder auf – nicht nur für ein paar Wochen, sondern endgültig. Was Ralf anging, nun, er war viel unterwegs, denn er arbeitete als Handelsvertreter im Außendienst. Inzwischen sind neun Jahre verstrichen. Zwei der Kinder sind fort; der eine Junge, der noch zu Hause wohnt, ist 17 und geistig nicht ganz auf der Höhe. Aber auch er wird im Laufe der Zeit selbständig werden. Noch ein paar Jahre, da werden Jane und Ralf am Ziel sein: endlich frei!

Nicht ganz. Janes Körper war zwischenzeitlich nicht mehr so wohlproportioniert, während Ralfs Sekretärin Sue ein echtes Rasseweib war. Außerdem hatte Sue Verständnis für seine dringenden männlichen

Bedürfnisse. Wie hätte er sich nicht verlieben sollen? Ralf und Sue wußten, daß ihre Liebe zu echt war, als daß sie sie in Abrede stellen, und zu stark, als daß sie dagegen Widerstand leisten könnten. Also ließ sich Ralf von Jane scheiden und heiratete Sue.

Ralf und Sue waren sehr glücklich zusammen und verliehen ihrem Glück einen frommen Anstrich, indem sie einer lebendigen, aufgeschlossenen Kirchengemeinde beitraten, in der man ihre neugefundene Freude mit ihnen zu teilen bereit war. Ihr Zusammengehörigkeitsgefühl konnte sich dank der positiven Einstellung ihrer Mitchristen eine Zeitlang gut über Wasser halten. Doch suchte Ralf eine weitere Bestätigung. Zuletzt rief er bei Jane an, um sie zu bitten, ihm zu vergeben und sich mit ihm darüber zu freuen, daß er endlich glücklich geworden sei. „Ich will, daß du mich segnest", sagte er.

„Scher dich zum Teufel!" lautete ihre schroffe Antwort. Wie? Ihm vergeben? Die einzige Macht, über die sie noch verfügte, die Stärke ihres Hasses, die Kraft ihrer Verachtung wegwerfen? Ihre Verachtung war ihre Macht, ihre Würde, ihre Selbstachtung. Daß er sie um Vergebung gebeten hatte, war unfair. Das mindeste, was dieser Lump verdiente, war ein steter Strom von Geringschätzung.

Wenn wir Menschen zum Vergeben auffordern, bitten wir sie etwa, ein zweifaches Leid auf sich zu nehmen? Als erstes erleiden sie das Unrecht, von einem anderen überfallen zu werden. Sie sind betrogen worden. Verraten. Im Stich gelassen. Müssen sie jetzt eine zweite Verletzung erdulden, indem sie obendrein noch eine Beleidigung einstecken? Sie haben die ursprüngliche Verletzung am Hals – müssen sie den Menschen, der sie verletzt hat, auch noch segnen?

Wir dürfen den Simon Wiesenthals oder den Jane Graafschaps erst dann die hehre Pflicht des Vergebens verkündigen, wenn wir uns eine Zeitlang mit dem Thema Gerechtigkeit befaßt haben. Wir können „nur dann an Vergebung glauben, wenn die Gerechtigkeit ihren Lauf nimmt und vorhandene Schuld bestätigt wird". Damit hatte Paul Tillich recht. Wenn wir jemanden zum Vergeben auffordern, bitten wir ihn möglicherweise, gegen das allen Menschen gemeinsame, instinktive Gefühl für das Fair play zu verstoßen.

Darum wollen wir untersuchen, ob wir die Fairneß des Vergebens verteidigen können. Ich schlage vor, die Sache aus zwei verschiedenen Blickwinkeln zu betrachten.

Das Vergeben ebnet einer besseren Gerechtigkeit den Weg

Als erstes müssen wir feststellen: Wer vergibt, ist fair gegenüber den Tatsachen.

Das Vergeben stellt nicht den Versuch dar, irgend etwas an den Tatsachen unserer Vergangenheit zu ändern. Das Herumpfuschen an den Tatsachen des Geschehenen ist nur in der Phantasie eines Fälschers möglich; das Geschehene ist unabänderlich. Wir können mit dem Vergeben erst anfangen, wenn wir die schmeichlerische Versuchung zurückweisen, das uns angetane Unrecht zu verharmlosen.

Jemand ist verletzt worden. Wenn wir zu stolz sind, um zuzugeben, daß ein Wurm wie unser Ehemann oder unser früherer Partner imstande war, uns zu verletzen, dann kann es vorkommen, daß wir der Krise eine Zeitlang entgehen. Wenn wir vor unserem eigenen Schmerz zu viel Angst haben, als daß wir uns erlauben könnten, ihn in vollem Umfang zu empfinden, dann werden wir das Thema Vergebung möglichst meiden. Wir werden erst dann in die Krise gestürzt, wenn wir die Tatsache ernstnehmen, daß wir ungerecht behandelt worden sind – und das von jemandem, der es nicht tun mußte. Das Vergeben ist nur für Menschen, die gegenüber der scheußlichen Tatsache ihres unberechtigten Schmerzes fair sind.

Wer vergibt, wird – in paradoxer Weise – auch der Würde des Übeltäters gerecht. Wenn Sie der Überzeugung sind, daß alles, was wir tun, im voraus durch Mächte, über die wir keine Kontrolle haben, bestimmt wird, werden Sie nie zum Kreis der Vergebenden stoßen. Wenn Sie der Ansicht sind, daß die „Vollidioten“, die Ihnen die Verletzung zufügten, den Parzen zum Opfer gefallen sind, daß sie sich nur in den ausgefahrenen Gleisen, die von ihren neurotischen Eltern vorgezeichnet wurden, bewegen können und daß sie letztlich nicht anders handeln konnten, als sie handelten, dann brauchen Sie ihnen nicht zu vergeben. Sie können sie bemitleiden und, wenn möglich, wieder zurechtbringen. Aber ihnen vergeben? Auf gar keinen Fall!

Sie werden erst dann vergeben, wenn Sie es wagen, den betreffenden Menschen unmittelbar ins Auge zu sehen und ihnen mitzuteilen, daß sie für ihre Handlungsweise verantwortlich sind. Das Vergeben ist Übeltätern gegenüber gerecht, weil es sie am Maßstab ihres freien Willens prüft – und sie für schuldig befindet.

Kommen wir aber auf den Kern der Angelegenheit zurück. Ist das Vergeben ein ehrenwerter Weg, um den Schmerz zu bewältigen, der Ihnen zugefügt wird, wenn Sie von einem für seine Handlungsweise verantwortlichen Menschen tief und zu Unrecht verletzt werden?

Nun, welche andere Alternative gibt es?

Müssen Sie sich etwa wegen der Unfairneß, die Ihnen in einem grausamen Augenblick der Vergangenheit begegnet ist, für immer einfrosten? Wollen Sie, daß Ihr Privatleben Ihrer scheußlichen, aber irreversiblen Vergangenheit gänzlich zum Opfer fällt? Oder sind Sie bereit, nach einem besseren Weg zu suchen? Besser als was? Besser als der Schmerz, der von Erinnerungen herrührt, die für immer einer ungerechten Vergangenheit verhaftet sind.

Aber angenommen, Sie lehnen beides ab, das Sich-Abfinden mit der Vergangenheit und das Vergeben. Gibt es eine weitere Alternative? Vergeltung vielleicht?

Rachgier ist der leidenschaftliche Wunsch, eine alte Rechnung zu begleichen – das heiße Verlangen, dem, der Sie verletzt hat, ebensoviel Schmerz zuzufügen, wie er Ihnen zugefügt hat. Auge um Auge! Gerechtigkeit!

Das Problem mit der Vergeltung ist, daß sie nie erreicht, was sie will; sie schafft es nicht, den Spielstand endgültig auszugleichen. Die erhoffte Gerechtigkeit stellt sich nie ein. Die Kettenreaktion, die jeder Vergeltungsakt auslöst, nimmt ihren Lauf und kann nicht aufgehalten werden. Sie bindet den Verletzten und auch den, der die Verletzung verursachte, an eine Rolltreppe des Schmerzes. Beide werden so lange auf dieser Rolltreppe festgehalten, wie die Forderung nach Gleichbehandlung besteht – und die Rolltreppe hält nie an, läßt nie jemanden abspringen.

Warum dauern Familienfehden so lange an, bis alle tot sind – oder bis sie zu alt und zu müde werden, um weiterzukämpfen?

Der Grund hierfür ist nicht schwer zu erkennen: Keine zwei Menschen, keine zwei Familien wiegen jemals den Schmerz mit der gleichen Waage. Der Schmerz, den ein anderer mir zufügt, fühlt sich stets schlimmer an, als der andere meint. Die Wunde, die ich dir zufüge, ist für dich schmerzhafter, als ich annehme. Die Schmerzen, die wir einem anderen zufügen, und die Schmerzen, die wir selbst erleiden, halten sich nie die Waage. Der Unterschied zwischen einem Schmerz, den ich einem anderen zufüge, und einem Schmerz, den ich selbst erleide, kommt dem Unterschied zwischen einem beschwerlichen Aufstieg und einem leichten Abstieg gleich – das Gefühl ist je nach Marschrichtung völlig anders.

Wenn du mich verletzt und ich es dir mit gleicher Münze heimzahle, werde ich normalerweise der Meinung sein, daß ich so mit dir verfahren habe, wie du es verdient hast – und kein bißchen anders. Du aber wirst es als eine unerträgliche Verletzung empfinden, die du so nicht hinnehmen kannst. Dein leidenschaftlicher Sinn für Gerechtigkeit wird dich zwingen, dich an mir zu rächen. Danach bin wieder ich an der Reihe. Wird das Ganze jemals ein Ende finden?

Aus dem „Auge um Auge" wird „Bein um Bein" und zuletzt „Leben um Leben". Gleich, welcher Waffen wir uns bedienen – ob Worte, Knüppel, Pfeile, Gewehre, Bomben oder atomare Sprengköpfe –, die Vergeltung führt uns in eine ausweglose Eskalation der Gewalt. Ghandi hatte recht: Wenn wir uns alle nach dem Diktum „Auge um Auge" richteten, wäre die ganze Welt bald blind. Vergebung ist der einzige Ausweg.

Vergebung ist nicht etwa deswegen die Alternative zur Vergeltung, weil sie weich und freundlich ist; *sie ist deshalb eine lebenstüchtige Alternative, weil sie der einzige kreative Weg zu weniger Ungerechtigkeit ist.*

Die Vergebung besitzt schöpferische Kraft, mit der sie uns von einem früheren, schmerzvollen Augenblick zu lösen, uns von der endlosen Kette unserer Reaktionen zu befreien und eine neue Situation zu schaffen vermag, in der sowohl der Übeltäter als auch der Verletzte einen neuen Weg einschlagen können.

Vergebung bietet die Chance zur Versöhnung – die Gelegenheit zu einem gemeinsamen Leben statt zum gemeinsamen Tode. Vergebung ist ein sich im Willen vollziehendes Wunder, das das schwerwiegende Hindernis für die Gemeinschaft beseitigt – ein Wunder, das sein Ziel erst dann erreicht, wenn die beiden Menschen, die einander entfremdet waren, sich zu einer neuen Beziehung zusammenfinden, die so gerecht ist, wie dies die inzwischen verflossene Zeit und die gegenwärtigen Umstände erlauben.

Die einzige Alternative zur Versöhnung ist am Ende ein unaufhörlicher Prozeß der Selbstvernichtung. Das hat nach dem Zweiten Weltkrieg der geniale Theologe Reinhold Niebuhr erkannt. Er sagte: „Wir müssen uns zuletzt mit unserem Feind aussöhnen, damit wir nicht alle beide im Circulus vitiosus des Hasses umkommen." Wir müssen uns unbedingt von der Vergangenheit lösen, sonst werden wir unseres unberechtigten Schmerzes wegen für immer auf dem Trocknen bleiben.

Vergeltung stellt uns nie ganz zufrieden. So sind wir beispielsweise nicht immer in der Lage, zurückzukämpfen. Vielleicht ist die Person, die uns verletzt hat, tot. Vielleicht sind wir selbst alt und gebrechlich. Was bleibt uns dann übrig – außer unseren Haß zu pflegen? Wir kochen vor lauter Streitsucht, unfähig, uns zu rächen, und machtlos, zu vergeben. Frustriert! Lahmgelegt! Das kann doch nicht der Weg zu mehr Gerechtigkeit sein!

Vergeltung läßt Menschen im Sumpf einer schmerzerfüllten, ungerechten Vergangenheit versinken. Eigentlich sollten sie sich auf eine neue Zukunft mit gerechteren Beziehungen zubewegen, aber die Rachgier drückt sie statt dessen immer tiefer in eine endlose Wiederholung der alten Ungerechtigkeit. Und das alles im Namen der Gerechtigkeit!

Die Vergebung nimmt ihren Anfang mitten im Strom der Ungerechtigkeit und setzt eine neue Bewegung in Gang in Richtung auf eine andere Gerechtigkeit, die – aller Unvollkommenheit zum Trotz – eindeutig besser ist als eine endlose Fortsetzung der alten Ungerechtigkeit. Sie bricht die Herrschaft, die vergangenes Unrecht und erlittener Schmerz über unseren Geist ausüben, und befreit uns für jene gerechtere Zukunft, die sich zwischen den unbekannten Möglichkeiten des Morgen verbirgt.

Es gibt keine Garantie. Aber das Vergeben ist die Tür, die zur bestmöglichen Möglichkeit offensteht.

Das Vergeben ist der einzige Weg, uns selbst gegenüber gerecht zu sein

Wer befürchtet, das Vergeben könnte ungerecht sein, den quält der Gedanke, daß der, der ihn verletzt hat, der fälligen Strafe entgeht. Er wird aber auch von dem Gedanken gepeinigt, daß er selbst nicht zu seinem Recht kommt: Er ist verletzt worden, dennoch rechnet er mit dem Übeltäter nicht ab. Das Vergeben wird denen, die selbst dran sind zu vergeben, möglicherweise ungerecht vorkommen.

Und doch: Wer sich weigert, jemandem zu vergeben, weil er befürchtet, sich dadurch selbst ein Unrecht zuzufügen, hat die Sache nicht klar durchdacht. Das Vergeben ist der *einzige* Weg, sich selbst gegenüber gerecht zu sein. Das Mit-gleicher-Münze-Heimzahlen ist ein Spiel, das man nur verlieren kann. Es führt zu äußerster Frustration, denn es hinterläßt mehr Schmerz, als man anfänglich erleiden mußte.

Erinnern Sie sich an den Schmerz, den Sie empfanden, als Ihnen das Unrecht zugefügt wurde – als Sie verletzt, betrogen, herabgesetzt wurden. Ist es nicht so, daß schon die Erinnerung daran das Feuer Ihrer Wut schürt, den Schmerz neu aufflammen läßt, die alte Wunde wieder aufreißt? Angenommen, Sie vergeben nicht, sondern empfinden jedesmal, wenn Sie sich an die Menschen erinnern, die Ihnen das Unrecht zugefügt haben, den gleichen Schmerz. Und angenommen, Sie haben den unwiderstehlichen Drang, ständig an diese Menschen zu denken. Sie sind dann zum Gefangenen Ihres früheren Schmerzes geworden. Sie sind in einer Folterkammer eingesperrt, für die Sie niemanden außer sich selbst verantwortlich machen können. Sie hätten mit der Zeit Ihren Schmerz hinter sich lassen sollen; Sie halten ihn jedoch künstlich am Leben, damit er Sie immerzu peinigt.

Ihr Gedächtnis sorgt für ständige Reprisen Ihrer Verletzung – ein Videoband in Ihrer Seele bietet endlose Wiederholungen Ihres Rendezvous mit dem Schmerz. Sie können es nicht ausschalten. Sie sind süchtig geworden – schmerzsüchtig. Sie kommen von der Erinnerung an Ihre früheren Qualen nicht mehr los. Jedesmal, wenn das Videoband in Ihrem Gedächtnis abläuft, werden Sie gegeißelt. Und diese *scheußliche Gerechtigkeit des Nicht-Vergebens* bezeichnen Sie als Fairneß gegenüber sich selbst? Sie könnten sich selbst gegenüber kaum ungerechter sein.

Es gibt nur einen Weg, den Schmerz zu heilen, der von selbst nicht ausheilen will: Sie müssen der Person, die Sie verletzt hat, vergeben. Nur das Vergeben setzt den endlosen Wiederholungen des Schmerzes ein Ende. Durch Vergeben heilen Sie Ihre Erinnerungen und verändern die eigene Sichtweise.

Wenn Sie den Übeltäter vom Unrecht lösen, schneiden Sie einen bösartigen Tumor aus Ihrem Innenleben heraus.

Sie setzen einen Gefangenen frei – entdecken aber, daß in Wirklichkeit Sie selbst der Gefangene waren.

Anmerkungen:

[1] William Shakespeare, *Der Kaufmann von Venedig.* Übersetzt von Barbara Puschmann-Nalenz (Stuttgart: Reclam, 1982), III/1.

[2] Simon Wiesenthal, *Die Sonnenblume.* Eine Erzählung mit Kommentaren (Frankfurt/M.; Berlin: Ullstein, 1989).

Kapitel 19

Das Vergeben ist ein besseres Risiko

Das Vergeben könnte das Wohlergehen Ihrer Kinder gefährden.

Natürlich wird hie und da ein wenig Vergebung um Kleinigkeiten willen, diskret und ohne jedes Aufheben gewährt, die Zukunft der menschlichen Gesellschaft nicht bedrohen. Aber wenn Sie große Übel vergeben, und das wahllos und in aller Öffentlichkeit, weihen Sie womöglich die unschuldigen Kinder von morgen dem Untergang.

Wer vergibt, geht ein ernstzunehmendes Risiko ein.

Billige Vergebung ist *gefährlich.* Da sollten wir uns nichts vormachen. Wenn wir vergeben, werden wir wahrscheinlich auch vergessen. Und wenn wir die Schrecken der Vergangenheit vergessen, werden wir wahrscheinlich auch zulassen, daß sie in Zukunft wieder auftreten.

Jeder Akt des Vergebens kann sich als Nagel zu jemandes Sarg erweisen. Wenn Sie einem Mann vergeben, der Ihre Schwester vergewaltigt hat, kann es durchaus sein, daß Sie den empörten Aufschrei der Gesellschaft gegen Triebtäter zum Verstummen bringen. Wenn Sie einem Drogenhändler vergeben, der Ihrer Tochter Kokain verkauft hat, machen Sie es ihm möglicherweise ein wenig einfacher, an die Tochter Ihres Nachbarn heranzukommen. Wenn Sie zu leicht vergeben und zu schnell vergessen, liefern Sie – möglicherweise – Unschuldige an raubgierige Menschen aus, die auf Ihre Vergebung pfeifen.

Wenn Sie dem Nazi vergeben – so wird uns jedenfalls gesagt –, werden Sie zuletzt auch den Holocaust vergessen. Wenn die Kurden den Irakern vergeben, dann werden ihre Kinder die Massaker vergessen. Wenn ukrainische Kulaken Stalin vergeben, werden ihre Kinder vergessen, daß er ihre Eltern verhungern ließ. Wenn Kambodschaner Pol Pot vergeben, werden ihre Kinder die ungeheuren Greueltaten vergessen, die er an Millionen unschuldiger Kambodschaner beging.

Die Risiken des Vergebens sind persönlicher wie globaler Art. Haben wir einmal vergeben und es gelernt, die stinkenden Abfälle der Geschichte zu schlucken, ohne uns zu erbrechen, dann haben wir uns programmiert, das Schlimmste zu verdauen, das künftige Scheusale uns in den Rachen stopfen können. Kuriert das Vergeben unseren Ekel, so trägt es dazu bei, daß wir vergessen, daß etwas Böses geschehen ist – und noch einmal geschehen kann. Öffnen wir den Damm nur einen Spaltbreit, so werden wir möglicherweise eine Überschwemmung auslösen.

Haben Sie Menschen einmal vergeben, so werden Sie anfangen, allerlei Gutes an ihnen zu entdecken – das befürchtet man jedenfalls. Die Kommandanten der Konzentrationslager waren gute Ehemänner und Familienväter. Tagsüber waren sie für einen beispiellosen Kindermord verantwortlich; abends gingen sie nach Hause, um ihre Frauen mit teutonischer Treue sanft zu lieben. Mafia-Gangster schießen mittags ihre Konkurrenten kaltblütig nieder, aber um fünf sind sie wieder zu Hause bei den Kindern und führen ein altmodisches Familienleben. Man muß alles von beiden Seiten betrachten. Vielleicht waren die Ungeheuer unserer Geschichte nicht so übel, wie ihre Opfer dachten.

Gewöhnliche Menschen können, so wird uns jedenfalls gesagt, mit Vergebung nicht umgehen. Vielleicht ist Gott in der Lage, Sündern zu vergeben, ohne seine Empörung über ihre Sünde aufzugeben. Vermutlich führt Gott sich nicht selbst hinters Licht, denn es dürfte ihm nicht unbekannt sein, daß Sünder auch dann, wenn ihnen vergeben worden ist, verdorben genug sind, um wieder zu sündigen. Aber die meisten gewöhnlichen Menschen lassen zu, daß das Vergeben die Erinnerung auswäscht und ihren bitteren Geschmack fortspült. Sie sind wie Säufer – sie hassen den Schnaps nur so lange, wie der Kater anhält.

Sobald ihre Erinnerungen verblassen, werden sie weich. Und sie verbrämen ihre Weichheit als weltkluges Verhalten. Haben sie einmal vergeben, so sind sie nur zu bereit, dem Übeltäter mildernde Umstände zuzubilligen: die geschichtliche Last, die schweren Zeiten, die verarmte Kultur, das krankhafte Familienleben, die schwachen Gene. Sie machen das Schicksal für sein Tun verantwortlich.

Nehmen Sie sich in acht vor der wirrköpfigen Weichheit dessen, der mühelos vergeben kann!

Könnte ich überzeugender *gegen* das Vergeben argumentieren?

Es ist möglich, das Risiko zu verringern. Man muß nur entschlossen sein, künftige Generationen das Übel nicht vergessen zu lassen. Wir können unseren Kindern Geschichten über die furchtbaren Untaten der Vergangenheit erzählen. Wir können Völkermord-Museen einrichten und mit kunstvoll entworfenen Mahnmalen der Toten gedenken. Wir können geloben, niemals zuzulassen, daß unseren Kindern und Kindeskindern das Wissen um diese Geschehnisse vorenthalten wird. Wir können es in jeder Generation von den Dächern verkündigen.

Wir müssen jedoch zur Kenntnis nehmen, daß das Sich-Erinnern eigene Probleme mit sich bringt. Das Vergessen kann zur Wiederholung einer Untat führen, aber das Sich-Erinnern führt zu ihrer Verewigung. Das Sich-Erinnern kann eine Flamme verstärken, die den Haß zum Sieden bringt und einen inneren Druck hervorruft, der nur durch Rache abgelassen werden kann. Sie können jedoch ein Unrecht niemals durch Vergeltung aus der Welt schaffen – auch wenn Sie es eine Million Jahre lang versuchen. Das Sich-Erinnern fordert deshalb seinen höchsten Tribut von denen, die am meisten gelitten haben.

Gibt es vielleicht eine Meerenge, die zwischen der Szylla des riskanten Vergessens und der Charybdis des sinnlosen Sich-Erinnerns befahren werden kann?

Es gibt in der Tat ein *erlösendes Sich-Erinnern.* Es gibt einen heilsamen Weg, an das Unrecht zu denken, das uns in unserer irreversiblen Vergangenheit zugefügt wurde – einen Weg, der uns neben Trauer um die Vergangenheit auch Hoffnung für die Zukunft bescheren kann. Erlösendes Sich-Erinnern verwischt die Konturen der Vergangenheit nicht, sondern schafft einen neuen Bezugsrahmen und rückt etwas anderes in den Mittelpunkt.

Kein anderes Volk hat uns so viel über erlösendes Sich-Erinnern zu sagen wie die Hebräer des Alten Testaments. Das Sich-Erinnern bildete einen wesentlichen Bestandteil ihres Lebensstils. Ihre Erinnerungen sagten ihnen, wer sie waren, wie sie sich ins Bild der Menschheit einzufügen hatten und was man von ihnen erwartete. Ihre Zukunft wurde im Gestern geboren, und indem sie sich an das Gestern erinnerten, entdeckten sie den Sinn ihres Heute und das Ziel ihres Morgen.

Mose kündete schon früh an, daß das schreckliche Gestern der Hebräer für immer lebendig erhalten werden müsse, damit die Menschen die Bedeutung erkennen könnten von dem, was war, von dem, was ist, und von dem, was einmal sein wird. „Hüte dich nur und bewahre deine Seele gut, daß du nicht vergißt, was deine Augen gesehen haben, und daß es nicht aus deinem Herzen kommt dein ganzes Leben lang; und du sollst davon erzählen deinen Kindern und Kindeskindern“ (5. Mose 4,9).

Das Vergessen ist dir für immer untersagt. Wenn du das Gedächtnis verlierst, verlierst du die eigene Identität. Und damit verlierst du deinen persönlichen Anteil an der Zukunft deines Volkes.

Nehmen Sie doch das, woran die Hebräer sich erinnern sollten, etwas genauer in Augenschein. Es waren nicht die Schrecken ihrer 400 Jahre in der Sklaverei – obwohl sie tatsächlich Sklaven gewesen waren. Es war auch nicht die titanische Ungerechtigkeit des ägyptischen Pharaos – obwohl sie durchaus ungerecht behandelt worden waren. Es war nicht ihr Auftrag, eine Gedenkfeier für das Böse anzuberaumen. Die Festakte dieser ehemaligen Sklaven weisen ein erstaunliches Merkmal auf: Das Volk wird nie aufgefordert, sich an sein Elend zu erinnern.

Woran sie sich zu erinnern hatten, das war das Wunder ihres Überlebens und ihrer Erneuerung. Woran sie sich zu erinnern hatten, das waren nicht die Tage, an denen Gott auf Urlaub war, sondern der Tag, an dem er zurückkam, um sie aus Sklaverei und Leid zu befreien.

Das Passahfest war für sie ein Gedenktag.

> Ihr sollt diesen Tag als Gedenktag haben ... Und wenn eure Kinder zu euch sagen werden: „Was habt ihr da für einen Brauch?“, sollt ihr sagen: Es ist das Passahopfer des Herrn, der an den Kindern Israel vorüberging in Ägypten, als er die Ägypter schlug und unsere Häuser errettete.
>
> (2. Mose 12,14.26f.)

Gefeiert wurden die Rettung, die Befreiung, die Erlösung – und nicht die Knechtschaft, nicht das Unrecht an sich. Die Gedenkfeier galt nicht den Schrecken der Vergangenheit, sondern den Möglichkeiten der Zukunft.

Das erlösende Sich-Erinnern treibt uns einer besseren Zukunft entgegen; es dient nicht dazu, uns an eine schlimme Vergangenheit zu binden.

Wenn Israel seiner früheren Knechtschaft gedachte, wurde es durch die Erinnerung motiviert, in der Gegenwart nach Gerechtigkeit zu trachten. „Ihr seid früher in einem fremden Land Ausländer gewesen; jetzt dürft ihr nicht vergessen, den Ausländern, die bei euch wohnen, Gastfreundschaft zu gewähren. Ihr seid von ungerechten Herren ausgebeutet worden; denkt daran, daß ihr die Armen des eigenen Volkes nicht ausbeuten dürft. Ihr seid früher Sklaven gewesen; denkt daran, eure eigenen

Sklaven freizulassen.“ Begründete Hoffnungen auf ein besseres Leben waren Glühfäden in der Lampe, die durch erlösendes Erinnern an jüdisches Leid zum Brennen gebracht wurden.

Auch die christliche Gemeinde wurde von Anfang an angewiesen, die Leiden ihres Gründers nicht in Vergessenheit geraten zu lassen. „Gedenkt so lange des furchtbaren Todes Jesu, bis er am Ende der Zeit wiederkommt“, wurden die ersten Christen instruiert. Dieses Gedenken diente aber nicht dazu, das Feuer ihres Grolls über die Ungerechtigkeit seines Todes zu schüren – ganz im Gegenteil.

Der Sinn des Gedächtnismahls besteht darin, daß wir immer wieder erneuert werden – durch das Auferstehungsleben, das uns infolge seines ungerechten Todes zuströmt.

Im Mittelpunkt erlösenden Sich-Erinnerns stehen Liebe, die aus der Asche ersteht, Licht, das die Finsternis vertreibt, und Hoffnung, die das Böse, an das wir uns erinnern, überdauert.

Es ist nicht meine Absicht, die Chancen, daß wir vergessen und daß andere aus unserem Vergessen Nutzen ziehen werden, zu niedrig zu veranschlagen. Gnade gewähren ist stets ein Glücksspiel. Das weiß Gott am besten. Er weiß, wie es ist, wenn man vergibt und seine Vergebung ins Gesicht zurückgeschleudert bekommt, womöglich mit der Aufforderung, wieder zu vergeben – wenn man es wagt! „Beharren wir in der Sünde, auf daß die Gnade desto mächtiger werde.“ Warum nicht? Wenn das Vergeben dein Lieblingsspiel ist und die Übung dir gefällt, bereiten wir dir gern ein doppeltes Vergnügen.

Aber Gott nimmt das Risiko auf sich – und ebenso jeder, der jemals einem anderen Menschen vergibt.

Wir haben nicht zu fragen, ob das Vergeben gefährlich ist, sondern nur, ob es gute Aussichten hat, den Sieg davonzutragen. Es kommt beinahe immer darauf an, wo wir die besten Gewinnchancen ausmachen.

Das Vergeben ist riskant, aber es gibt Wege, die Gewinnchancen zu verbessern. Dazu gehört, daß Sie die Schrecken, die Sie nicht vergessen können, in erlösende Erinnerungen umwandeln.

Wie ich meine, lohnt es sich, das Risiko einzugehen.

Kapitel 20

Das Vergeben ist stärker

Leidenschaftliche Menschen sind oft überzeugt, daß Stärke nur durch Haß und Gewalt zu erlangen ist. Wir müssen auf das hören, was sie zu sagen haben.

In heutiger Zeit hat niemand eine größere Anzahl Menschen davon überzeugt, daß gewalttätiger Haß die Macht ist, der die Zukunft gehört, als Frantz Fanon, der feurige algerische Psychiater, der in den 60er Jahren viele künftige schwarze Führer inspirierte. Er legte seine leidenschaftliche Philosophie dar in einem Buch mit dem Titel *Die Verdammten dieser Erde* – damit waren alle Menschen gemeint, die im unberechtigten Schmerz der Unterdrückung und der Armut leben. Ihre Rettung, glaubte Fanon, liegt in von Haß erzeugter Gewalt.

„Die Gewalt", schrieb er, „wirkt entgiftend. Sie befreit den [zu Unrecht Verletzten] von seinem Minderwertigkeitskomplex, von seinen kontemplativen und verzweifelten Haltungen. Sie macht ihn furchtlos, rehabilitiert ihn in seinen eigenen Augen."[1]

Ich glaube kaum, daß ich eine provozierendere Kampfansage an meine Leidenschaft fürs Vergeben finden könnte als Fanons leidenschaftliches Plädoyer für die Gewalt.

Haß vermittelt uns tatsächlich das Gefühl, stark zu sein, das gebe ich zu. Wen der Haß mit Tatkraft erfüllt hat, der wird das Vergeben für schwach, ohnmächtig, saft- und kraftlos halten. Wir fühlen uns stärker, wenn wir unsere Verachtung nähren und auf Rache sinnen. Wir hecken raffinierte Pläne aus, wie wir unsere Feinde in ihre Schranken weisen, sie in aller Öffentlichkeit bloßstellen, sie vor uns zu Kreuze kriechen lassen können – und wir fühlen uns unserer rachgierigen Träume wegen recht stark. Wer „Scher dich zum Teufel!“ sagt, kommt sich wesentlich härter und männlicher vor als der, der vergibt.

Haß erzeugt echte Energie. Menschen, die verletzt worden sind und den Übeltäter hassen, der sie verletzt hat, erleben in ihrem Inneren eine Aufwallung der Kraft. Amerikanische Kriegsgefangene, Überlebende von Bataan, wurden bei ihrem schrecklichen Todesmarsch vom Feind mit Bajonetten angetrieben, bekamen nichts als verfaulte Reste zu essen und hatten keinerlei Grund, auf Flucht oder Überleben zu hoffen. Ihren Berichten zufolge war es nur der Haß, der ihnen den Willen zum Weiterleben einflößte.

Auch Menschen, die ein ganz normales Leben führen, erleben dieses Phänomen. Da ist beispielsweise Marion Rosner. Marion wurde von ihrem Mann sitzengelassen. Sie blieb ohne Geld, ohne Beruf, ohne Selbstachtung zurück – und fühlte sich weder geliebt noch liebenswert. Fragen Sie sie einmal, was am meisten dazu beitrug, daß sie dem Schwimmsand ihrer Verzweiflung entkam, eine ordentliche Berufsausbildung absolvierte, eine Arbeitsstelle suchte und fand und in ihrem Beruf erfolgreich wurde. Marion wird es Ihnen sagen: „Ich wollte dem Schuft zeigen, daß er mich nicht verletzen kann. Dazu hat mir mein Haß die Kraft gegeben.“

Was hat ein Vergebender diesem Zeugnis entgegenzusetzen?

Folgendes: Haß erzeugt im Nu Energie, aber die Energiequelle versiegt, sobald das Leiden aufgehört hat. Haß kann uns in Gang halten, wenn wir uns wie verprügelt vorkommen, aber der Elan läßt langsam nach, sobald das Martyrium vorbei ist. Und dann wendet der Haß seine ganze Kraft gegen den Hasser. Er zieht die Energie aus seiner Seele ab und hinterläßt ihn schwächer als je zuvor – zu schwach, um ein besseres Leben jenseits des Schmerzes aufzubauen.

Haß ist für Notsituationen, wie das schnelle Aufladen einer Autobatterie. Haß ist ein raschwirkendes Rauschmittel, wie Heroin. Als langfristiger Energiespender ist er unzuverlässig. Und zuletzt erweist er sich als tödlich.

Von Haß erzeugte Kraft verflüchtigt sich besonders schnell, wenn sie durch unsere *Angst vor Schwäche* hervorgerufen wird. Lassen Sie mich zur Veranschaulichung eine typische kleine Geschichte weitergeben.

Markus hält seine Ehepartnerin Karin für eine tüchtige, forsche Frau mit Durchsetzungsvermögen, während er sich selbst als unsicher, furchtsam und nachgiebig einstuft. Karin nörgelt viel an Markus herum; sie möchte, daß er die Kinder an die Kandare nimmt, Entscheidungen trifft, dem Kfz-Mechaniker, der ihn übers Ohr gehauen hat, die Leviten liest, in seinem Beruf vorankommt und überhaupt damit aufhört, sich von anderen schikanieren zu lassen. Markus ist todunglücklich. Weil er der schwächere der beiden Partner ist, haßt er sich selbst.

Eines Abends, als sie bei Freunden eine Party besuchten, lachte Karin – sie hatte dem Alkohol etwas reichlich zugesprochen – und sagte, daß sie Markus verachte, da er ein Muttersöhnchen sei, das niemals erwachsen werde. Die eisige Gemeinheit dieser spöttischen Bemerkung ließ Markus' Gefühle zu einem harten, haßerfüllten Block gefrieren. Aus der Schlaffheit seiner Beschämung wurde eine Erektion der Wut. Als sie wieder zu Hause waren, trat Markus auf das Gaspedal seines gedemütigten Ego und schrie: „Das werde ich dir niemals vergeben – niemals!"

Und er vergab ihr auch nicht. Markus' Haß wurde zu seinem heimlichen Haustier; er pflegte es, ernährte es, streichelte es und ließ es in allen Bereichen seiner Seele umherstreifen. Sein Haß kam ihm vor wie ein Generator, der innere Kraft erzeugt.

Doch konnte ihm sein Haß nur an der Oberfläche mit Stärke versorgen. Hinter seinem Haß hegte er immer noch den Verdacht, daß Karin ihn richtig eingeschätzt habe; er war wirklich schwach, schlapp und unsicher. Sein Haß diente nur als Tarnung, damit die Schwachheit, die er sich nicht einzugestehen wagte, nicht zum Vorschein kam.

Karin ließ sich nicht täuschen. Sie wußte, daß Markus' kräftiger Haß nur eine Maske war, mit der er seine Schwachheit verhüllte – die einzige Maske, die er auftreiben konnte. Sie kannte doch ihren Markus.

Aber sich selbst kannte sie kaum. Sie verschloß die Augen vor der Tatsache, daß ihre eigene arrogante Härte ein feines Werkzeug war, womit sie die eigene Schwachheit unter Kontrolle hielt. Karin hatte Angst vor einer ganzen Legion heimlicher Teufel, die in ihrer Seele herumschwirrten, und wünschte, daß Markus stark wäre, damit er ihr als Krückstock dienen könnte. Indessen war Markus nicht stark genug, und darum spielte Karin das ermüdende Spiel, sich so zu geben, als wäre sie stärker als er – um auf diese Weise ihre eigene Schwachheit zu verbergen.

Karin lernte allerdings dazu. Aber sie hatte fast einen Nervenzusammenbruch, ehe ihr klarwurde, daß wir das Spiel, nur stark und niemals schwach zu sein, nie gewinnen können. Mit Hilfe eines Seelsorgers – und ihres eigenen Schmerzes – fand sie sich darein, schwach, ängstlich und hilfsbedürftig zu sein. Und darum streifte sie das Merkmal unbekümmerten Selbstvertrauens ab.

Als sie sich endlich damit abfand, schwach zu sein, wurde ihr echte Stärke zuteil. So fand sie beispielsweise den Mut, Markus gegenüber zu bekennen, wie hilfsbedürftig und ängstlich sie in Wirklichkeit ist. Sie gab zu, daß es grausam von ihr war, von ihm zu verlangen, daß er sich nie schwach zeige. Jetzt habe sie erkannt, daß Stärke sich nur in der Schwachheit erweise. Warum also nicht gemeinsam schwach sein?

Das Happy-End nahm seinen Anfang, als Markus sich bereit erklärte, mit Karin zusammen an einem Seelsorgeprogramm teilzunehmen, das nicht darauf ausgerichtet war, sie stark zu machen, sondern ihnen helfen sollte, das eigene zerbrechliche, schwache, menschliche Ich anzunehmen. Erst Tränen, Ströme von Tränen, konnten die verrückte Überzeugung wegwaschen, daß Markus, wenn er stark sein wollte, keine Schwäche zeigen durfte. Er vergoß diese Tränen, und sie spülten seine Illusion endgültig fort.

Als er registrierte, daß Stärke nur Teil eines Pakets ist, zu dem auch Schwachheit gehört, wurde er stark genug, um seine Maske aus männlichem Haß fallenzulassen. Warum auch nicht? Wer sich seiner Schwachheit nicht schämt, braucht sie auch nicht zu verschleiern.

Die Vorstellung, daß Haß stark ist und das Vergeben schwach, ist ein Irrtum, der auf einer falschen Auffassung von Stärke beruht. Hier werden Stärke und Schwachheit als absolute Gegensätze hingestellt, als müßten wir so oder so sein, entweder stark oder schwach. Und auf diese Weise wird das Leben, wie in einem schlechten Film, schwarzweiß dargestellt – und somit verfälscht. Wir sind nie hundertprozentig stark *oder* schwach; wir sind stets stark *und* schwach zugleich. Und in dieser Kombination erweist sich unser Menschsein.

Das Vergeben ist ein kreativer Weg, schwach zu sein, und deshalb ein überaus menschlicher Weg, stark zu sein.

Im folgenden wollen wir einige Stärken des Vergebens nennen.

Das Vergeben ist realistisch

Das Vergeben ist mit der Robustheit des Realismus versehen. Um vergeben zu können, müssen wir den Mut aufbringen, uns die Verkehrtheit, die Scheußlichkeit, die völlige Verruchtheit dessen, was jemand uns angetan hat, vor Augen zu führen. Wir dürfen nichts verschleiern. Wir dürfen weder Nachsicht üben noch das Unrecht ignorieren. Wir sehen dem Übel unmittelbar ins Auge und nennen es beim Namen. Nur Realisten können Vergebung üben.

Einer der Hauptgründe, weshalb einige Menschen nicht vergeben können, ist ihre Furcht vor der Wirklichkeit. Eltern versäumen Gelegenheiten, ihren Kindern zu vergeben, weil sie Angst vor den Fakten haben.

Einer Mutter sagt ihr sechster Sinn, daß ihr Sohn bei ihr Geld stiehlt. Er braucht es, um sich mit Drogen und seinen Kleinbus mit Benzin zu versorgen, aber er hat seinen Job verloren. Darum begeht er zu Hause kleine Diebstähle. Die Mutter vermißt hier 10 DM, dort 20, bald aus ihrem Geldbeutel, bald aus der Schublade ihres Nachttisches. Er hinterläßt Spuren, die deutlich genug sind, um ihn zu verraten. Sie weiß Bescheid; aber sie weigert sich, das, was sie weiß, zur Kenntnis zu nehmen. Sie stopft ihr Wissen in den Beutel voller unangenehmer Tatsachen, den wir das Unterbewußtsein nennen. Sie verschließt ihre Augen vor den Fakten und umgeht auf diese Weise die Krise des Vergebens.

Selbsttäuschung ist wesentlich leichter zu vollziehen als das Vergeben. Aber einen Gewinn – in Form von Heilung – schüttet sie nicht aus.

Das Vergeben beginnt mit der Bereitschaft, allem Betrug abzusagen und sich der Wirklichkeit zu stellen.

Vergeben heißt, dem Schuldigen energisch gegenübertreten

Die Stärke des Vergebens wird dann am deutlichsten sichtbar, wenn der Vergebung eine Konfrontation vorausgeht. Wir können einem Menschen nicht vollständig vergeben, wenn wir ihm nicht vorher auf die eine oder andere Weise gegenübertreten und sagen: „Du hast mir ein Unrecht zugefügt, und deshalb hasse ich dich."

Elisabeth ist Lehrbeauftragte für Biologie an einer Universität in Kalifornien. Sie ist keine Gelehrte, aber eine gute Lehrerin. Als eine Beförderung ins Haus stand, versprach der Vorsitzende ihrer Abteilung, daß er den Dekan der Fakultät überreden werde, Elisabeth aufgrund ihrer Lehrtätigkeit zu befördern. Sie verließ sich darauf.

Es kam ganz anders. Der Dekan ließ sie zu sich rufen und teilte ihr mit, sie könne sich die Beförderung aus dem Kopf schlagen. Er gab ihr den Rat, sich statt dessen nach einer neuen Arbeitsstelle umzusehen.

Sie kam sich zunächst wie eine hoffnungslose Versagerin vor und hatte gerade erst angefangen, sich aus dem Morast der Verzweiflung zu befreien, als ein schwatzhafter Kollege durchblicken ließ, daß der Vorsitzende sie gar nicht empfohlen, sondern ihre Leistung als Lehrerin als unbedeutend abgetan habe.

Elisabeth war von dem Mann verraten worden, der versprochen hatte, ein gutes Wort für sie einzulegen. Ein akademischer Schakal war ihr in den Rücken gefallen. Sie haßte ihn.

Weil sie noch ein Empfehlungsschreiben von ihm brauchte, spielte sie eine Zeitlang die Unwissende und tat so, als glaube sie ihm, wenn er ihr sagte, wie leid es ihm tue, daß nicht einmal seine „energische Fürsprache" den Dekan habe umstimmen können. Aber jeden Abend, wenn sie zu Hause ankam, mußte sie sich übergeben.

Elisabeth konnte den doppelzüngigen Dialog nicht allzulange aufrechterhalten. Sie wußte, daß sie unbedingt aufhören mußte, den Vorsitzenden zu belügen, und ihn zwingen, auch seinerseits mit dem Lügen aufzuhören. Sie nahm sich vor, ihn mit der Wahrheit zu konfrontieren; sie war bereit, wenn es sein mußte, sein Empfehlungsschreiben die Toilette hinunterzuspülen. Sie begegneten sich am Kaffeeautomaten, Elisabeth nahm ihn beiseite, und als sie sich Auge in Auge gegenüberstanden, sagte sie: „Joachim, ich weiß, daß du mich reingelegt hast – und deshalb hasse ich dich." Der Vorsitzende log ihr wieder einmal etwas vor und zog ab.

Jetzt begann Elisabeth die Kraft zu verspüren, die sie brauchte, um diesem Mann zu vergeben. Sie wußte, daß es nicht leicht sein würde; sie war sich nicht sicher, ob sie es überhaupt schaffen könne. Aber nachdem ihre Kraft so zugenommen hatte, fühlte sie sich stark genug, um schwach genug zu sein, ihm zu vergeben. In ihrer Vorstellung zog sie dem „Schakal" das Fell ab und sah ihn als den armen, schwachen Menschen, der er darunter auch war.

Ihre Entscheidung, ihm zu vergeben, machte sie frei. Sie konnte sich abends ins Bett legen, ohne sich vorher übergeben zu müssen; ihre Valium-Tabletten legte sie ebenfalls weg. Jetzt wußte sie: Ganz gleich, welchen akademischen Weg sie einschlug, sie würde ihn als freie Frau betreten.

Vergeben heißt frei sein

Niemand kann Sie zum Vergeben zwingen.

Nur wer frei ist, kann sich entscheiden, sich mit einem unausgeglichenen Spielstand zufriedenzugeben. Nur ein freier Mensch kann sich entscheiden, mit jemandem, der ihn verletzt hat, einen Neuanfang zu wagen. Nur wer frei ist, kann weiterleben, ohne mit dem anderen abzurechnen. Nur ein freier Mensch kann seine Erinnerungen an die Verletzung und an den Haß heilen.

Wenn Sie einem anderen vergeben, werden Sie selbst überrascht sein, daß Sie die Freiheit haben, es zu tun. Keine zehn Pferde könnten Sie zwingen, so zu handeln. Sie vergeben in Freiheit – und begeben sich dadurch in eine noch größere Freiheit hinein. Freiheit ist Stärke; und daß Sie diese Stärke haben, merken Sie daran, daß Sie in sich selbst die Kraft verspüren, einem anderen zu vergeben.

Im Vergeben erweist sich die Macht der Liebe

Hinter der Vergebung steckt die Macht der Liebe.

Sie wirkt sich jedoch anders aus, als viele Menschen vermuten.

Liebe ist kein weiches, unbestimmtes Gefühl, das anderen beinahe alles durchgehen läßt, ganz gleich, was sie uns antun. Die Liebe macht uns nicht zu Einfaltspinseln, die jedem, der uns zu Unrecht verletzen will, auf den Leim gehen.

Die Liebe vergibt – aber nur, weil Liebe stark ist.

Die Liebe hat zwei Charakteristika, die sie stark machen. Die eine heißt *Achtung*, die andere *Verbindlichkeit*.

Diese beiden Wesenszüge der Liebe machen uns einerseits verwundbar genug, um einzusehen, daß das Vergeben ein Muß ist. Andererseits geben sie uns die Kraft, das, was wir als ein Muß erkannt haben, auch wirklich zu tun.

Die Liebe hat als erstes die Macht, Ihnen Achtung vor sich selbst einzuflößen.

Wenn Sie sich selbst wahrhaft lieben, werden Sie sich selbst wahrhaft achten. Aber gerade die Achtung vor sich selbst läßt Sie in Situationen geraten, in denen Sie der Herausforderung gegenüberstehen, einem anderen zu vergeben.

Wenn Sie sich selbst achten, setzen Sie den Beleidigungen, die Sie von gedankenlosen oder grausamen Menschen – auch von solchen, die Sie lieben – hinzunehmen bereit sind, enge Grenzen. Gewisse Schmerzen werden für Sie nicht akzeptabel sein, und zwar aus dem einfachen Grunde, daß Sie zu wertvoll sind, um sie verdient zu haben. Sie werden es nicht hinnehmen, wenn Freunde, auf die Sie sich verlassen haben, sich illoyal verhalten. Sie werden es nicht dulden, wenn der Ehepartner, den Sie lieben, untreu wird oder Ihre Kinder Sie beschimpfen. Ein Verhalten dieser Art würde die Grenzen dessen überschreiten, was ein Mensch, der Achtung vor sich selbst hat, ertragen kann.

Die Liebe ist zu stark, als daß sie zulassen könnte, daß Sie die ganze Schuld an Ihrem Schmerz auf sich nehmen – als ob Sie selbst immer daran schuld wären, wenn Ihr Vater Ihnen die Zuwendung entzieht, Ihr Ehepartner einen Seitensprung macht oder Ihre Kinder sich über Ihre

Werte hinwegsetzen. Die Liebe läßt nicht allzulange zu, daß Sie sich selbst zu Unrecht beschuldigen. Manchmal greift sie auf das Reservoir Ihrer Würde zurück und gibt Ihnen die Worte ein: „Jetzt reicht's aber! Ich habe zuviel Achtung vor mir selbst, um diese Verhaltensweise noch länger zu ertragen."

Wenn die Liebe Ihnen Ihre Achtung vor sich selbst wiedergibt und Sie sich daraufhin weigern, eine bestimmte Verhaltensweise zu dulden, werden Sie im Blick auf das Vergeben eine Entscheidung treffen müssen.

Werden Sie an der schmerzvollen Erinnerung an diese Verletzung, die Sie nicht verdient haben, festhalten? Werden Sie immer wieder an sie denken, ihren süßsauren Geschmack auskosten und aus Ihrem Schmerz auch noch das letzte Gramm verrücktmachenden Vergnügens herausquetschen? Oder werden Sie aus Achtung vor sich selbst vergeben – und sich somit selbst frei machen?

Die gleiche Liebe, die Ihnen die Achtung vor sich selbst verleiht und Sie in die Krise des Vergebens stürzt, hat die Kraft, Sie sicher an den *Ort der Selbstheilung* zu versetzen.

Die Liebe wird nicht zulassen, daß sie sich in der Gefängniszelle Ihrer bitteren Erinnerungen einsperren. Sie wird Ihnen das erniedrigende Elend, sich in den Schmerzen von gestern zu wälzen, nicht gönnen. Ihre Liebe zu sich selbst wird am Ende genug Energie erzeugen, um Ihnen die Worte zu entlocken: „Mir reicht's; ich habe nicht vor, mich auf Dauer kaputtmachen zu lassen, nur weil jemand mir einen schmerzhaften Tiefschlag versetzt hat." Und damit fangen Sie an zu vergeben.

Jetzt können Sie Ihre Blickrichtung ändern und mit Ihrer Liebe auf die Menschen hinzielen, die Ihnen die Verletzung zufügten. Die Liebe macht Sie fähig, auch diese Menschen zu achten, ganz gleich, wie gemein, grausam oder furchtbar ungerecht sie gewesen sein mögen.

Sie erweisen anderen die höchste Achtung, wenn Sie ihnen gestatten, die Verantwortung für ihr eigenes Handeln zu tragen. Die Liebe hat die Macht, andere dafür verantwortlich sein zu lassen, daß sie uns verletzt haben.

Die Liebe versucht nicht andauernd, andere zu decken, Ausreden für sie zu erfinden oder sie in Schutz zu nehmen. Ich kenne einen Mann, dessen Frau Alkoholikerin ist. Wenn sie trinkt, wird sie scharfzüngig und verletzend. Sie fügt ihm sehr tiefe Wunden zu. Er aber wagt es nicht, ihr zu sagen, daß sie Hilfe braucht, noch läßt er sie allein, damit sie selbst entscheiden kann, ob sie diese Hilfe holen will. Er weigert sich, zum eigenen Schutz zu Hause auszuziehen, und meint, er liebe sie zu sehr, um so etwas zu tun. Aber er liebt sie nicht mit der kraftvollen Liebe, die uns

Achtung vor dem anderen verleiht; er hegt nicht einmal so viel Achtung für sie, daß er bereit wäre, sie die Verantwortung für ihr eigenes Leben übernehmen zu lassen.

Wenn wir Menschen wirklich lieben und achten, lassen wir sie für das, was sie uns antun, die Verantwortung tragen. Und dann stellen wir uns der Krise des Vergebens.

Und jetzt tritt eine wunderbare Wende ein. So wie die Liebe uns in die Krise stürzt, gibt sie uns auch die Kraft, sie zu bewältigen.

Die Liebe läßt uns auch dann andere als Menschen achten, wenn sie uns wie den letzten Dreck behandelt haben. Auch Leute, die uns zutiefst verletzt haben, sind mehr als entartete, verdorbene Klötze. Sie sind komplizierte menschliche Wesen, zu denen weit mehr gehört als nur ihre Gemeinheit oder Verrücktheit. Sie verfügen über das Potential, bessere, aufrichtigere Menschen zu werden, als sie waren, als sie uns verletzten. Die Achtung vor ihnen wird Ihnen helfen, die *Person* zu erkennen, die hinter der Ratte steckt. Und diese Achtung kann Sie animieren, sich auf das Vergeben zuzubewegen.

Soviel also zu der Macht der Liebe, Ihnen Achtung vor sich selbst und vor dem, der Sie verletzt hat, einzuflößen.

Jetzt kommen wir zur zweiten Eigenschaft der Liebe: Sie gibt uns die Kraft, *das Wagnis der Verbindlichkeit auf uns zu nehmen.*

Wahre Liebe wagt es, verbindliche Beziehungen einzugehen, und darin erweist sich sowohl ihre Verwundbarkeit als auch ihre Stärke.

Wenn Sie mit einem anderen eine verbindliche Beziehung eingehen, begeben Sie sich in eine Zukunft hinein, über die Sie nicht bestimmen können – und verabreden sich dort mit einem geliebten Menschen. Sie verpflichten sich, sich dort mit ihm zu treffen, ganz gleich, wie die Umstände ausfallen mögen. Und gehen Sie solch eine verbindliche Beziehung ein, dann erwarten Sie vom anderen, daß er sich auch Ihnen gegenüber verbindlich zeigt.

Aber was für ein Wagnis, sich auf die Verbindlichkeit eines anderen – oder auch nur auf die eigene – zu verlassen! Mich wundert es nicht, daß Menschen ihre Zusagen nicht einhalten; ich staune, daß wir den Mut haben, sie überhaupt erst zu geben. Verbindlich-Sein macht uns sehr verwundbar.

Halten Sie sich einfach von allen verbindlichen Beziehungen fern, wenn Sie sich auf das Wagnis des Vergebens nicht einlassen wollen! Auf diese Weise lassen Sie sich alle Möglichkeiten offen. Sie sitzen gleichsam auf gepackten Koffern, um sich, sobald Sie von der Beziehung zuwenig profitieren, etwas Besseres zu suchen. Sie laufen dem Schmerz schnellstens davon und überlassen es anderen, die Scherben, die Sie hinterlassen, zusammenzukehren. Oder Sie werden zum Großstadteremiten und erlauben sich nie, sich mit anderen weiter einzulassen, als es Ihre Arbeit unbedingt erforderlich macht. Wenn Sie der Verbindlichkeit, die sich aus der Liebe ergibt, aus dem Wege gehen, können Sie lange leben, ohne einem anderen je vergeben zu müssen.

Aber jeder, der genug liebt, um das Wagnis einer verbindlichen Beziehung einzugehen, wird zum potentiellen Vergebenden. Denn wer aus Liebe verbindliche Beziehungen eingeht, der setzt sich zwangsläufig den Verletzungen aus, die daraus entstehen, daß andere sein Vertrauen mißbrauchen. Und wenn Sie, wie es wohl den meisten Menschen ergeht, in der Tat verletzt werden, müssen Sie sich entweder auf die Bühne hinauswagen, um nach der Musik des Vergebens zu tanzen, oder hinter den Kulissen im eigenen, deprimierenden Saft schmoren.

Aber jetzt tritt wieder eine Wende ein. In gerade der Liebe, die Ihnen den Mut gibt, durch Verbindlichkeit verwundbar zu werden, steckt auch die Kraft, Sie von dem Schmerz, der durch Verbindlich-Sein entsteht, zu heilen.

Verbindliche Liebe sagt nicht: „Alles aus und vorbei!", solange der Vorhang zum letzten Akt noch nicht gefallen ist. Sie gibt uns die Kraft, schwere Zeiten in der Hoffnung auf bessere Zeiten durchzustehen. Verbindliche Liebe wirft nicht eher das Handtuch, bis der Boxkampf wirklich beendet ist. Sie hält durch. Und während sie durchhält, erzeugt sie Energie und gibt Ihnen die Kraft, die Tür auf den Tag hin offenzuhalten, an dem – vielleicht – ein neuer Anfang möglich sein wird.

Damit will ich im Grunde nur sagen: Die vergebende Macht der Liebe ist, langfristig betrachtet, stärker als die zur Rache anstiftende Kraft des Hasses. Ich gebe zu, daß Haß uns kurzfristig so stärkt, daß wir die Brutalität von heute verkraften und auch morgen hart durchgreifen können. Dem Haß fehlt jedoch das nötige Durchhaltevermögen, um eine gerechtere Zukunft jenseits der Vergeltung zu schaffen.

Der heilende Strom, der uns die Kraft gibt, auch längerfristig die Zukunft zu bewältigen, hat ihre Quelle im Vergeben. Auf lange Sicht ist das Vergeben stärker als der Haß.

Anmerkung:

[1] Frantz Fanon, *Die Verdammten dieser Erde*. Deutsch von Traugott König (Frankfurt/M.: Suhrkamp, 1966), S. 77.

Kapitel 21

Das Vergeben steht fehlerhaften Menschen gut an

Bei jeder Krise des Vergebens haben wir es mit einem Helden und einem Bösewicht zu tun. Jemand hat einen anderen tief und zu Unrecht verletzt; der eine muß vergeben, der andere braucht Vergebung.

Haben wir aber das *ganze* Bild vor Augen, so entdecken wir immer wieder, daß auch Menschen, die verletzt worden sind, es nötig haben, von irgend jemandem Vergebung zu empfangen. Und wenn sie selbst Vergebung brauchen, haben sie um so mehr Grund, denen zu vergeben, die ihnen Schmerzen zugefügt haben.

Wenn jemand uns zu Unrecht verletzt, kommen wir uns stets wie unschuldige Lämmer vor. Doch sind wir niemals so rein, wie wir uns fühlen. Es mag sein, daß ich verraten, betrogen, verleumdet und auf verschiedene Weise schlecht behandelt worden bin und mir so harmlos vorkomme wie ein geschorenes Schaf. Aber die Tatsache, daß ich schlecht behandelt worden bin, macht mich noch lange nicht zu einem guten Menschen. Reinhold Niebuhr hat vor Jahren schon gesagt: „Es gibt in jedem Herzen ein ganzes Labyrinth von Motiven; und jede Handlung, ob gut oder böse, ist das Ergebnis einer komplizierten Debatte und von Spannungen innerhalb der Seele.“ Wir alle sind zu vielschichtig, um rein zu sein.

Außerdem geschieht es nur selten, daß man ganz ohne unser Zutun wider uns sündigt. Wir tragen oftmals selbst zu unserer Verwundbarkeit bei. Wir machen es anderen leicht, uns zu verletzen. Manchmal fordern wir sie regelrecht auf, uns Schmerzen zuzufügen – nicht etwa, weil wir sie zu sehr lieben, sondern weil wir so dumm sind. Vielleicht tragen wir selbst dazu bei, daß wir übers Ohr gehauen werden, weil wir zu faul sind, um das Kleingedruckte in Augenschein zu nehmen, bevor wir ein Geschäft abschließen. Vielleicht tragen wir durch gefühllose Nichtbeachtung der Nöte und Bedürfnisse unseres Ehepartners zu seiner Untreue bei. Vielleicht tragen wir durch harte Urteile und ungezügelte Wutausbrüche zur Auflehnung unserer Kinder bei. Soviel steht jedenfalls fest: Auch wenn wir *verletzt* worden sind, sind wir selten vollkommen *unschuldig*.

Unsere Tugend ist stets kompromittiert; wir sind niemals so unschuldig, wie wir uns vorkommen, wenn wir unseren aufkeimenden Haß gegen eine Person, die uns verletzt hat, auskosten.

Unsere eigenen Fehler verringern die Kluft zwischen uns und denen, die uns verletzt haben. Wir werfen unsere Vergebung nicht vom Gipfel eines heiligen Berges hinab; wir befinden uns ebenso im Tal wie die Menschen, die uns verletzt haben.

Der Romanschriftsteller Alexander Solschenizyn wurde aus der UdSSR ausgewiesen, weil er die Wahrheit nicht verschweigen konnte; heute lebt und arbeitet er in den Vereinigten Staaten. In seinem Buch *Der Archipel GULAG* erzählt er von seiner Freundschaft mit einem Armeeoffizier zur Zeit des Zweiten Weltkriegs. Es kam ihm damals so vor, als wären sein Freund und er sich beinahe völlig gleich; sie teilten die gleichen Überzeugungen und die gleichen Hoffnungen und hatten in allem das gleiche Empfinden.

Nach dem Krieg jedoch führte sie ihr Schicksal in entgegengesetzte Richtungen.

Solschenizyn wurde zusammen mit unzähligen anderen unschuldigen Russen ins Gefängnis geworfen und von der unergründlichen sowjetischen GULAG-Maschinerie verschluckt. Er konnte nur mit Hilfe einer täglichen Portion Mut überleben.

Was geschah aber mit seinem Freund? Er wurde zu einem jener Vernehmungsbeamten, die unschuldige Menschen zu Geständnissen zwingen – mit Methoden, die so scheußlich sind, daß man unfreiwillig zusammenzuckt, wenn man davon liest.

Da haben wir also zwei Freunde, die einander sehr gern hatten, so ziemlich aus demselben Holz geschnitzt waren und sich auch noch darüber im klaren waren, daß sie ihr Leben in der gleichen nützlichen Weise verbringen wollten. Aber einer von ihnen wird zum beredtesten Beispiel für menschlichen Mut in unserer Generation, während der andere zum willigen Agenten eines irrsinnigen Netzwerks menschlicher Brutalität wird.

Solschenizyn fragt sich, wie es dazu kam, daß sein Freund und er zuletzt so unterschiedliche Wege einschlugen. Eines will er jedoch nicht glauben, nämlich daß er selbst ein absolut guter Mensch sei und sein Freund absolut böse. Dazu kennt Solschenizyn sich selbst zu gut.

Darum kommt er zu dem Schluß, daß er selbst, wenn er zur falschen Zeit am falschen Platz gewesen wäre und dabei die falschen Vorbilder gehabt hätte, möglicherweise genauso geworden wäre wie sein Freund.

Merken Sie sich, was Solschenizyn sagt, während er über den Unterschied zwischen sich und seinem ehemaligen Freund nachdenkt:

> Wenn es nur so einfach wäre! – daß irgendwo schwarze Menschen mit böser Absicht schwarze Werke vollbringen und es nur darauf ankäme, sie unter den Übrigen zu erkennen und zu vernichten. Aber der Strich, der das Gute vom Bösen trennt, durchkreuzt das Herz eines jeden Menschen. Und wer mag von seinem Herzen ein Stück vernichten?
> Während der Lebensdauer eines Herzens bleibt dieser Strich nicht unbeweglich, bedrängt einmal vom frohlockenden Bösen, gibt er dann wieder dem aufkeimenden Guten freien Raum. Ein neues Lebensalter, eine neue Lebenslage – und ein und derselbe Mensch wird ein sehr anderer. Einmal dem Teufel näher und dann auch wieder einem Heiligen. Der Name, ja, der bleibt, und ihm wird alles zugeschrieben.[1]

Das sind die Worte eines Mannes, wohlgemerkt, der in unseren Tagen zum fleischgewordenen Symbol für schlichten menschlichen Mut und unverdorbene Integrität geworden ist.

Ich habe die unbequeme Gewohnheit, mich in Menschen hineinzuversetzen, die Böses tun. Wenn ich eine wahre Geschichte über irgendein Ungeheuer lese, der anderen großen Schaden zugefügt hat, frage ich mich, wie ich selbst gehandelt hätte, wäre ich den gleichen Einflüssen ausgesetzt wie er. Ich denke beispielsweise an die früheren Sklavenhalter, von denen manche ihre Sklaven grausam mißhandelt haben. Wie hätte ich mich verhalten, wenn ich Plantagenbesitzer in Georgia gewesen wäre? Hätte ich genug Sinn für Moral gehabt, um einzusehen, daß die Sklaverei ein großes Übel ist? Ganz sicher weiß ich es nicht, doch vermute ich, daß ich mich ebenso verhalten hätte, wie es damals die meisten Weißen taten.

Wenn ein Mann zu mir in die Seelsorge kommt und bekennt, daß er einen geliebten Menschen verletzt hat, dann stelle ich mir vor, ich würde in seiner Haut stecken. Ich frage mich, ob ich die Sache besser angegangen hätte. Und in meinem Herzen weiß ich, daß ich möglicherweise ebenso gehandelt hätte wie er.

Ich glaube nicht, daß Gedankengänge dieser Art krankhaft sind. Vielmehr erinnere ich mich auf diese Weise daran, daß ich meine scheinbare Tugendhaftigkeit der Gnade Gottes zu verdanken habe. Ich kann keine Gewähr dafür bieten, daß ich, in andere Umstände versetzt, in denen Ehrlichkeit und Mut einen hohen Preis forderten, besonders tapfer wäre.

Wir alle sind ein buntes Gemisch. In uns allen steckt eine Isebel und auch eine Jungfrau Maria, und oftmals liegen sie recht nahe beieinander. Darum: Wer sind *wir,* daß wir uns für zu unschuldig halten, einer Person zu vergeben, die sich schuldig gemacht hat, uns zu verletzen?

Fehlerhaften Menschen steht das Vergeben gut an. Und wir alle sind fehlerhaft. Auch die Tugendhaftesten unter uns gehören dem weltweiten Klub derer an, die es nicht wagen, den ersten Stein zu werfen. Da wir alle aus einem bunten Gemisch von Lastern und Tugenden bestehen, ist es eigentlich nur angebracht, daß wir anderen vergeben.

Das alles erklärt, weshalb Jesus so streng mit Sündern verfuhr, die sich weigerten, Sündern zu vergeben. Er hatte die lächerliche Inkonsequenz derer erkannt, die, wiewohl selbst auf die Vergebung angewiesen, denen, die um Vergebung bitten, die kalte Schulter zeigen.

Jesus erzählt die Geschichte eines Hofdieners, dem eine große Schuld erlassen wurde. Der König, in dessen Dienst er stand, erließ ihm rund 10 000 Talente – eine Summe, die in 15 Jahren kaum abzuarbeiten wäre. Nachdem ihm diese riesige Schuld erlassen worden war, begegnete der Hofdiener einem Mann, der ihm läppische 100 Denare schuldig war – eine Summe, die etwa einem Tageslohn entsprach. Der Hofdiener forderte jeden letzten Denar wieder ein. Als der König davon hörte, rief er den Hofdiener zu sich, machte den Schuldenerlaß rückgängig und verurteilte ihn zur Zwangsarbeit, bis die 10 000 Talente vollständig bezahlt wären.

Diese Geschichte handelt von Gott und uns. Wenn wir uns wie der unversöhnliche Hofdiener verhalten, wird Gott sich wie der König verhalten.

Jesus greift hier den schwierigsten Schachzug von allen – das Vergeben – heraus und sagt, daß wir gerade diesen Zug tun müssen, sonst werden wir irgendwo „jwd" in die Wüste geschickt zu den Menschen, denen nicht vergeben wird. Er sorgt dafür, daß es uns ähnlich ergeht wie der Müllerstochter, der gesagt wurde, sie müsse vor Tagesanbruch einen großen Ballen Stroh zu Gold spinnen, sonst werde sie einen Kopf kürzer gemacht. Es taucht freilich kein Rumpelstilzchen auf, um unser strohernes Herz in ein versöhnungsbereites zu verwandeln. Warum geht Jesus so streng mit uns um?

Er ist deshalb so eisern, weil es widersinnig ist, wenn Sünder sich weigern, Sündern zu vergeben – und weil ein solcher Widersinn Gott schier aus der Fassung bringt. Er kann es einfach nicht begreifen. Es gibt für ihn keinen ehrlichen Weg, so etwas durchgehen zu lassen.

Darum sagt er: Wenn du willst, daß Gott dir vergibt, aber deinerseits einem Menschen, der dich um Vergebung bittet, nicht vergeben kannst, dann kannst du die Vergebung, um die du Gott bittest, vergessen. Ziehen wir den biblischen Wohlklang von Jesu Worten ab, so bleibt unter dem Strich folgendes: Wenn du dich weigerst, anderen zu vergeben, obwohl du von Gott erwartest, daß er dir vergibt, dann kannst du zur Hölle fahren.

Das Geschenk der Vergebung und die von der Liebe verliehene Kraft zu vergeben, sind wie das Yin und das Yang: Das Vorhandensein beider ist von dem des jeweils anderen abhängig. Das Geschenk zu empfangen, ohne von der Kraft Gebrauch zu machen, wäre absurd – so, als würde man ausatmen, ohne einzuatmen, oder laufen, ohne die Beine zu bewegen.

Im Grunde ist alles eine Frage des persönlichen Stils. Wie reagieren Sie *normalerweise,* wenn andere Sie verletzen? Gehen Sie ihnen *immer* an die Gurgel? Schmieden Sie *jedesmal,* wenn jemand Sie schlecht behandelt, Rachepläne? Gehört das Mit-gleicher-Münze-Heimzahlen zu Ihrem Lebensstil? Wenn Sie *niemals* auch nur den *Wunsch* verspüren, jemandem zu vergeben, und *niemals* auch nur den *Versuch* unternehmen, eine haßerfüllte Erinnerung zu löschen und eine liebevolle Beziehung wiederherzustellen, dann haben Sie ganz große Probleme.

Wenn Sie jedoch versuchen zu vergeben; auch wenn Sie das Vergeben nur sporadisch schaffen – wenn Sie heute vergeben, morgen wieder hassen und übermorgen noch einmal vergeben müssen –, dann sind Sie ein Vergebender. Die meisten unter uns sind bisweilen Dilettanten, ungeschickte Stümper. Aber was soll's? Bei diesem Spiel spielen keine Experten mit. Wir sind alle miteinander Anfänger.

Anmerkungen:

[1] Alexander Solschenizyn, *Der Archipel GULAG. Versuch einer künstlerischen Bewältigung.* Aus dem Russischen von Anna Peturnig (Reinbek: Rowohlt, 1978), Bd. 1, S. 160.

Epilog

Wenn wir einem Mitmenschen vergeben, handeln wir, wie wir bereits gesehen haben, überraschend, empörend und kreativ.

Wir weisen die Flut einer scheinbar unabänderlichen Geschichte – unserer persönlichen, schmerzerfüllten Geschichte – zurück. Den Strom des Schmerzes, der in unserer Vergangenheit entsprang, als jemand uns verletzte, und der unsere Gegenwart infiltriert, um unser Gedächtnis zu verwunden und unsere Zukunft zu vergiften, weisen wir zurück. Wir werden wieder heil.

Das alles geschieht völlig *überraschend.* Es liegt nicht in der Natur der Dinge, es entspricht nicht dem Gesetz von Ursache und Wirkung. Niemand hätte geahnt, daß ein Mensch jemals vergeben würde.

Wir vollbringen ein Wunder, das kaum jemand bemerkt.

Wir tun es ganz allein. Andere können uns vielleicht dabei helfen, aber wenn wir es endlich schaffen, vollbringen wir das Wunder in der Abgeschiedenheit unseres Inneren.

Wir tun es ganz still; niemand kann unser Wunder auf Tonband aufzeichnen.

Wir tun es für andere unsichtbar; niemand kann unser Wunder filmen.

Wir tun es aus freien Stücken; niemand kann uns mit List und Tücke dazu bringen, einem anderen zu vergeben.

Es ist *empörend.* Wenn wir vergeben, verstoßen wir auf unerhörte Weise gegen die strenge Ethik, die unerbittlich „gerechte Vergeltung" fordert.

Das Vergeben ist *kreativ.* Wenn wir vergeben, vollbringen wir einen schöpferischen Akt, der sich, wenn überhaupt, nur mit dem Schöpfungsakt Gottes vergleichen läßt. Denn wir rufen aus vergangenem Schmerz, der von Anfang an kein Existenzrecht hatte, einen Neubeginn ins Dasein.

Wir schaffen Heilung für die Zukunft, indem wir eine Vergangenheit verändern, die keine andere Möglichkeit bot als Krankheit und Tod.

Wenn wir vergeben, lassen wir uns von der kosmischen Woge der Liebe tragen; wir halten Schritt mit Gott.

Und wir heilen die Wunde, die wir nicht verdient haben.